LES HOMMES ILLUSTRES ET GRANDS CAPITAINES FRANÇOIS

QUI SONT PEINTS DANS LA GALERIE DU PALAIS ROYAL.

Ensemble un abregé de leurs vies & actions memorables.

Composez par M. DE LA COLOMBIERE.

AVEC LEURS PORTRAITS, ARMES ET DEVISES,

Dessignez & gravez par les Sieurs HEINCE & BIGNON, *Peintres & Graveurs du Roy.*

A PARIS,

Chez CHARLES DE SERCY, au Palais, au sixiéme Pillier de la Grand Salle, vis-à-vis la montée de la Cour des Aydes, à la Bonne-Foy Couronnée.

M. DC. XC.

AVEC PRIVILEGE DU ROY.

LES HOMMES ILLUSTRES ET GRANDS CAPITAINES FRANCOIS

[illegible] SONT PEINTS DANS LA GALERIE DU PALAIS ROYAL.

[illegible]emble un abregé de leurs vies & actions memorables.

[illegible]eillies par le S.r DE LA COLOMBIERE.

AVEC LEURS PORTRAITS, ARMES ET DEVISES.

[illegible] & gravez par les Sieurs HEINCE & BIGNON Peintres & Graveurs du Roy.

A PARIS,

[illegible]

AVREA PVRPVREAM SVBNECTIT
MAGNA INTER PRÆMIA
SVPEREMINET
PATRIVM VIS SERVAVIT
HONOREM
PRIMA FIDES PELA
NVLLIS LABENTIA VENTIS
VI RADICIS EGENT
ÆDIS CARDINALITIÆ PORTICVS SVMMORVM
GALLIÆ REGVM PRINCIPVM DVCVM
HEROVMQVE IMAGINES ACTA SYMBOLA
ET ELOGIA STYLO REFERENS ET VERBIS ADORNANS

PETRVS SEGVIER

A MONSEIGNEUR MONSEIGNEUR SEGUIER CHANCELIER DE FRANCE, COMTE DE GYEN, &c.

ONSEIGNEVR,

COMME les Lettres & le Burin sont les plus nobles Instrumens dont la Gloire se sert pour eterniser la Memoire des grands Personnages ; & qu'elle ne se contente pas que leur Nom & leurs Actions vivent dans les Histoires, mais qu'elle tâche de conserver les traits & les lineamens de leur visage, afin que rien ne manque à l'Immortalité qu'elle leur veut donner ; Nous avons crû que nous satisferions à ce qu'elle demande de nostre travail, si nous donnions au Public les Portraits de tous ces grands Hommes qui ont esté les Anges Tutelaires de la France, & qui par leur Valeur & par leurs Conseils l'ont renduë la plus Illustre & la plus Florissante de toutes les Monarchies. Vous sçavez, MONSEIGNEVR, que le grand Cardinal de RICHELIEV les avoit voulu avoir pour Domestiques, & qu'il avoit desiré que ces grands Exemples fussent toûjours devant ses yeux, pour animer d'autant plus la passion qu'il avoit pour la grandeur de cet Estat. Mais si en les tirant de son Palais, & les rendans communs à tous les François, ils pouvoient produire en eux un pareil effet, & leur inspirer le mesme courage & la mesme fidelité qu'ils ont euë, Vous jugerez bien que nous n'aurions pas rendu peu de service, & que nostre dessein merite quelque protection de ceux qui ont de l'amour pour le bien & pour la gloire de la France. N'avons-nous donc pas sujet, MONSEIGNEVR, de vous la demander non seulement comme à l'un des plus fideles & des plus zelez Ministres qu'elle ait jamais eu, mais encore comme au Protecteur de tous les beaux Arts, & de toutes les belles Connoissances ? Aussi bien quand nous en serions indignes, il faudroit toûjours que nous vous missions à la teste de ces Heros, & que nous les fissions passer dans le Public sous vostre conduite, puis qu'ils n'ont jamais voulu suivre que la Vertu, & qu'ils s'offenseroient si on leur donnoit un autre Chef que celuy qui l'est de la Justice, & le premier Officier de cette Couronne, autant par son Merite que par sa Dignité. Outre qu'estant le Dispensateur des Graces, & l'Interprete des Loix Souveraines, on ne pouvoit sans

vous retirer de leur Galerie ou prison dorée ces fameux Innocens, pour leur donner la liberté de courir par tout, & faire retentir encore à present de la Gloire & du Nom François tous les coins de l'Europe. C'est ce que nous vous demandons pour eux, MONSEIGNEVR, *avec d'autant plus de confiance, qu'ayant esté choisi par cet Eminent Cardinal pour le digne Depositaire de ses dernieres volontez, & le fidele Confident de ses intentions, nous esperons que* V. GRANDEVR *authorisera la hardiesse que nous avons eué de les executer, & de parachever ses desseins: Mais quand ces raisons cesseroient, ne trahirions-nous pas le nostre? & ne ferions-nous pas une injure à la Posterité, de luy oster la connoissance de l'Honneur de nos jours, & de n'accompagner pas ces Morts genereux d'un Illustre vivant, qui par ses clartez & lumieres incomparables leur peut servir de guide par toute la terre? Et comment pourrions-nous satisfaire à ce que promet de Grand & d'Auguste le frontispice de ce Temple, si voulant y representer les Grands Hommes des siecles passez, & du nostre, nous en suprimions un qui possede seul toutes les Vertus dont quelqu'une a suffi pour faire meriter à plusieurs la place qu'ils y occupent? L'exelence du Iugement, la Sublimité de l'Esprit, la Pureté du Cœur, l'Amour des Sciences & des Gens de Lettres, la Sagesse dans les Conseils, la Grandeur dans les Desseins, l'Integrité dans les Actions, la fermeté dans le courage, la constance dans les Perils, la moderation dans la puissance & la tranquilité de l'ame en toutes occasions ne sont-ce pas des Qualitez Infuses & graces prevenantes l'Immortalité qu'elles donnent? S'il nous estoit permis de parler, & que la Peinture ne fut pas une muette, qui n'a jamais eu tant d'envie de rompre son silence, qu'à l'aspect de* V. GRANDEVR, *que ne dirions-nous pas estans animez d'un si puissant Objet? & quel miracle ne feroit pas en nous une Divinité presente, de faire discourir nos Figures, & changer nos traits en paroles? Nous dirions que le cours de vostre belle Vie, & toutes vos Actions, sont aussi justes & reglees que les voyes du Soleil; Que par tout où vous paroissez, vous y produisez la bonnace, comme ces feux de bon augure au fort de la Tempeste; Qu'à travers les Escueils & les difficultez d'une Navigation facheuse, vous conduisez sagement au Port le Navire agité; Qu'enfin vous estes dans le calme au dessus des brouillards & que vous foulez sous vos pieds le tonnerre & l'orage: Mais nous esperons que nostre Burin exprimera mieux nos pensées, que nostre voix & nostre plume; & que V. Bonté excusera la hardiesse de l'une & de l'autre; nous ayant esté impossible de nous taire, & de resister à l'inclination que nous avons eué en vous consacrant cet Ouvrage, de vous offrir avec luy, la langue, le cœur, & les mains de deux Personnes qui sont,*

MONSEIGNEVR,

DE VOSTRE GRANDEVR,

Les Tres-humbles & tres-obeissans Serviteurs,
HEINCE & BIGNON.

SEVGERIVS ABAS SANDIONYSIACVS
Sub Lud. 6. Crasso et Lud. 7. Iuniore
Antiquum est proceres tractare negotia sacros
Regni huic utiliter Credita Cura fuit.

ABREGE' DE LA VIE DE L'ABBE' SVGER, GRAND MINISTRE D'ESTAT, ET REGENT DV ROYAVME, SOVS LE ROY LOVIS VII. DV NOM.

LA naissance de Suger ne fut pas si illustre que sa vertu & que sa fortune, & l'on peut dire qu'il fut du nombre de ceux qui donnent plus d'éclat à ceux de leur sang qu'ils n'en reçoivent d'eux, & dont le berceau n'est pas si glorieux que le tombeau. Il naquit l'an 1122. sous le Regne de Philippes Premier, & fut mis Nouice à l'âge de dix ans en l'Abbaye de S. Denis, au mesme temps que le fils de France Lovis, qui fut surnommé *le Gros*, estoit éleué & gardé dans ce Conuent, comme dans vn Seminaire de sagesse, de pieté, de science, & d'honneur. Suger qui estoit d'vn esprit vif & agreable, fut aimé par ce ieune Prince beaucoup plus qu'aucun autre, pource qu'il se monstroit tres-assidu & tres-complaisant, & qu'il luy fournissoit par son adresse mille diuertissemens qui luy faisoient passer auec moins d'ennuy la contrainte où il estoit retenu : Et comme les affections de l'enfance durent beaucoup ; ce Prince estant deuenu Roy, n'oublia iamais depuis celle dont il auoit honoré Suger, qui de son costé profita si bien de cet auantage, qu'il s'en seruit comme d'vn eschelon pour s'éleuer à la grandeur où sa vertu & son courage luy firent atteindre : L'inclination naturelle qu'il auoit aux lettres, & la continuelle frequentation des plus Grands & des plus deliez de la Cour, le rendirent vn des plus sçauans & vn des plus habiles de son siecle : Il fut auec l'Abbé Adam au Concile de Poitiers, où il montra les premieres preuues de son sçauoir & de sa sagesse ; & vne année apres le Pape Paschal estant venu en France, il fut choisi par ses Confreres pour luy aller au deuant, & y accompagna *Guy de Rochefort* Seneschal & principal Ministre d'Estat du Royaume ; il y harangua publiquement le S. Pere, & son eloquence fut admirée de tous vniuersellement. Et comme le Pape fut arriué à S. Denis, & que le Roy Philippes & Louis le Gros son fils l'eurent receu tres-splendidement, Suger se trouua à toutes leurs conferences, & quelque temps apres comme le Pape s'en retourna en Italie, il luy fut enuoyé de la part du Roy, & assista à vn Concile general qui fut conuoqué, auquel se trouuerent plus de trois cens Prelats ; d'où estant de retour il trouua le Roy Philippes mort, & le Roy Louis le Gros desia sacré & couronné, lequel le receut auec beaucoup de joye, & luy donna *le Prieuré de Toury* en Beausse pres de la forteresse *du Puiset* ; le Seigneur de laquelle s'estant rebellé contre le Roy, Suger fut choisi comme vn homme genereux, hardy & resolu, & qu'on iugeoit capable de mettre à la raison Hugues du Puiset, alors Seigneur de cette Baronnie & de cette forteresse ; à quoy il reüssit tres-heureusement, le Roy luy ayant enuoyé des forces auec lesquelles il soustint vn Siege à Toury, & en suite assiegea & reprima l'audace de ce Tyran, qui fut contraint d'implorer la grace du Roy Louis le Gros, qui estoit venu en personne à ce siege, & qui ayant reconnu en ces occasions la valeur, l'industrie, & les autres bonnes qualitez de Suger, l'aima tousiours dauantage, & l'éleua par degrez à vn tres-grand pouuoir : Il l'enuoya au deuant du Pape Gelase, qui apres la mort de Paschal vint implorer le secours du Roy contre les persecutions de l'Empereur Henry V. & puis à Caliste II. qui succeda audit Gelase ; d'où estant de retour, il fut eleu Abbé de S. Denis apres la mort de son predecesseur Adam ; il fut receu en son Abbaye par le Roy, par les Princes, par vn nombre infiny de Prelats, & par tout le Monastere, auec de tres-grandes solemnitez & rejoüissances. Peu de temps apres l'Empereur Henry V. ayant attaqué la France, il fut viuement repoussé par la valeur du Roy & des François, & par les sages conseils de l'Abbé Suger, des mains duquel le Roy Louis le Gros estoit venu prendre l'Oriflame, (sa Majesté reconnoissant qu'il la receuoit comme vassal de l'Abbaye, & en qualité de grand Gonfannonier de S. Denis.) Le Roy d'Angleterre qui de son costé voulut aussi allumer la guerre, fut reprimé, & le Roy Louis triompha en mesme temps de deux Monarques. L'Empereur Henry estant mort, le Roy députa l'Abbé Suger en Allemagne pour assister à la creation d'vn Empereur nouueau, où il se fit admirer de toutes les Nations, & s'en reuint glorieux de sa negotiation & de son ambassade, où il estoit allé accompagné de plusieurs Seigneurs & Gentils-hommes fiefez & vassaux de l'Abbaye de S. Denis, qu'on nommoit aussi quelquesfois *Abbati ou Vicarij Milites*, comme estans les Cheualiers qui combatoient pour les droicts de l'Abbaye : mais Suger retrancha vne partie de ses bombances, & congedia la pluspart de ses Gentils-hommes qui le suiuoient ordinairement, par le conseil de S. Bernard qui estoit son grand amy. Quelque temps apres il accompagna le Roy contre le Duc de Guyenne & contre ses adherans qui s'estoient rebellez, & luy aida à les mettre à la raison par sa valeur & par ses conseils, & puis il en fit de mesme contre les Flamans ; apres quoy il fut encore choisi pour aller au deuant du Pape Innocent II. qui fut reconnu legitime Chef de l'Eglise par le Roy Louis le Gros au Concile d'Estampes, & qui pour l'amour de l'Abbé Suger vint passer les festes de Pasques à S. Denis, où il fut receu auec de grandes magnificences. La mesme année le ieune Roy Philippes aisné de la Maison Royale mourut, & Suger conseilla au Roy de faire couronner Louis surnommé le Ieune, & luy persuada de l'associer à la Royauté, ce qui fut fait solemnellemét à Rheims en presence du Pape qui le couronna, & qui fut rauy d'en faire toute la ceremonie. Peu de temps apres le Roy Louis le Gros estant mort, l'Abbé Suger fut declaré principal Ministre, & le ieune Roy luy donna la direction entiere du Royaume, tant pour ce qui concernoit les affaires de la guerre qu'il eut contre quelques Grands du Royaume, que pour ce qui estoit de la nomination à toutes les charges tant Ecclesiastiques que Seculieres. Mais le pouuoir & l'authorité de Suger augmenterent beaucoup, lors que le Roy estant voulu aller à la guerre contre les Infideles à la Terre Sainte, il fut declaré seul Regent du Royaume, quoy que la Reyne Mere du Roy, la Reyne son Espouse, ses Freres, & tous les Grands de l'Estat, pussent en apparence esperer cet auantage mieux que luy, qui n'estoit deuenu considerable que par sa seule vertu. L'on voit encore à S. Denis vne tapisserie representant la Regence de Suger, au haut de laquelle est cette inscription Latine, *LVD. Rex Francorum SVGERIVM Abbatem & ædificatorem huius Templi Vice-*

Regem constituit anno 1147. cette qualité de Vice-Roy estant encore plus auguste & plus éclatante que celle de Regent; car en effet il luy laissa son Sceptre & sa Couronne pour les gouuerner selon sa volonté, comme cela est tres-naifuement representé dans la tapisserie. Le voyage que le Roy fit en la Palestine ne fut pas si heureux comme sa deuotion & son courage le luy auoient fait conceuoir, ce qui l'obligea de s'en reuenir en son Royaume que l'Abbé Suger luy auoit conserué auec vne tres-grande prudence pleine d'hardiesse & de fidelité contre les factions des Grands qu'il auoit tousiours dissipées & confonduës: en sorte que dans les éloges & les remerciemens qu'il luy rendit à son retour, il luy donna le glorieux titre de *Pere de la Patrie*. Enfin pour couronner vne si belle vie par vne fin glorieuse, comme son maistre fut de retour de la Terre Sainte, il fit vœu d'y aller luy-mesme mener vn secours considerable à ses despens: mais comme il en faisoit les preparatifs, vne fievre le saisit, qui arresta ses bons & glorieux desseins, & l'aduertit qu'il falloit partir pour aller prendre possession d'vne Ierusalem beaucoup plus glorieuse & plus permanente. Dés aussi-tost qu'il se sentit malade, il se fit porter dans sa cellule à S. Denis, où il mourut quelques iours apres auec tous les sentimens d'vn tres-bon Chrestien, d'vn tres-deuot Religieux, & d'vn tres-bon Pere enuers ses enfans spirituels: Ce fut l'an 1152. en la soixante & dixiéme année de son âge, le quinziéme du regne de Louis le Ieune. Et pour finir l'abregé de la vie d'vn si grand Homme, par les loüanges que sa vertu luy acquit, nous dirons que l'Abbé Suger sceut tres-bien accorder l'éclat de son pouuoir auec la modestie, la Cour auec la solitude; l'affluence des choses auec vne temperance & retenuë incomparable, les affaires du monde auec la deuotion; la lance auec la crosse; l'authorité auec la moderation; & la Regence d'vn grand Royaume auec l'humilité d'vn simple Religieux: bref ce grand Personnage merita que le zelé S. Bernard mesme chantât ses loüanges, & auoüât que Suger pour estre deuenu digne Ministre d'Estat de France, auoit vescu en Ange & en Ministre de Paradis.

Les armes de l'Abbé Suger furent de gueules au frontispice de l'Abbaye de S. Denis d'or: Il les prit de la sorte, pour faire connoistre à la Posterité qu'il auoit fait rebastir l'Eglise, & notamment le grand Portail & les deux grandes Tours qui en composent le frontispice.

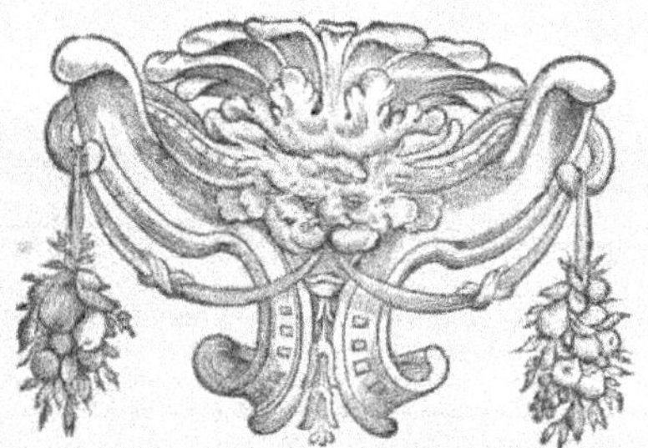

SIMON COMES DE MONFORT
Sub Phil. 2 Augusto.
Spolijs donatus sit, sed eo demum maxime
felix quod in Albigensi bello, unde gloriae
et fortunae hauserat exordium, mortem
impiorum strage non inultam oppetijt.
Cœlitus ardet
Claret ab ictu
Religio Christi tanto se vindice iactat
Armis quo major nec pietate fuit
Siege et Bataille de Muret

ABREGE' DE LA VIE ET DES GLORIEVSES ACTIONS DV COMTE SIMON DE MONT-FORT.

SOVS LE REGNE DV ROY PHILIPPES AVGVSTE.

LE Pape Alexandre III. indigné de ce que la plusspart des Prouinces Meridionales de la France possedées par diuers Princes, s'estoient separées de la croyance de l'Eglise Romaine, & suiuoient les opinions de Valdo, qui donna le nom aux Vaudois, qui en Languedoc furent nommez Albigeois, à cause de la contrée d'Alby, où ils commencerent à prescher plus hardiment leur croyance, les condamna comme heretiques au Concile de Latran, & puis le Pape Innocent III. publia par toute la Chrestienté les Croisades, portans pardon de tous leurs pechez à ceux qui leur feroient la guerre durant quarante iours, & promettant le Paradis à ceux qui mourroient en cette expedition. Les principaux Seigneurs qui receurent la religion des Albigeois, ou qui les protegerent, furent Reimond Comte de Toulouse, Reimond Roger Vicomte de Beziers & de Carcassonne, Bernard Comte de Foix, Roger Comte de Comminge, Pierre Roger Seigneur de Gabarre, Reimond de Termes, Aimery de Montreuils, Guillaume de Minerbe, & Guillaume de Rochefort Euesque de Carcassonne. L'on employa premierement la douceur, les Predications & les Conferences, pour tâcher de leur faire quitter leurs opinions; & le Pape Innocent III. leur enuoya plusieurs doctes Prelats, & entr'autres le Moine Dominique, qui apres sa mort fut canonisé: Il estoit docte & bien versé en la Theologie, vehement en ses predications, & courageux dans tous les dangers; mais tout cela n'ayant seruy de rien, l'on en vint à la force, & les Croisez y accoururent de toutes parts pour exterminer ces nouateurs qui troubloient toute la Chrestienté. Et comme les Legats du Pape n'estoient pas assez habiles gens pour faire la guerre auec la prudence & la vigueur qui sont necessaires à ceux qui veulent y reüssir auec honneur: Vn grand nombre de Princes & autres Seigneurs & Cheualiers renommez s'estans Croisez, & entr'autres Eude Duc de Bourgogne, les Comtes de Neuers, de Mont-fort, de S. Pol, de Bar, d'Auxerre, de Geneve, de Poictiers, de Forets, & les Seigneurs de Beaujeu & de Ioigny; Simon Comte de Monfort en Beausse, fut pour sa valeur éprouuée en plusieurs occasions, & pour son illustre naissance & experience au fait de la guerre, éleu & accepté par tous pour Chef general de toute la Croisade. Le Roy Philippes II. surnommé *Dieu-donné & Auguste*, fut sollicité d'y venir, mais il s'en excusa, ayant l'Empereur Othon & le Roy Iean d'Angleterre, à repousser & reprimer leur audace. Ainsi donc nostre braue Comte de Mont-fort poussé du glorieux zele de seruir sa Religion, & d'adjouster des nouueaux lauriers à ceux qu'il auoit glorieusement acquis aux guerres contre les Anglois & les Allemans, fit marcher l'armée contre la Ville de Besiers, qu'il emporta d'assaut, & fit passer par le feu & par l'espée tout ce qui s'y rencontra, pour donner de la terreur aux autres, & les obliger à se soûmettre à la force, puis que la douceur n'auoit fait que les irriter dauantage. Et en effet la plus grande partie des autres Villes, & notamment celles qui n'estoient pas fortes se rendirent au victorieux, & luy enuoyerent les clefs de leurs portes; mais Carcassonne ayant voulu tenir bon, fut assiegée & attaquée si vigoureusement, que les habitans furent contraints de se rendre à discretion, la corde au col, & les parties hõteuses découuertes: Castelnau-d'Arry qui voulut aussi resister, receut vn traittement encore plus rude & plus honteux, car le Comte Simon y fit brusler cent cinquante des habitans choisis entre les plus obstinez. Ces rudes exemples firent ployer le joug à Castres, Menerbe, Termes, la Vaur, Montferrand, Bruniquel, Gaillac, Puilaurens, Rabesteins, Montagu, la Guerda Pech, Selfas, la Gimpia, S. Antonin, S. Marcel, Cahors, & plusieurs autres places. Moussac s'estant voulu opiniastrer fut forcé & abandonné au pillage; bref la valeur & la bonne conduite du Comte Simon, le rendirent plus redoutable à ces Princes & à ces peuples, que le foudre de l'excommunication que les Papes auoient lancée contr'eux; aussi fut-il comparé à ce Sagitaire celeste, qui verse & jette ses coups sans qu'on y puisse resister: mais pourtant comme les quarante iours que les Croisez estoient obligez de faire la guerre furent passez, & que la plusspart se trouuerent fatiguez & blessez, l'armée du Comte Simon se trouua diminuée, & les Albigeois commencerent à se reconnoistre, à reprendre quelques places, & le Comte de Toulouse à se bien defendre dans sa Ville, & mesme Aimery fils du Comte Simon fut pris prisonnier en vne occasion où son courage l'auoit porté trop auant. Mais vn nouueau renfort de Croisez estant arriué à l'armée du Comte Simon, conduit par sa femme, qui voulut en gagnant les pardons, auoir part aux lauriers que son mary moissonnoit auec tant de gloire, reduisit encore les Albigeois au desespoir; & quoy qu'ils fussent en grand nombre, & qu'il semblât qu'ils renaquissent du sang & des cendres de leurs compatriotes qui auoient esté exterminez, nostre genereux Hercule les combatit auec tant de constance & de valeur, qu'ayant écrasé toutes les testes de cet Hydre, il contraignit le Comte Reimond & les autres Seigneurs de son party, à recourir au Roy d'Arragon, qui s'estant laissé persuader, dressa vne puissante armée, & la joignit au debris de celle des Albigeois, vint auec pres de cent mille hommes pour tâcher de remettre en ses terres le Comte Reimond de Toulouse, & pour arrester le torrent des victoires de nostre Conquerant, qui ayant esté assiegé à Castelnau-d'Arry, fit vne si hardie sortie sur les Albigeois, qu'il les obligea malgré leur resistance enragée, de leuer honteusement le siege; apres quoy il se disposa de ramasser ses forces pour resister vigoureusement à cette grande nuée qui luy alloit fondre dessus; mais elles se trouuerent si petites, que les ennemis estoient soixante contre vn, nonobstant quoy le courage inuincible de nostre Heros se disposa à les assaillir deuant la Ville de Muret sur la Garonne, témoignant vne si grande joye sur son visage, qu'il sembloit promettre aux siens vne victoire infaillible: Et comme quelqu'vn de ses principaux Chefs voulut raisonner pour le diuertir de donner la bataille, & luy alleguer le nombre & l'obstination des ennemis, il respondit brusquement, qu'vne armée ne consistoit pas au nombre, mais en la bonne resolution & au courage des combattans, & que Dieu fait souuent paroistre sa force en la foiblesse des hommes, pour abattre l'orgueil de ceux qui se confient au bras de la chair, de laquelle réponse tous les siens prenans vn tres-bon augure, joint à la confiance qu'ils auoient à sa prudence, à sa valeur, & à son bonheur, ils attaquerent auec vne si grande hardiesse le camp des Arragonois & des Albigeois, qu'ayans à l'abord tué le Roy d'Arragon, le reste prit vne telle espouuante, que sans auoir seulement l'asseurance de les enuisager, ils prirent la fuite à vau-de-route, & se laisserent esgorger sans defense. L'histoire des Albigeois dressée par vn Autheur moderne, sectateur de leur croyance, dit en cet endroit, que le Comte Simon se seruant de sa victoire, & la poursuiuant, tua tant d'hommes en cette memorable iournée, qu'il en eut luimesme compassion, regrettant sur tout le desastre du Roy d'Arragon, lequel il fit soigneusement chercher parmy les morts, & le fit enterrer auec grand honneur dans vn champ pres de S. Granier; plus de vingt mille suiuirent la mesme fortune de ce Roy, & furent tuez sur la place; Et ce qui est prodigieux ou plustost miraculeux, c'est qu'il n'y eut que dix ou douze des Croisez qui moururent à cette bataille. Apres quoy nostre vaillant Gedeon profita si bien de sa victoire, qu'il assujettit à sa domination les Prouinces de Rouergue, de Quercy, de Limousin, de Perigord, & d'Agenois, & prit les places de Cadenac, Murillac, Montpesat & Marmande, si grande estoit l'espouuante & la terreur que ses armes victorieuses auoient mis dans le cœur des plus hardis du parti des Albigeois. Apres cette memorable iournée, le Legat du Pape nommé Bonauenture, conuoqua deux Conciles ou Synodes de trente Euesques, & cinq Archeuesques, à Montpellier, & puis à Lauaur, par les decrets desquels toutes les conquestes du Comte Simon luy furent adjugées par prouision, attendant que le Concile vniuersel indit à Latran en ordonnât absoluëment. Et comme Toulouse tenoit encore pour le Comte Reimond, elle se rendit à l'arriuee du Prince Louis fils de France, le Comte Simon l'ayant prié de se haster de venir au camp pour receuoir les clefs & les submissions des Toulousains, qui à son arriuée receurent la loy du vainqueur: ce ieune Prince vint à l'armée auec trente Comtes, & son seul nom obligea les Narbonnois à suiure l'exemple des Toulousains: Enfin le Comte Simon ayant receu le decret du Concile de Latran fait en sa faueur, s'en alla en France faire hommage au Roy des Seigneuries qui lui auoient esté adiugées: Et comme sa valeur & ses victoires auoient porté sa renommée par toute la terre, il estoit reueré comme vn demy-Dieu, & le peuple le consideroit par où il passoit comme s'il eut esté vn Sainct, n'y ayant personne qui ne s'estimât bien-heureux de pouuoir toucher ses vestemens; mais son absence ayant releué le cœur au Comte Reimond, il fut receu à Toulouse par ses sujets qui fortifierent leur Ville pendant que le Comte Simon s'arrestoit en Dauphiné pour marier vne de ses filles au Dauphin, & pour reduire Ademar de Poitiers & Ponce de Montlaur qui suiuoient le party des Albigeois: tellement qu'estant arriué à Toulouse auec vn grand nõbre de valeureux Seigneurs François, ils trouuerent vne resistance merueilleuse; & à vne sortie des ennemis, comme le Comte entendoit la Messe, il fut contraint de la quitter, & de monter à cheual, pour tâcher de les repousser dans leurs murailles; mais son mal-heur & son destin voulurent qu'il fut atteint d'vn coup de fléche à la cuisse, & comme il se retiroit, vne femme de la Ville lascha vn Mangonneau qui poussa vne pierre qui l'atteignit auec tant de violence, qu'elle luy separa la teste des espaules, en sorte que son corps tomba mort d'vn autre costé. Ainsi mourut ce grand Heros digne d'vne meilleure fortune, & le fruit de ses conquestes tomba auec sa teste, semblable à vn bel arbre, auquel vn coup de caillou dérobe & abat le fruit dõt il estoit enrichy: Il fut tres-sage, tres-vaillant, & tres-digne du choix qu'on auoit fait de lui, mais sur tout il fut plein de zele & de deuotion, en sorte qu'on le peut comparer au feu d'vn encensoir qui parfume & & honore la Diuinité & ses Autels iusques à la mort.

Il porta pour armes, de gueules au Lion d'argent, la queuë fourchée & passée en sautoir.

SCÆVOLA DE CHASTILLON
Sub Ludouico
Meruit in multis Expeditionibus
quod in prima Consequutus
est magistri equitum nomen,
et omen, quam fidus Satis
COMES STABVLI
et Ioanne filio,
Ex eo liquet, quod IOANNI ad-
huc in Ventre REGI, firmum
pacatumque Imperium quod
nondum seruarit.
Siege de S.t Omer
Dictus scæua, sed hoc ibiti male congruit illi
Nomen: nemo magis dexter ad arma fuit.

ABREGE' DE LA VIE ET DES ACTIONS GLORIEVSES DE GAVCHER SEIGNEVR DE CHASTILLON ET DE CRECY, COMTE DE PORCEAN, CONNESTABLE DE FRANCE SOVS SIX ROYS.

A naissance illustre, la haute sagesse, & le courage ferme & inuincible de Gaucher de Chastillon, luy acquirent vne si grande reputation dans le cœur des François, & vne estime & affection si particuliere du Roy Philippes le Bel, que l'ayant fait passer par tous les degrez militaires, il s'esleua enfin à celuy de Connestable de France, qui est la plus haute dignité où la lance & l'espée puisse atteindre : de laquelle il s'acquitta auec tant de gloire, qu'il rendit jaloux & enuieux de sa reputation les plus redoutables Princes de l'Europe, dont la pluspart rendirent hommage à sa vertu, suiuirent son party & ses sentimens, & tremblerent sous le pouuoir absolu qu'il s'estoit acquis par sa prudence & par sa valeur ; aussi pouuons-nous dire qu'il posseda en perfection toutes les qualitez necessaires pour l'acheuement d'vn grand Heros.

Vn des plus notables seruices qu'il rendit au Roy Philippes *le Bel*, fut lors qu'il repoussa auec tant de valeur Henri Comte de Bar, gendre d'Edoüard premier Roy d'Angleterre, lors que poussé d'vne vanité & ambition inconsiderée, il entra en Champagne auec vne tres-puissante armée l'an 1297. laquelle fut defaite & dissipée par le courage inuincible de nostre Gaucher, qui quelques années apres le signala extraordinairement en Flandres à la bataille de Courtray, qui ayant esté fatale à plusieurs Seigneurs François, & notamment à Raoul de Clermont Connestable de France qui y fut tué, le Roy recompensa la valeur de Gaucher de Chastillon de l'espée de Connestable, qu'il luy donna de sa propre main. Que si cet illustre Seigneur auoit rendu des preuues indubitables de son courage auparauant que d'estre honoré de cette dignité, il la fit encore paroistre auec plus d'esclat lors qu'il en fut reuestu, car il fut la principale cause de la signalée victoire que le mesme Roy Philippes *le Bel* obtint par le gain de la bataille *de Mons en Puelle*, où il fit des merueilles de sa personne à sagement commander & à vaillamment combattre; mais principalement quand il soustint auec tant de courage le Seigneur des Noyers son neveu qui portoit l'Oriflame. Il assiegea aussi & prit la Ville de saint Omer en Flandres, auec plusieurs autres places : Et comme il auoit heureusement joint la Sagesse auec la Valeur, & qu'il estoit grand Politique, il fut choisi par le Roy Philippes le Bel, pour accompagner Louis son fils aisné, qui fut par apres surnommé Hutin, au voyage qu'il fit à Pampelonne pour prendre possession du Royaume de Nauarre qui luy appartenoit par le decez de Ieanne sa mere: tellement qu'apres auoir esté couronné auec grande solemnité & magnificence, il s'en retourna pour succeder au Roy Philippes le Bel son pere, & prendre le tiltre de Roy de France & de Nauarre.

Son Regne ne fut que de dix & huict mois, pendant lesquels par le conseil du Connestable qu'il auoit choisi pour son principal Ministre, il soulagea son peuple des subsides qu'on auoit esté contraint aux Regnes precedens d'imposer vn peu excessiuement; il rendit le Parlement de Paris sedentaire, & luy donna le beau Palais qu'ils ont toujours possedé depuis, lequel *Enguerran de Marigny* auoit fait rebastir sous le Roy Philippes le Bel : Enfin comme il estoit pres de changer cette vie en vne meilleure, il laissa la conduite de son Royaume au Connestable, & par son testament luy fit de grands legs, & ayant vne entiere confiance à sa fidelité, à son courage, & à sa suffisance, le nomma l'vn des principaux executeurs de sa volonté; desquels honneurs & biens-faits le genereux Gaucher fut si reconnoissant, qu'apres la mort du Roy Louis il assista de tout son pouuoir la Reyne Clemence de Hongrie que ce Roy auoit espousée en secondes nopces, & laquelle estoit demeurée enceinte, & elle esprouua bien que ce support ne luy fut pas inutile durant sa grossesse : car le Comte de Valois, oncle du Roy defunt, se voulant conseruer l'authorité des affaires dans l'interregne, & iusques à ce que la Reyne fut accouchée ; & mesme s'opposant aux droits apparens de Philippes le Long Comte de Poitiers, qui estoit absent, & que tout le monde reconnoissoit pour heritier presomptif de la Couronne, au cas que la Reyne ne fit qu'vne fille, ou qu'estant vn garçon il vint à mourir : Le Connestable crût qu'il y alloit de son honneur & de sa fidelité, d'employer en cette rencontre, comme il fit tres-bien, le pouuoir qu'il auoit dans l'Estat, pour donner le contre-poids aux entreprises de ce Prince du sang, afin de temoigner par cette genereuse action qu'il n'estoit point ingrat enuers la memoire du feu Roy son maistre, & qu'il vouloit conseruer à l'enfant posthume qu'on attendoit, ou pour le moins au Comte de Poitiers qui estoit frere de Louis Hutin, le Royaume & l'authorité Royale en leur entier. Et pour faire les choses auec plus de poids & plus d'esclat, il conuoqua les plus grands Seigneurs de France, dont il forma vn conseil particulier, & où il presida toujours, par le moyen duquel toutes choses estoient expediées au contentement d'vn chacun.

Cependant que nostre Connestable seruoit si dignement l'Estat, la Reyne accoucha d'vn fils que l'on appella Iean, & le Comte de Valois contesta aussi-tost la Regence & la tutelle de cet enfant à Philippes le Long Comte de Poitiers ; mais auec l'aide du Connestable, Philippes l'emporta hautement, quoy qu'il fut encore absent; & la vieille Chronique de Flandres porte que Gaucher de Chastillon alla au deuant de luy quand il reuint, qu'il l'amena au Louure, & de là au Palais, dont le Comte de Valois s'estoit emparé ; mais qu'y estant entré par force, il y fit reconnoistre Philippes pour Regent du Royaume, & obligea le Comte de Valois, & tous ceux de son party, à se soûmettre à l'authorité legitime.

Mais ce petit Roy Iean receut la mort presque aussitost que la lumiere du iour, & ce fut vn astre que l'on vit tomber aussi-tost qu'il commença de briller, & qui huit iours apres sa naissance trouua son tombeau dans les langes de son berceau; bref il vescut si peu, que la plufpart des Historiens n'ont pas daigné de le mettre dans le nombre des Roys, faisans succeder à Louis Hutin son frere, Philippes surnommé le Long, lequel fut sacré solennellement à Rheims, le Connestable Gaucher fauorisant toujours son party, & le rendant l'arbitre du bien public, contre les factions de ceux qui vouloient troubler l'Estat : Enfin Philippes *le Long* estant mort, Charles surnommé *le Bel* qui luy succeda, considera le Connestable autant que le feu Roy son frere l'auoit estimé, & l'honora tousiours de son affection, & le nomma aussi l'executeur de son testament; apres quoy estant mort, le Royaume reuint à Philippes, fils aisné de Charles Comte de Valois, comme à celuy qui estoit le cousin germain des derniers Roys : ce qui obligea le Connestable de le reconnoistre, comme n'ayant iamais eu autre but que de regarder le bien du Royaume, & de se soûmettre à celuy que l'ordre estably de Dieu auoit destiné pour estre son Prince legitime. Alors il l'honora ainsi qu'il deuoit, quoy qu'autrefois il se fut declaré ouuertement contre son pere, lors qu'il trauersoit iniustement ceux desquels il deuoit dépendre; ce que connoissant le nouueau Roy Philippes, il continua à l'exemple des cinq Roys ses predecesseurs, d'aimer & d'honorer le Connestable, & de dépendre de ses sages conseils, mais ce fut pour peu de temps, la premiere année du Regne de Philippes de Valois ayant esté la derniere de la vie de ce venerable vieillard; car ayant conseillé le Roy d'aller secourir Louis Comte de Flandres contre ses sujets, il fut d'aduis qu'on donnât la bataille si tost que l'on arriueroit, & il voulut estre de la partie à l'âge de quatre-vingts ans, où il executa vaillamment ce qu'il auoit conseillé, & aida à gagner la celebre Iournée de *Mont-Cassel* à la gloire de la Nation Françoise, & à celle du Roy Philippes, qui consacra à l'Eglise de Nostre-Dame son cheual & ses armes de la mesme façon qu'il auoit combattu, & l'on y voit encore son statuë deuant l'Autel de la Vierge aupres du premier pilier de la nef.

Ce fut le dernier exploit de ce grand Capitaine, car vne année apres son retour de Flandres il mourut accablé de vieillesse, & comblé d'honneur, au milieu d'vne illustre famille qu'il auoit euë d'*Isabeau de Dreux*, qui fut la premiere de ses trois femmes.

Les armes de Gaucher de Chastillon, que quelques Historiens nomment Gaultier de Crecy, estoient de gueules à trois pals de vair au chef d'or, brisé sur le canton dextre d'vne merlette de sable.

BERTRANDVS DV GVESCLIN
Sub Carolo.V.
Mars Armoricus, deformitate conspicuus,
moribus amabilis virtute terribilis, ad hoc tua
non obliviscendus, quod sublato PETRO
legitimæ successionis REGE, sed sceleratissimo
COMES STABVLI
e familia Borboniæ uxoris
parricidio et Sceleribus Infami,
hodiernis Hispaniæ Regibus
nothum progenitorem dederit.
Debetur pulsis tibi laus æterna Britannis
prô Dij, per te hostis nunc quoque regnat Iber.
le Roy le Crée
Cônestable

ABREGE' DE LA VIE ET DES GLORIEVSES ACTIONS DE MESSIRE BERTRAND DV GVESCLIN

CONNESTABLE DE FRANCE, DVC DE MOLINES EN ESPAGNE, COMTE DE LONGVEVILLE ET DE BVRGOS, SOVS LES ROYS IEAN ET CHARLES V.

ERTRAND du Guesclin fut engendré sous la planete de Mars, & nasquit sous le signe du Belier; aussi dés sa plus tendre enfance il donna des marques de la grandeur de son courage, & de la force & dureté de son corps; car il chercha les combats & les batailles malgré ses parens, rejetta les liures, & fut en perpetuelle action, ne demandant qu'à donner ou à receuoir de grands coups, & son ame forte & intrepide jointe à vn corps laid & mal poly, mais en recompense tres-fort & tres-robuste, furent si bien nourris & accoûtumez au sang & au fer, qu'il deuint la terreur de ses ennemis, & l'Europe le considera comme le plus redoutable, & le plus determiné qu'elle eut veu naistre depuis plusieurs siecles. Il commença ses exploits en Bretagne, où il nasquit d'vn sang noble & illustre, fit ses plus beaux coups d'essay contre les Anglois, & acheua son chef-d'œuure en France & en Espagne, où il receut des recompenses dignes de sa vertu & de son courage. A l'âge de quinze ans il receut le prix à vn Tournoy qui fut fait à Rennes où il estoit allé inconnu & contre la volonté de son Pere, qui fut rauy de le voir si bien faire. Apres quoy il ne cessa iamais de porter les armes, & de donner des preuues continuelles de son courage infatigable: Il print par surprise le Chasteau de Fougeray, fit leuer le siege de Rennes au Duc de Lanclastre, & durant iceluy vainquit à la jouste vn vaillant Cheualier Anglois nommé Guillaume de Blambourc; & à Dinan en presence du mesme Duc, combatit en camp clos, & surmonta Thomas de Cantorbie, qui nonobstant les tréues auoit pris prisonnier son jeune frere Oliuier du Guesclin, prit plusieurs forteresses sur lesdits Anglois, & fut fait Gouuerneur de Guingant; apres quoy il vint en France au secours de Charles Duc de Normandie fils aisné de France & Regent du Royaume, en l'absence du Roy Iean son pere, qui estoit alors prisonnier en Angleterre. D'abord que nostre Bertrand fut arriué il aida à forcer la Ville de Melun, & à rendre la riuiere de Seine libre: peu de temps apres il reduisit aussi la Ville de Mante, Rolcboise, & Meulenc; mais son experience & sa valeur parurent encore dauantage à la bataille de Cocherel qu'il gagna contre les Anglois, où il fit des merueilleux faits d'armes. Il print de sa propre main le Captal de Buck, & Pierre de Saquainuille, & tua vn nombre infiny des plus vaillans: il enuoya ces nouuelles à Charles V. qui estoit nouuellement venu à la Couronne, & il les receut à Rheims le mesme iour de son sacre: La vertu de nostre Bertrand fut alors recompensée de la Comté de Longueuille, & de la charge de Mareschal de Normandie que le Roy luy donna, de laquelle il s'acquitta tres-dignement. Il reduisit à l'obeissance du Roy, Valougnes, Carantan, Douure, & plusieurs autres places qu'il prit par force d'armes; sa reputation estant desia tellement accruë, qu'il n'y auoit point d'ennemy qui ne tremblast au seul nom de Guesclin, qui seruoit de cry de guerre à ses gens, & d'espouuante aux Anglois. Apres ces conquestes Bertrand s'en alla en Bretagne au secours de Charles de Blois contre le Comte de Monfort; mais le malheur de Charles pour lequel il combattoit, fut si grand, qu'il perdit la vie & la Duché de Bretagne à la bataille d'Oray, où le vaillant Bertrand combatant comme vn lyon, fut accablé par la multitude, & sans auoir iamais voulu fuir comme les autres, paya de sa personne, & fut fait prisonnier: mais le Comte de Montfort s'estant accordé auec le Roy, Bertrand fut mis en liberté, & reuint à Paris, où le Roy le receut auec tous les tesmoignages d'affection & d'estime qui estoient deubs à sa vertu. Cependant Henry de Castille ayant enuoyé demander secours au Roy, contre son frere Pierre qui auoit fait nulle meschancetez, & qui mesme auoit dessein de quitter comme il fit la Religion Chrestienne, nostre Bertrand fut choisi pour le luy mener, & en fit payer les despens au Pape, qui fut contraint de luy donner deux cent mille francs; estant arriué en Espagne il print par force plusieurs bonnes places au Roy Pierre, & notamment Seuile, & establit Henry Roy en la place de son frere, qui dans ce malheureux estat vint demander secours au Prince de Galles qui estoit pour lors en Guyenne, & luy donna en don ou nantissement la table d'or, & plusieurs autres precieux ioyaux, en sorte que le Prince de Galles luy promit de luy aider à recouurer son Royaume; & en effet il s'y en alla auec vne puissante armée, par le moyen de laquelle il le restablit apres plusieurs combats, où Bertrand du Guesclin fit tousiours connoistre la force de son bras, & la grandeur de son courage, mais ny l'vn ny l'autre ne le peurent empescher d'estre pris prisonnier, & d'estre amené à Bourdeaux, le nombre ayant surmonté la valeur. Le Roy Henry s'estant desguisé en Pelerin le vint voir en sa prison, & confera auec luy des moyens qu'ils pourroient prendre pour se restablir: Bertrand lui conseilla d'aller demander secours au Duc d'Anjou, lequel le luy octroya, & luy aida à reprendre Madrid & Sallamanque, & mit le siege deuant Tolede. Cependant aprés beaucoup de peine Bertrand paya sa rançon, & s'en vint audit siege auec plusieurs Seigneurs & Cheualiers renommez qui s'estimoient tres-honorez d'aller faire la guerre sous les commandemens d'vn si digne chef. D'autre costé le Roy Pierre ayant renié la Foy Chrestienne auoit vne armée de vingt mille hommes tous Iuifs ou Mahometans, auec laquelle il vint pour faire leuer le siege de Tolede, mais par la valeur de Bertrand & du Roy Henry, & par celle du Begue de Vilaines, d'Oliuier du Guesclin frere de Bertrand, de Carnaualet, & de quelques autres braues & vaillans Cheualiers François & Bretons, l'armée du Roy Pierre fut defaite & mise à vau-de-route: Mais comme le Roy de Belmarin Sarrasin, beaupere du Roy Pierre, luy enuoyoit souuent des secours & des rafraischissemens nouueaux, & que d'ailleurs les Iuifs & quelques Chrestiens le fauorisoient aussi, il falut encor que nostre vaillant Bertrand les combatit en quatre autres batailles, & Dieu benit tellement son bras, qu'en la derniere d'icelles il y eut soixante mille Sarrasins, Iuifs ou Chrestiens tuez ou prisonniers pres du Chasteau de Monteiül, dans lequel le malheureux Roy Pierre s'estant ietté, il y fut assiegé & serré de si pres, que s'estant voulu

D

ſauuer la nuit, il fut pris par le Begue de Vilaines, qui l'ayant liure au Roy Henry, il luy fit couper la teſte, & pendre ſon corps aux creneaux dudit Chaſteau de Monteüil qui ſe rendit ce meſme iour, apres quoy le Roy Henry enuoya la teſte de ce malheureux Roy à Seuile & à Tolede, qui auec pluſieurs autres forteresſes, ſe rendirent au victorieux. La valeur, la conſtance, & les penibles trauaux de Bertrand du Gueſclin furent recompenſées de la Duché de Molines, & de la Comté de Burgos, que le Roy Henry luy donna, outre la gloire & les loüanges immortelles qu'il s'acquit par tant de glorieux exploits, en ſorte que les Eſpagnols ſont encore contraints d'auoüer qu'ils doiuent tout à ce genereux Heros, & que la Religion & le Troſne de Caſtille eſtoient renuerſez, ſans le profitable ſecours de ce vaillant François, qui fit triompher ceux dont les enfans ont eſté aux ſiecles ſuiuans nos plus redoutables ennemis. Enfin Henry eſtant paiſible Roy, Bertrand du Gueſclin prit le Chaſteau de Sorie en Eſpagne, & eſtant venu en Guyenne contre les Anglois, il reduiſit les forteresſes & Villes de Brandomme, S. Yre, Monpanon, Mauſenay, & pluſieurs autres, apres quoy il s'en vint à Paris en petite compagnie, où le Roy le receut auec de tres-grandes careſſes, & luy donna l'Eſpée de Conneſtable, laquelle le Seigneur de Fiennes auoit renduë au Roy de ſon pur gré, à cauſe de ſa vieilleſſe, & auoit conſeillé ſa Majeſté de la mettre entre les mains de Bertrand du Gueſclin, eſtant aſſeuré qu'en tout le Royaume il n'y auoit perſonne qui la pût porter auec plus de gloire que luy : Ce que Bertrand confirma peu de temps apres, car il print congé du Roy, & ayant vendu ſa vaiſſelle d'or & d'argent, & pluſieurs beaux precieux joyaux qu'il auoit apportez d'Eſpagne, il en aſſembla de bonnes trouppes, & conuia pluſieurs vaillans Cheualiers de toutes les Prouinces du Royaume, & particulierement de Bretagne, leſquels il mena en Normandie contre les Anglois, qu'il attaqua auec tant de fierté & de courage proche de Pontaalain, qu'il les deſit entierement apres vn combat rude & bien opiniaſtre où il fit des merueilleux faits d'armes, & print de ſa propre main Thomas de Grançon le General des Anglois; les autres Seigneurs François & Bretons ayans auſſi fait des merueilles, & prins chacun vn priſonnier de marque. En ſuite de quoy le gentil & vaillant Conneſtable print le Chaſteau de Vaux & les Villes de Berſiere, de Mor ſur Loire, & tailla encore en pieces les Anglois au Ray de S. Majeu. Bref le Conneſtable fit tant de conqueſtes ſur les Anglois, qu'ils maudirent mille fois l'heure de ſa naiſſance; & il continua à faire de meſme, accompagnant Meſſieurs les Ducs d'Anjou, de Berry & de Bourbon, oncles du Roy, en pluſieurs Prouinces, où ils prindrent par force pluſieurs forteresſes, la reputation du Conneſtable & ſon experience, rendant tout facile aux François; entre autres places il prit Sainte Sauete, la Rochelle, Chauuigny, Poitiers, Benon, & Moncontour, où il fit pendre le Gouuerneur qui auoit eu la hardieſſe de faire traiſner & pendre à la renuerſe à vn pilory, l'eſcu des armes du Conneſtable. D'vn autre coſté il chaſſa auſſi les Anglois de S. Iean d'Angely, de Xaintes, de Niord, de Sainte Foy, gagna les batailles de Cyzay & de Bergerac, où les Anglois furent encore tres-mal menez, & où la hache à la main il tua luy-meſme pluſieurs des plus vaillans des ennemis. Apres quoy le Conneſtable vint à Paris vn peu meſcontent, pource que quelques enuieux & laſches courtiſans auoient taſché par enuie de le mettre aux mauuaiſes graces du Roy : Il ne demeura pas long-temps à la Cour, car il vouloit aller en Eſpagne, mais Dieu en diſpoſa autrement, & voulut que cette ame guerriere allaſt joüir au Ciel du repos qu'elle n'auoit iamais trouué ſur la terre. Il tomba malade deuant le Chaſteau-neuf de Rendon en Auuergne, & comme il eſtoit preſt de rendre l'ame l'on luy en vint apporter les clefs : tellement qu'ayant touſiours eſté durant ſa vie victorieux contre les ennemis de la France, il le fut auſſi à ſa mort, qui couronna d'vn glorieux cipres tous les lauriers qu'il s'eſtoit acquis. Le Roy ſçachant ſa mort, le fit tres-honorablement enterrer à S. Denis proche du tombeau qu'il s'eſtoit fait preparer, & y fonda vn ſeruice & vne lampe, qu'on nommera iuſques au iour du Iugement la lampe du Gueſclin, & qui luira auſſi long-temps que la memoire des heroïques actions de ce vaillant Conneſtable ſeront perpetuées auec eſclat dans la memoire des hommes.

Les armes de ce vaillant Heros furent, d'argent à l'aigle de ſable à deux teſtes, becqué & membré de gueules, au baſton de gueules brochant ſur le tout.

OLIVARIVS DE CLISSON
COMES STABVLI
sub Carolo 5°
et Carolo 6°
Magnitudine Animi Seruire
Regi quam regulo dignior Adop
tiuo Domino quam naturali accep
tior Implacabili Odio Ducis
Armorica periisset nisi Carolus
eripuisset eum ad Insaniam
Vsque deperijsset
Illustrem peperit tibi fama belga Triumphum:
Sed sub Rege alio viuere dignus eras.
Surprise de
St. Malo.

ABREGE' DE LA VIE ET DES PRINCIPALES ACTIONS DE MESSIRE OLIVIER DE CLISSON,

CONNESTABLE DE FRANCE, SOVS LES ROYS CHARLES V. & CHARLES VI.

LA Noblesse de Bretagne est naturellement vaillante, & les longues guerres dont cette Duché fut agitée, auoit de telle sorte augmenté leur inclination, aguerry leur courage, & endurcy leurs corps, que les Histoires sont toutes remplies de leurs noms & de leurs belles actions, tesmoins ceux de Rohan, de Laual, de la Trimoüille, de Rieux, de Rostrenen, de Beaumanoir, de Rosmadec, de Malestroit, de Molac, du Guesclin, de Dinan, de Clisson, de Tournemine, de Chappelles, & de plusieurs autres dont la glorieuse énumeration est inutile en cet endroit, qui ont remply à diuers temps toute l'Europe, & bien souuent aussi l'Asie & l'Afrique, du bruit esclatant de leur valeur: Mais entre tous ceux-là Oliuier de Clisson gagna par sa vertu guerriere, & par son experience aux grandes affaires, vn si grand renom, qu'il s'acquit l'estime des plus grands Princes de l'Europe, & quelquesfois aussi leur enuie & leur ialousie, le voyans preferé à eux par les Roys Charles V. & Charles VI. & sur tout par le dernier, qui l'honora tousiours de sa confidence & de son amitié, & le fit monter par degrez au plus haut faiste de grandeur qu'vn Gentil-homme puisse atteindre.

Il fut esleué dés sa jeunesse auec le Comte Iean de Montfort, auec lequel il fit ses exercices; aussi tint-il son party auec grande affection contre Charles de Blois, & fit des merueilles dans la bataille d'Auray, & fut vn des principaux instrumens de cette celebre victoire que le Comte de Montfort obtint en ce lieu-là. L'Histoire ancienne du Connestable Bertrand du Guesclin, dont nous auons descrit les glorieuses actions au discours precedent, en parle en ces termes: *Oliuier de Clisson entre ceux de sa partie, s'y porta si tres-puissamment, que grand merueille estoit de veoir, & tenoit en sa main vn martel, & celuy qui attaignoit à cop, n'auoit pouuoir de releuer*; pourtant il estoit encore bien jeune, & deslors il se poussa tousiours plus auant dans la moisson des lauriers. Il vint en France, & pource que la renommée du Connestable du Guesclin estoit espanduë par toute la terre, il s'attacha proche de sa personne, & se trouua auec luy en plusieurs importantes occasions, où il monstra tousiours des preuues d'vne valeur extraordinaire, & d'vn iugement solide pour bien resoudre & executer encore mieux. Il se signala sur tout à la bataille de Pontualain, où apres vn incroyable carnage qu'il fit des Anglois, il prit prisonnier Messire Thomelin, qui estoit le Lieutenant General de Thomas de Grançon, lequel y fut aussi pris par le Connestable du Guesclin, comme nous auons desia dit cy-deuant. Il aida aussi à défaire les Anglois au Gué de S. Mayeu, & puis reuint en France auec du Guesclin, & l'accompagna en toutes les guerres qu'il eut contre les Anglois, & mesme au siege du Chasteau Randon, où ce Connestable auparauant que de mourir, luy remit entre les mains l'Espée de son Office, & la marque de sa dignité, pour la porter au Roy Charles V. lequel ayant fait rendre audit Connestable du Guesclin les honneurs funebres les plus magnifiques dont il se pût aduser, où sa Majesté assista, & tous les Princes & grands Capitaines qui portent les pieces honorables en ceremonie, & notamment nostre braue Oliuier de Clisson, qui fut choisi auec le Mareschal de Sancerre, & huit autres Seigneurs, pour faire le grand deüil. Apres quoy, comme il ne se trouuât aucun, pour illustre, vaillant ou ambitieux qu'il pût estre, qui eut la hardiesse de demander la Charge de Connestable, chacun se reconnoissant inferieur en valeur à celuy qui auoit precedé, en sorte qu'ils apprehendoient tous que leur merite parut defectueux, à comparaison de l'excellence heroïque de cet illustre predecesseur: le Roy pourtant y voulut pourvoir, & en offrit l'Espée au Sire de Coucy, lequel il cherissoit, & le pressa de l'accepter: mais l'Histoire remarque qu'il la refusa, & s'en excusa auec tant d'honnestes raisons, qu'il receut plus de loüange en la refusant, qu'il n'eut eu d'honneur en l'acceptant; & mesmes il conseilla au Roy de faire choix d'Oliuier de Clisson, Seigneur de grande authorité parmy les Bretons, Capitaine hardy, prudent, & de grande experience: à quoy le Roy se porta tres-volontiers, & ordonna vn peu auparauant sa mort, que cela fut ainsi executé. Apres donc que le Roy Charles V. fut mort, nostre nouueau Connestable accompagna le Roy Charles VI. son fils, à son sacre & à son couronnement, qui se fit à Rheims, & se conserua tousiours auec grand courage l'authorité que sa Charge luy donnoit proche de son Maistre, regla & reforma les gens de guerre, & fut le grand moteur qui porta le Roy, quoy que bien ieune, à secourir le Comte de Flandres contre ses sujets qui s'estoient rebellez & reuoltez contre luy: conduisit le Roy, & commanda l'auant-garde à la celebre bataille de Rosebecque, quoy que les Princes & tout le conseil d'enhaut trouuassent bon qu'il demeura aupres de la personne du Roy pour moderer son ardeur, sa Majesté ne deferant qu'à luy seul; dequoy il s'excusa, quoy qu'il tesmoignast que ce luy eut esté le plus grand honneur qu'il eut pû esperer, n'ayant rien de si cher que la cõseruation de la personne sacrée du Roy qui l'honoroit d'vne amitié si obligeante, iugeant qu'il estoit necessaire à donner les ordres, à courir par tout, & donner exemple à vn chacun de combattre genereusement comme il fit auec tant de gloire, qu'il fut iugé auoir esté la principale cause de la memorable victoire que le Roy y gagna; l'Histoire nous apprenant qu'il asseura sa Majesté du gain de la bataille, & que le Roy luy respondit: *Connestable, Dieu le vueille, nous irons donc auant au nom de Dieu & de S. Denis.* Il y eut quarante mille Flamans tuez sur le champ, & particulierement leur General Artenelle, qui ayant esté trouué parmy les morts, le Roy le voulut voir, & puis le fit pendre à vn arbre, en haine de sa rebellion. Apres quoy l'armée du Roy reduisit plusieurs places, & ayant entierement reprimé la felonnie des Flamans, sa Majesté s'en reuint en France, où quelques broüilleries luy firent haster son retour. Quelque temps apres le Connestable fut enuoyé en Bretagne pour preparer les Nauires & l'armement qu'il deuoit joindre à celuy que le Roy faisoit à Lescluse, à Dan, & à Blanquembergue, pour aller en Angleterre; mais les longueurs du Duc de Berry, qui portoit vne grande enuie au Connestable, & qui contrarioit à tout ce qu'il conseilloit au Roy, toute cette admirable flotte qui estoit composée de plus de quatre cens vaisseaux, dont la plus grande partie estoient peints & dorez, demeura inutile, au grand déplaisir du Roy & de son Connestable, qui estant reuenu en Bretagne pour restablir l'armée navale, & pour dresser des forces sur terre contre les Anglois, le Duc de Bretagne rompit ce glorieux dessein par vn coup de malice & d'enuie qu'il auoit contre le Connestable, lequel il fit prendre prisonnier par trahison dans le Chasteau de Lhermine, comme il faisoit semblant de luy demander son aduis sur les bastimens qu'il auoit dessein d'y faire, le mit à grosse rançon, & auec beaucoup de peine luy redonna sa liberté, apres laquelle le Connestable reuient en France demander iustice & secours pour se venger de cette injure, de laquelle il tira auec le temps toutes les reparations & satisfactions qu'il souhaita, apres toutesfois auoir fait la guerre au Duc de Bretagne, & luy auoir pris plusieurs places, & notamment saint Malo, qu'il surprit auec beaucoup de prudence, & emporta auec tant de courage & de valeur: Enfin il mit à la raison le Duc de Bretagne, & le contraignit à demander la paix: & comme le Lyon se contente de terrasser son ennemy sans le perdre entierement, nostre heureux Connestable en fit de mesme, & apres l'accord que le Roy fit entre luy & le Duc de Bretagne, il le vint voir en toute asseurance, & luy ramena son fils qu'il luy auoit enuoyé pour ostage, & luy fit connoistre la grandeur de son courage, en luy rendant l'honneur & le respect qu'il luy deuoit, comme à son Prince souuerain, qui de son costé le receut auec joye, le caressa, le festina, & l'honora, en sorte qu'on eut dit qu'ils n'auoient iamais eu aucune animosité l'vn contre l'autre. Apres toutes ces choses le Connestable s'en reuint à la Cour, où sa vertu estoit considerée au dernier poinct, & notamment du Roy qui l'affectionnoit auec juste raison, par la connoissance qu'il auoit de ses hautes qualitez, qui luy attirerent, comme c'est l'ordinaire, l'enuie de quelques Grands du Royaume, mais sur tout de Pierre de Craon, qui ayant esté banny de la Cour pour quelque lâcheté, s'enfuit en Bretagne, où il conceut vne si grande haine contre le Connestable, lequel il croyoit estre la cause de sa disgrace, qu'il vint secrettement à Paris en dessein de l'assassiner, comme il fit, l'ayant attendu au sortir de l'Hostel de S. Pol, où le Roy & la Reyne auoient donné le Bal, apres les Ioustes & les Tournois qui auoient esté faits le mesme iour; Craon estant accompagné de plus de trente de ses complices tous à cheual, attaqua dans la ruë de sainte Catherine le Connestable, qui se defendit quelque temps auec beaucoup de cœur d'vn coutelas qu'il portoit ordinairement; mais ayant esté abandonné par les siens, & le nombre des assassins estant tres-grand, il fut abbatu de son cheual, & laissé comme mort, dans l'entrée de la boutique d'vn Boulanger. Craon se sauua, croyant d'auoir tué son ennemy; mais les coups n'estans pas mortels, le Connestable fut porté à son logis, visité par le Roy & par tous ses Princes, & enfin remis sur pied: mais comme il estoit desia vieux & affoibly par tant de fatigues & de blessures, apres auoir fait punir quelques-vns des assassins, il alla en Bretagne, où il reprima encore vn coup l'audace du Duc qui auoit fauorisé Craon; & l'ayant contraint à luy demander la paix, il vescut encore quelques années, & mourut glorieusement dans son Chasteau de Iosselin, aimé, honoré, & craint de tous ses voisins, & le plus riche Seigneur de son siecle.

Les armes du Connestable de Clisson estoient, de gueules au Lyon d'argent, la queuë fourchée & passée en sautoir.

IOANNES BOVCICAVLT
POLEMARCHVS
et Carolo 6°
Alter solertia Vlyssae, eo meliore quod
Cruentas polyphemj Turcae manibus
Euasit. Alter fortitudine Achillae, rebus
Gestis Europae Asiae atque Africae Inclarui.
Regius Genuae Praeses et Deffensor.
Mediolanj, Ticinj, Placentiae aliarumque
Italiae Vrbium expugnator: qui ab Oriente
Victor demum In Vltima Occidentis
Insula clade Gallicae Captiuus
Morte Libertatem recepit.
Hunc bene Barbarico Numen deffendit ab Ense
qui Patriae Validam postea ferret Opem

ABREGE' DE LA VIE ET DES ACTIONS GLORIEVSES DE MESSIRE IEAN LE MEINGRE, SVRNOMME' BOVCICAVT, MARESCHAL DE FRANCE, ET GOVVERNEVR DE GENNES, SOVS LES ROYS CHARLES V. & CHARLES VI.

LA France a eu de temps en temps plusieurs Hommes extraordinaires en grandeur de courage, & nous pouuons dire que le Nauire d'Argos ne porta iamais tant d'Heros que chaque siecle en a produit dans ce belliqueux Royaume: Mais entre tous ceux qui auoient paru sur cet illustre Theatre, nous en trouuons bien peu deuant le Mareschal de Boucicaut qui ayent porté leur gloire si auant, & qui ayent cizelé dans le Temple de la Memoire de plus belles actions, que celles que cet excellent Capitaine y a grauées auec la pointe de son espée: Le nombre de ses combats & de ses batailles se presentent en foule, & fait vne si charmante confusion, qu'il n'y a point de cœur genereux qui ne soit rauy d'en voir la suite admirable, & qui ne deuienne vaillant à les oüir raconter. Son origine fut illustre au païs de Touraine, son enfance belle & turbulente, ne demandant qu'à se battre & à faire des entreprises, & garder & soustenir des pas & des barrieres, incitant les enfans de son âge d'en faire de mesme, prenant vn si grand empire sur eux, & leur commandant auec vne contenance si hardie & si resoluë, qu'il faisoit bien connoistre qu'vn iour il les feroit aller dans des occasions plus importantes & plus perilleuses. A l'âge de douze ans il commença à porter les armes, & rauit en admiration le Roy Charles V. qui le donna au Duc de Bourbon pour le mener auec luy à la guerre contre le Roy de Nauarre, & luy faire passer la grande enuie qu'il auoit de porter le harnois, qu'il endossa de si bonne grace, qu'il n'en estoit non plus empesché que de ses membres; mais peu apres il fut contraint de reuenir passer encore quelque temps auec le Dauphin dont il estoit principal enfant d'honneur, où enfin s'ennuyant & connoissant qu'il estoit assez fort pour donner & receuoir des grands coups de lance & d'espée, il fit prier le Roy auec tant d'instance, qu'il obtint permission d'aller encore auec le Duc de Bourbon contre les Anglois, où il fit paroistre son courage & sa valeur, & acquit l'estime & l'amour de tous les plus grands & renommez Princes & Cheualiers du Royaume: Et pource que son courage & sa valeur estoient accompagnées d'vne bonne mine, & qu'il estoit hardy & d'vne humeur charmante en compagnie, les Dames & les Damoiselles les plus galantes de la Cour luy firent mille faueurs, & luy donnerent tousiours la plus haute place dans leur estime. Il en aima vne entre toutes auec grande fidelité; & comme il luy auoit voüé son cœur & son obeïssance, il luy consacra toutes ses glorieuses actions, & les fit seruir de trophée à sa beauté. Le Roy Charles V. estant mort, & Charles VI. luy ayant succedé, nostre ieune Boucicaut l'accompagna au voyage qu'il fit en Flandres, fut fait Cheualier par le Duc de Bourbon, oncle du Roy, à la veille de la celebre bataille de Rosebecque, où les Flamans furent défaits, & où nostre ieune Boucicaut fit merueilles de sa personne, & y tua de sa main le plus vaillant des ennemis, quoy qu'il fut d'vne stature gigantale. Apres cette victoire le Roy & les principaux Seigneurs estans reuenus à la Cour pour se rejoüir, Boucicaut fit deux voyages en Prusse, & y acquit tres-grand honneur aux combats où il se trouua contre les infideles qui menassoient de venir inonder & détruire la Chrestienté: D'où estant de retour, il accompagna le Duc de Bourbon en Guyenne contre les Anglois, où il témoigna sa valeur en plusieurs occasions; ce qui obligea le Duc de Bourbon de le laisser son Lieutenant general en ce païs-là, pour y reprimer les Anglois, qui estans retirez dans les garnisons, Boucicaut enuoya défier Messire Sicart de la Barde, qui estoit en tres-grand estime parmy eux, & le vainquit glorieusement à la jouste. Il en fit de mesme pres de Calais contre vn autre Seigneur Anglois, nommé Messire Pierre de Courtenay, & puis contre Messire Thomas de Clifort, sur lesquels il remporta vne glorieuse victoire. Peu de temps apres estant allé en Espagne, il défia encore les Anglois, mais ils saignerent du nez: & le Seigneur de Chasteau-neuf qui auoit entrepris de se battre auec vingt de ses compagnons contre Boucicaut & vingt François, n'osa en venir à l'effet, si grande estoit la valeur & la reputation de Boucicaut, qui estant de retour à la Cour, y sejourna quelques mois pour la satisfaction du Roy; apres quoy il fit vn voyage en Turquie auec Messire Regnaut de Roye son compagnon d'armes, & de là vint en Hongrie, où ils donnerent des preuues de leur valeur; mais s'estans separez, Regnaut de Roye alla en Prusse, & Boucicaut repassa en la Terre-sainte, où il deliura de prison le Comte d'Eu, d'où apres vn assez long pelerinage ils s'en reuindrent en France, où le Roy les receut auec grand joye: & comme l'oisiueté estoit sa plus pernicieuse ennemie, il resolut d'aller tenir vn pas d'armes contre tous venans entre Boulogne & Calais, où il batit & vainquit plusieurs vaillans Cheualiers Anglois, Espagnols, & Flamans, qui y vindrent pour acquerir de l'honneur, ou plustost pour augmenter celuy du vaillant Boucicaut. Il auoit pour compagnon en cette entreprise les Seigneurs de Roye & de Sampy: La principale deuise qu'il fit peindre sur sa banniere, & à l'entour de l'Escu de ses armes, lors qu'il dressa ce pas d'armes, fut celle-cy: *Ce que vous voudrez*, pour donner à connoistre qu'il estoit prest *de combattre à pied ou à cheual, à fer émoulu ou à lance mornée*. Aussi il auoit incessamment son esprit porté aux glorieuses actions, & la guerre & les combats estoient ses plus agreables diuertissemens. Il retourna en Prusse pour la troisiéme fois; & ayant appris en chemin que le Seigneur du Glas, vaillant Cheualier Escossois, auoit esté tué en trahison par quelques Anglois, il voulut venger sa mort, mais il ne trouua personne qui osast se battre contre luy pour cette querelle. Comme il estoit prest de s'en reuenir, il receut des lettres de la part du Roy qui luy ordonnoient son retour pour venir receuoir le Baston de Mareschal de France, lequel il luy donna à Tours dans sa propre maison, & dans la mesme chambre où il estoit né: Sa reception fut tres-honorable & pleine de magnificence, en presence des Ducs de Bourgogne & de Bourbon, du Connestable de Clisson, de Messire Iean de Vienne Admiral de France, & d'vn grand nombre de vaillans Cheualiers qui estoient tres-contens de voir la vertu guerriere du braue Boucicaut si dignement recompensée. Cette nouuelle dignité luy seruit de puissant éguillon pour le pousser encore plus auant: Il fut enuoyé en Guyenne contre les Anglois, ausquels il prit plusieurs bonnes places; & puis retourna en Hongrie auec le

Comte de Neuers, où apres auoir aidé à prendre plusieurs forteresses sur le Turc, & auoir combattu tres-vaillamment dans vne bataille auec ses compagnons, les Hongrois ayans lâchement pris la fuite, il fut enueloppé & pris prisonnier, auec le Comte de Neuers, & plusieurs autres Seigneurs François, la pluspart desquels furent cruellement égorgez & hachez en pieces par les Turcs; mais les plus riches furent épargnez, entre lesquels se trouua Boucicaut, qui ayant payé sa rançon s'en reuint en France, où le Roy le receut auec des larmes de joye, & luy donna bien-tost apres ordre pour s'en aller reprimer l'audace du Comte de Perigord, qui s'estoit rebellé contre sa Majesté: Il s'en acquitta si dignement, qu'il mit en pieces toute son armée, le prit prisonnier, & l'amena au Roy. Cependant l'Empereur de Constantinople ayant enuoyé demander secours en France contre la violence du Turc, le Mareschal y fut enuoyé auec de bonnes forces, & y rendit de tres-grands & signalez seruices à la Chrestienté; d'où estant de retour, il dressa la belle emprise *de l'Escu-vert à la Dame Blanche*, & resolut luy treiziéme d'aller par tout le Royaume à la mode des anciens Cheualiers errans, faire faire raison à toutes les Dames qui auroient esté offensées en leurs biens ou en leur honneur, & combattre tous ceux qui se voudroient opposer à ce genereux dessein: Et comme il eut vacqué vn an & vn iour à cette entreprise, & qu'il fut reuenu à la Cour, le Roy l'honora du Gouuernement de la Ville de Gennes, qui s'estoit donnée à luy, & luy enuoya des forces auec lesquelles il fit en Italie plusieurs exploits signalez, & y maintint par sa prudence en diuers rencontres l'honneur & l'authorité de son Maistre, en sorte qu'il fut reputé aussi bon Politique comme vaillant Capitaine. Il alla contre le Roy de Cypre, & encore contre les Turcs, qu'il défit deuant la Ville de Tripoly, prit les Villes de Lelcandelour, Botun, & Batur, vainquit en bataille les Venitiens par deux fois, & reprima le jeune Vicomte de Milan qui auoit eu la hardiesse de luy faire la guerre; accorda les Florentins auec ceux de Pise, prit sur la mer quatre Galeres Moresques, & fit couper la teste à Gabriel Marie bastard du Duc de Milan, pour auoir voulu prendre par trahison la Ville de Gennes: Enfin comblé d'honneurs, couuert de blessures, & affoibly de tant de fatigues, il changea les penibles trauaux de cette vie au repos & tranquillité que Dieu donne à ceux qui combattent le bon combat, & à la couronne de gloire dont il honore ceux qui le craignent. Il estoit plein de deuotion, de charité, de temperance, de chasteté, & de justice; seuere punisseur des meschans, misericordieux & liberal enuers les bons, au reste remply de sçauoir & d'eloquence autant que Seigneur de son temps; ce qui luy acquit le surnom de Boucicaut: Il aima la Poësie, & fit plusieurs Balades, Roudeaux & Virelais pour sa Maistresse, à laquelle il faisoit de cette agreable maniere connoistre ses sentimens amoureux: Bref il fut galand en toute façon durant la paix, sage au conseil, & vaillant au combat, & jamais il ne passa iour en toute sa vie qu'il ne taschât d'obliger quelqu'vn, & d'accroistre sa renommée, pour laquelle les cœurs veritablement genereux doiuent estre en eternelle action.

Ses armes furent, d'argent à vn aigle à deux testes de gueules, membré & becqué d'azur.

Et celles d'Antoinette Vicomtesse de Turenne sa femme, furent, d'argent à la cottice d'azur, accompagnée de six roses de gueules posées en orle, qui est de Beaufort, soustenu d'or à quatre bandes ou cottices de gueules, qui est de Turenne.

IOANNES COMES DE DVNOIS
sub Carolo 7°
Certe duplex illius seculi Ostentum strenuus ad miraculum usque Nothus, pro Iure Legitimorum pugnauit.
Fœmina pro lege quæ fœmmis Regnum Negat in sexus præiudicium feliciter dimicauit

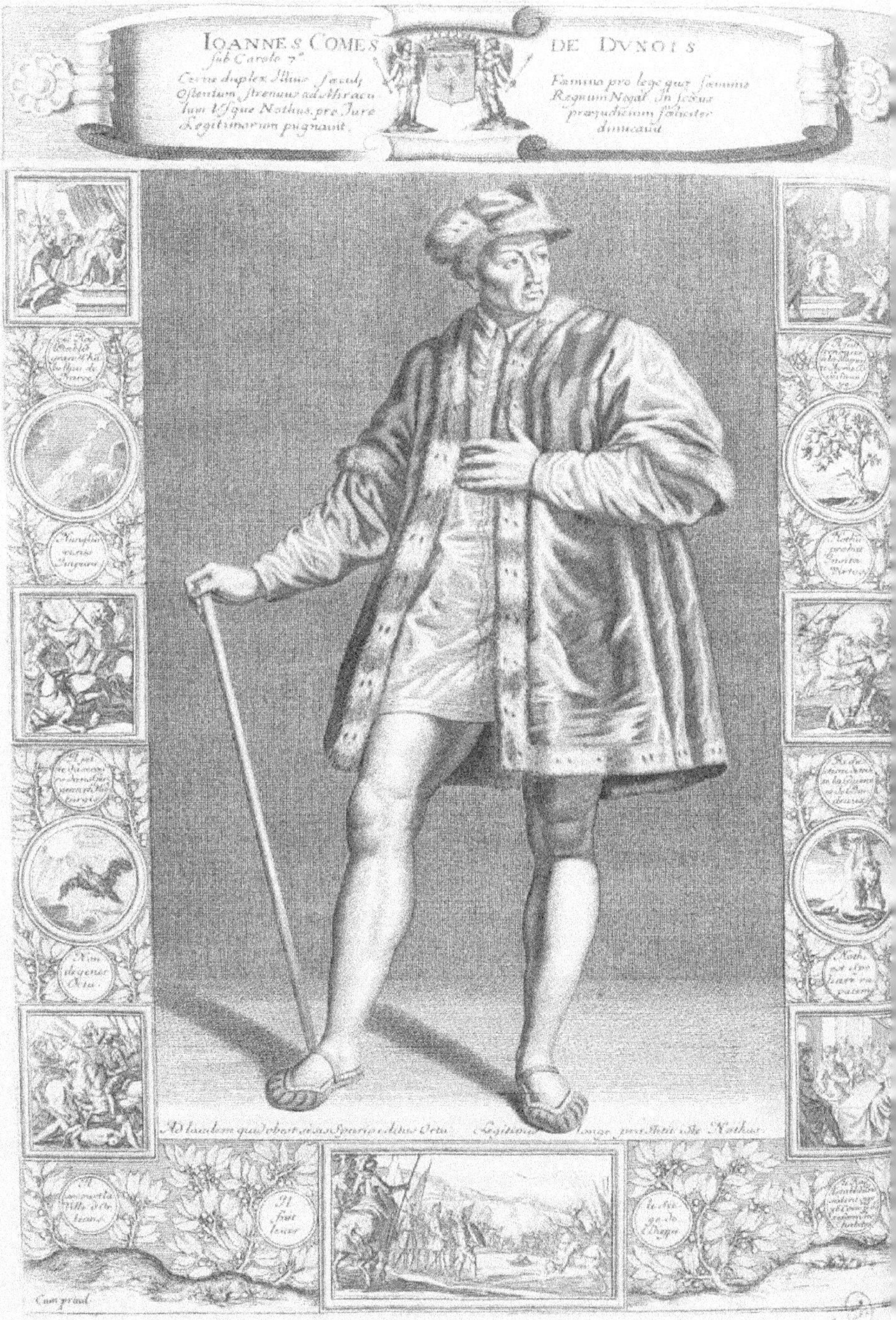

ABREGE' DE LA VIE ET DES ACTIONS HEROYQVES DE IEAN BASTARD D'ORLEANS, COMTE DE DVNOIS ET DE LONGVEVILLE, LIEVTENANT GENERAL DES ARMEES ROYALES EN FRANCE, SOVS LE REGNE DV ROY CHARLES VII. DIT LE VICTORIEVX.

LA France estant abbatuë sous la tyrannie des Anglois, qui sous de fausses pretentions en auoient enuahy la plus grande partie, Dieu se seruit de la vertu heroïque de Iean d'Orleans, fils naturel de Louis Duc d'Orleans, qui par vne suite infinie de valeureux exploits, empescha non seulement la continuation funeste des malheurs sous lesquels cette Monarchie gemissoit, mais il les detourna sur la teste de ceux qui en estoient les autheurs; l'orgueil des Anglois qui brauoit insolemment nos Monarques fut reprimé, & de victorieux & conquerans qu'ils estoient, ils furent vaincus à leur tour, & chassez de la France.

Les plus fauorables influences du Ciel, & le genereux & auguste sang de France, infuserent si puissamment la valeur, la prudence & le courage au cœur de nostre Heros, qu'il fut hardy en ses entreprises, ferme & intrepide dans les dangers, constant & infatigable dans les plus penibles trauaux, redoutable & furieux dans les combats, magnanime & genereux dans la victoire, & auguste dans les triomphes; & comme il y a autant de gloire de remettre en splendeur vne Monarchie presque esteinte, que d'en conquerir vne nouuelle, nous pouuons dire que celle du Comte de Dunois est infinie, puis qu'il sauua non seulement les reliques de ce Royaume, mais qu'il le restablit aussi dans son ancien lustre, & en recula les frontieres; bref que sa vertu ne raffermit pas seulement la Couronne penchante sur la teste du Roy Charles VII. mais qu'il luy acquit par ses trauaux le surnom de Victorieux & de Triomphateur: Aussi sa memoire est grauée si auant dans le cœur des François, & ses trophées appendus & esleuez si haut dans le Temple de la gloire, que l'eternité des temps n'en pourra iamais effacer la moindre partie; d'autant mieux que s'estant renouuellée dans ses cendres comme le Phenix, elle s'est renduë eternelle en la personne des illustres successeurs de nostre Heros, & notamment en celle du tres-vaillant & tres-genereux Prince Henry d'Orleans Duc de Longueuille, qui l'a conseruée dans vn éclat si brillant, qu'on peut le comparer à ces fleuues qui sortans d'vne belle source, deuiennent par vn long cours tousiours plus grands & plus redoutables.

La ieunesse de Iean d'Orleans donna des veritables esperances de sa future grandeur, & l'on voyoit luire en sa personne des estincelles d'vne vigueur extraordinaire, en sorte que la Duchesse d'Orleans Valentine de Milan, poursuiuant auec grande affection la vengeance de son mary assassiné par le commandement du Duc de Bourgogne, disoit fort souuent, *Qu'il n'y auoit aucun des enfans du Duc qui fut si bien taillé à venger cette mort que cettuy-là.* Et en effet il fut toute sa vie l'ennemy capital des Bourguignons, leur fleau & leur terreur, & l'histoire nous apprend qu'il expia le sang du Prince Louis son frere, par celuy de plusieurs milliers de Bourguignons qu'il fit passer sous l'impitoyable trenchant de son espée.

Les plus importantes occasions où il signala son courage, & où sa valeur commença à calmer cette frayeur vniuerselle, & oster cette publique consternation, qui retenoit la vigueur des François dans vn assoupissement letargique, & les empeschoit de pouuoir repousser leurs ennemis; fut lors qu'il alla secourir Gergeau & Montargis, & qu'il defit les Comtes de Vvaruick & de Suffolck, lesquels il mena battant iusques à Paris, apres leur auoir tué sur la place plus de quinze cens hommes; en suite dequoy il pourueut les deux places de tout ce qui estoit necessaire, & s'en reuint glorieux trouuer le Roy, qui quelque temps apres l'establit dans Orleans, & confia à sa vertu cette place tres-importante, où il soustint vn tres-long siege contre les forces Angloises, fit des merueilles à bien commander & à bien combattre, souffrir auec vne fermeté inébranlable, & vne constance & patience admirable, les plus rudes traits & les plus grandes extremitez que la guerre, la peste & la famine puissent produire. Mais enfin comme tout sembloit estre desesperé, & que ce genereux Seigneur consultoit à reduire la Ville en cendres, & à faire vne si vigoureuse sortie, qu'il pût se faire iour à trauers l'armée Angloise, & au lieu d'vne Ville, ne luy laisser qu'vn clapier embrazé, & des maisons toutes consumées; Dieu luy enuoya vn secours inesperé par la Pucelle d'Orleans, de laquelle nous parlerons au chapitre suiuant, auec l'assistance de laquelle, & des vaillans Cheualiers Pothon de Saintrailles, & la Hire, il fit de si grandes prouesses, qu'apres vn horrible carnage des ennemis, il les força à leuer honteusement le siege, apres y auoir laissé pour gage le Comte de Salisbery, & vn nombre infiny de vaillans Capitaines & soldats qui y furent tuez. Apres quoy, au lieu de se reposer, il sortit d'Orleans, & alla au deuant de l'armée Angloise, laquelle il rencontra, attaqua & defit en mesme temps proche du bourg de Patay en Beausse, laissant dix-huit cens des ennemis morts sur la place, & emmenant plus de mille prisonniers, entre lesquels estoient les principaux Chefs des ennemis: De là il courut à Chartres, qu'il prit par intelligence, & par le moyen d'vne charrette de foin que l'on embarrassa entre le pont-leuis & la porte pour fauoriser son attaque. Cependant le Roy s'estant accordé auec le Duc de Bourgogne, la Ville de Paris fut rauie de receuoir son Prince legitime, qui y fit vne tres-belle & solemnelle entrée auec tous ces Princes; mais entre tant de magnificences l'on ne vit rien de si auguste ny de si martial que le Comte de Dunois reuestu d'armes dorées, monté sur vn grand Coursier caparaçonné de toile d'or, tenant le baston de commandement à la main, & conduisant la bataille de sa Majesté, qui estoit de huit cens hommes d'armes, la lance sur la cuisse, tres-richement armez & ornez de belles escharpes blanches & de pannaches de toutes couleurs. Le Comte de Dunois auoit pres de soy son Escuyer monté & caparassonné tres-richement, portant en sa main vne lance vermeille, semée d'estoilles d'or, au bout de laquelle pendoit vn gonfanon de satin cramoisi, semé d'estoilles d'or en broderie, & ayant au milieu la figure de l'Archange S. Michel en broderie d'or & de soye: toutesfois cette magnifique entrée de laquelle i'obmets les particularitez, qui ne font point à mon sujet, ne se fit qu'apres que le Roy eut reduit plusieurs Villes à son obeissance, aux conquestes desquelles le Comte de Dunois estoit tousiours agissant auec vne singuliere affection, non seulement pour le zele qu'il auoit au seruice de son Souuerain,

& à la restauration de sa patrie; mais aussi à cause de l'ardente passion qu'il auoit au mestier de la guerre, duquel il faisoit toutes ses delices, son ame martiale ayant pris vne telle habitude aux fatigues, aux alarmes, & aux combats, qu'il ne pouuoit viure hors de cet element, où les Heros respirent auec plus de plaisir. Mais comme il est necessaire que les grands Hommes, pour estre parfaits & acheuez, soient aussi sages & prudens dans le conseil, que resolus & vaillans dans les combats, nostre Comte de Dunois possedoit également l'vne & l'autre vertu, & n'estoit pas moindre Politique & Homme d'Estat, que grand Capitaine; aussi fut-il choisi par le Roy entre tous les Grands du Royaume, auec l'Archeuesque de Rheims, Elie de Pompadour Euesque d'Alet, & Guy Bernard Archidiacre de Tours, pour aller mettre d'accord le Concile de Basle auec le Pape Eugene IV. & faire en sorte que le Pape Felix, qui estoit Amé Duc de Sauoye, renonçast à son Pontificat, & reconnust Nicolas V. successeur d'Eugene. A quoy nostre sage Comte reüssit auec tant de bonheur & de gloire, qu'il fut admiré par tous les Ambassadeurs des Princes Chrestiens, qui reconnurent en luy vne adresse aussi pleine de prudence & d'intelligence, que sa personne estoit remplie de valeur; & ils confesserent tous vnanimement, que sa presence auoit le plus contribué à ce celebre accommodement si important au repos de la Chrestienté. A son retour à la Cour le Roy ne le laissa pas long-temps sans luy donner encore vn honorable employ: Il fut choisi pour commander l'armée du Roy, & mettre le siege deuant la Ville du Mans, que le Roy d'Angleterre retenoit contre la promesse qu'il auoit fait de la rendre à Charles Comte du Maine, frere du Roy de Sicile, beau-pere du Roy Charles. A quoy nostre genereux Comte agit auec tant de vigueur, qu'il l'eut bien-tost emportée d'assaut, si l'Euesque de Clocestre, qui estoit vn des principaux Conseillers du Roy d'Angleterre, n'eut obtenu du Roy vne fauorable capitulation pour la garnison, en luy rendant la Ville, sans toutesfois que la tréue qui auoit esté faite vn peu auparauant fut discontinuée: Et comme l'armée estoit sur pied conduite par vn si vaillant General, auquel rien ne paroissoit impossible, il fut conuié de passer plus outre pour secourir Artus Duc de Bretagne, Comte de Richemont, Connestable de France, auquel les Anglois, nonobstant la tréue, auoient pris la Ville & Chasteau de Fougeres, & y auoient exercé mille barbaries contre les habitans de l'vn & de l'autre sexe; en reuanche desquelles, & pour vser de represailles, ces deux vaillans Compagnons d'armes prindrent plusieurs bonnes places en Normandie & ailleurs, & en chasserent les Anglois. Enfin comme le Roy d'Angleterre eut rompu la tréue en plusieurs façons, le Roy Charles resolut de tâcher à reconquerir la Normandie, & y vint en personne, accompagné de plusieurs Princes, Seigneurs, & Capitaines François, & particulierement du Comte de Dunois, qui fut declaré General des Armées Royales, & à l'eminente vertu duquel tous les plus Grands & les plus braues furent rauis de deferer, ne croyans pas de pouuoir estre battus lors qu'ils combattroient sous les fauorables auspices d'vn si digne Chef, qui sembloit auoir attaché la victoire & la fortune au bout de son espée: Et en effet cette expedition fut accompagnée de tant de bonheur, que toute cette grande Prouince ploya le joug sous la domination legitime, & les Anglois en furent entierement chassez: la valeur & la bonne conduite du General s'estans fait connoistre aux occasions les plus perilleuses, & notamment lors qu'il fit si courageusement leuer le siege aux ennemis de deuant Dieppe, tous les plus hardis Capitaines de l'Armée croyans qu'il y auoit plus de temerité que de veritable vaillance à entreprendre vne chose qui leur paroissoit impossible. Aprés ces admirables exploits desquels le Roy estoit spectateur, la Guyenne fut aussi-tost remise sous l'obeïssance de sa Majesté par le mesme Conquerant, qui auec l'aide des Comtes de Foix & d'Armagnac, prit en deux mois toutes les Villes que l'Anglois y tenoit, fit son entrée magnifique à Bordeaux & à Bayonne, accompagné de toute son armée en bataille, tous les Ordres de ces deux Villes luy estans venus au deuant en procession generale, chantans les mesmes Hymnes qu'on a accoustumé de dire aux plus joyeux aduenemens, & aux plus pompeuses & triomphantes entrées des Princes victorieux. Le Roy recompensa le Comte de Dunois de glorieux remerciemens pleins de loüanges, & luy donna l'auguste titre de Restaurateur de sa patrie, & de vaillant Conquerant: Il luy donna aussi la Comté de Longueuille en Normandie, & la terre de Daneuille, & le legitima, afin qu'il pût posseder en propre luy & toute sa posterité, tout ce que sa valeur luy auoit acquis, & les Comtez de Dunois, de Mortain, & de Vertus, que son frere Charles Duc d'Orleans luy auoit donnez, pour le recompenser des peines & des soins pieux qu'il auoit pris de le retirer de sa longue prison d'Angleterre. Il posseda aussi plusieurs autres Terres dans les Prouinces de Languedoc, de Dauphiné, & de Poitou. Le Roy l'honora aussi de la dignité de Grand Chambellan de France l'an 1449. & nous lisons qu'il exerça aux obseques du Roy Charles VII. son bon Maistre celle de Grand Maistre de France, ayant mesme mis d'accord les Escuyers du Roy, & les Religieux de S. Denis, sur ce que les vns & les autres pretenderent le poisle qu'on auoit porté sur l'effigie du Roy. Au temps du Roy Louis XI. il fut aussi en tres-grande consideration, pourtant il fut des principaux Chefs de la guerre du bien public, ayant remporté cet honneur d'auoir esté le seul qui poursuiuit le fruit que la France esperoit d'vne telle entreprise: Car le Roy Louis eut telle confiance en luy & en sa sagesse, qu'aprés le Traitté de paix arresté à Conflans l'an 1465. sa Majesté l'establit Chef & President de trente-six Notables ordonnez Commissaires pour la police & reformation des desordres du Royaume. Il eut aussi vn rang tres-esleué dans l'assemblée des Estats conuoquez à Tours deux ans aprés.

Enfin ce genereux & illustre Comte, chargé d'années, d'honneurs & de biens, mourut d'vne aussi belle mort que sa vie auoit esté glorieuse, l'an 1470. âgé de 67. ans.

Iean le Feron au Catalogue des Connestables, & Iean Bouchet aux Annales d'Aquitaine, le mettent au nombre des Connestables de France; mais il y a sujet de croire qu'ils confondent cette qualité auec l'eminente Charge de Lieutenant general des Armées Royales, que sa vertu & son merite luy firent obtenir.

Il portoit pour armes, d'azur à trois Fleurs de lys d'or, au lambeau d'argent en chef, & au baston de mesme pery en bande.

PVELLA
AVRELIACA
A Reims
Nulli plus debet Gallia salua Viro

ABREGE' DE LA VIE ET DES ACTIONS MIRACVLEVSES DE IEANNE D'ARK, SVRNOMMEE LA PVCELLE D'ORLEANS, SOVS LE REGNE DV ROY CHARLES VII.

LORS que le secours humain semble estre entierement osté, & que le bras de la chair est raccourcy, Dieu estend le sien miraculeusement, & nous deliure bien souuent par des moyens qui nous sont inconnus, pour nous faire monter de la poussiere sur le Trône; comme aussi il abbat & renuerse quand il luy plaist les Puissances qui semblent estre les mieux establies, & brise comme du verre ceux qui se fient auec trop d'orgueil aux fresles biens des Royaumes de ce monde. Nous auons infinis exemples de cette verité; mais entre tous celuy de la deliurance de la France au temps du Roy Charles VII. & le rapide trébuchement de l'orgueilleuse domination des Anglois qui l'auoient déja toute engloutie, sont pleins de merueille & d'admiration; car le temps estant venu, auquel Dieu voulut jetter les verges dans le feu, & faire reluire le Soleil de ses graces sur ce Royaume Tres-Chrestien, & décocher à son tour les traits de son courroux sur les Anglois, il suscita vne jeune & simple Bergere, qui auec l'admiration de toute la terre, seruit de Capitaine aux plus grands Capitaines de France; & les poussant par son exemple aux plus perilleuses occasions, abbatit comme vne seconde Iudith la teste de l'Holopherne Anglois, & le chassa du Trône vsurpé, pour y restablir le Roy legitime, à mesure qu'il sembloit en estre entierement depouillé. C'est cette Ieanne d'Ark, surnommée la Pucelle d'Orleans, qui n'ayant iamais seruy qu'à garder des brebis, eut des reuelations Diuines, *que la Ville d'Orleans seroit deliurée de la main des Anglois, qu'ils seroient vaincus & chassez de la France, que le Roy seroit couronné à Rheims, qu'il falloit qu'elle l'accompagnast en cette ceremonie, & que trauestie en homme elle l'allast trouuer, & luy demandast hommes, cheuaux & armes, afin qu'elle-mesme combatist pour son Prince:* Lesquels discours elle repetoit souuent, & n'entretenoit ses parens que du dessein qu'elle auoit de partir, pource qu'il y auoit (disoit-elle) vn Ange qui la pressoit de quitter tout, & de s'en aller trouuer le Roy en quelle part qu'il fut. Son pere & sa mere qui la connoissoit pour auoir esté tousiours tres-sage & tres-craignant Dieu, furent inspirez de la mener deuant Robert de Baudricourt Gouuerneur de Vaucouleur, auquel elle parla de ses reuelations auec tant d'asseurance, qu'il l'enuoya au Roy accompagnée de Bertrand de Polenge sage Gentilhomme, d'vn sien frere, d'vn soldat, & de quatre valets. Comme elle fut arriuée à Chinon, où estoit le Roy bien desolé à cause de l'impuissance où il estoit de secourir Orleans, qui estoit, comme nous auons deja dit au discours precedent, assiegé par les Anglois, & defendu par le vaillant Comte de Dunois, elle le reconnut, quoy que deguisé, & quoy qu'il se mit derriere des Seigneurs mieux vestus que luy; & luy asseura de la part de Dieu, qu'il seroit desormais victorieux de ses ennemis, qu'Orleans ne se perdroit point, & qu'elle l'accompagneroit à Rheims, où il seroit sacré & couronné. Le Roy estonné, ou plustost rauy de ses promesses, la fit sonder & interroger par des doctes & habiles Theologiens, qui rapporterent à sa Majesté & à son Conseil, qu'asseurément elle estoit enuoyée de Dieu pour acheuer quelque exploit surnaturel, & seruir d'instrument à sa diuine puissance. Elle fut surnommée la Pucelle, pource qu'elle fut visitée par des Matrones en la presence de la Reyne de Sicile, & reconnuë telle. Elle demanda des armes, & pria le Roy d'enuoyer querir vne Espée qui estoit enterrée dans l'Eglise de sainte Catherine de Fierbois derriere l'Autel auec les cendres d'vn Cheualier: ce que l'Ange qui luy parloit de la part de Dieu luy auoit reuelé; de laquelle Espée elle se seruit auec vn succés miraculeux: L'on la voit encore dans la chambre du Tresor de S. Denis, où elle est gardée comme vne grande rareté. Dés aussi-tost qu'elle fut armée, elle demanda permission d'aller secourir Orleans, apres toutesfois auoir enuoyé vn Heraut & fait escrire de belles lettres au Comte de Salisbery, & mesme au Roy d'Angleterre, pour leur annoncer de la part de Dieu & de la Pucelle, qu'ils eussent à laisser le Royaume de France à son Roy legitime, autrement qu'elle estoit enuoyée pour les en chasser par force à bons coups d'espée: desquelles lettres ayant eu vne tres-mauuaise réponse, elle se mit à la teste de deux cens lances, & donnant de rudes & pesans coups sur les Anglois, elle se fait faire iour à trauers leurs trouppes, qu'elle renuerse & abbat auec vne valeur extraordinaire. Le Comte de Dunois la reçoit auec grande ioye, & le lendemain elle fit vne sortie, & alla attaquer la Bastille ou fort de S. Loup, qu'elle emporta de viue force, & y tua quatre ou cinq cens Anglois qui la gardoient; ce qui donna vne telle épouuente aux autres, qu'ils abandonnerent aussi la plus proche Bastille appellée de S. Iean le Blanc. Le lendemain la Pucelle, auec le vaillant la Hire, & les autres Capitaines, prirent encore par force les forts des Augustins & du Pont, où l'on combatit tres-vaillamment de part & d'autre, & la Pucelle y fut blessée d'vn coup de fleche qui entra demy-pied entre le col & les espaules; mais elle en arracha la fleche, & quoy qu'elle fut toute pleine de sang, elle ne laissa pas de combattre tousiours auec vne fierté sans exemple, disant en riant, que la blesseure qu'elle auoit receu n'estoit qu'vn coup de faueur: Bref nostre Amazone fit tant de merueilles, qu'elle fit leuer le siege aux plus insolens ennemis qui furent iamais, & qui deux iours auparauant se moquoient d'elle, & l'appelloient par meschanceté la putain des Armagnacs. Le Comte de Salisbery fut blessé à mort à ce siege, dequoy il mourut deux iours apres; & le Comte de Suffolk fut defait & pris dans Gergeaux; & en suite le Duc de Berthfort, auec tout ce qu'il auoit pû ramasser de forces, fut défait à platte-couture à Patay en Beausse, comme nous auons dit cy-deuant, la Pucelle combattant vigoureusement, & ayant asseuré auparauant le combat, que le Ciel donneroit aux François vne asseurée victoire. Tous ces succés éleuerent tellement le cœur au Roy & aux bons François, que Ieanne la Pucelle n'eut pas beaucoup de peine de persuader sa Majesté d'aller à Rheims pour se faire sacrer & couronner, l'asseurant tousiours que toutes les Villes luy ouuriroient les portes; ce qui en effet arriua comme elle l'auoit asseuré, car Auxerre, Rheims & Chaalons, receurent le Roy à l'enuy l'vne de l'autre, & chasserent les Anglois, qui ayans voulu resister dans Troyes, furent assiegez, forcez & emportez par la seule obstination de la Pucelle, contre l'aduis des Capitaines de l'armée du Roy: Et apres le sacre qui fut fait auec de tres-grandes magnificences, tout le peuple criant, *Viue le Roy & la Pucelle*, les Villes de Laon, de Soissons, de Chasteau-Thierry & de Prouins, se remirent dans l'obeïssance legitime, & à leur exemple vn nombre infiny d'autres places, ſe rendirent ſans reſiſtance : mais les Pariſiens ne ſe trouuerent pas en eſtat de receuoir le Roy, quoy qu'il fut reſolu de les traitter fort doucement, les Anglois & les Bourguignons y eſtans les Maiſtres; ce qui obligea ſa Majeſté d'auancer auec ſon armee vers S. Denis, qu'il prit facilement, & de venir camper entre Paris & Montmarte, d'où il fit ſommer les ennemis de ſe rendre à luy, offrant aux habitans, qui ne ſouhaitoient rien tant que de luy teſmoigner leur fidelité & leur obeïſſance, de les conſeruer dans tous leurs priuileges; mais connoiſſant que les Anglois & les Bourguignons eſtoient reſolus de ſe defendre, il fit donner l'aſſaut en diuers endroits, auec des eſchelles, des mentelets, & autres machines de ce temps là; & voyant qu'il ne pouuoit encore rien auancer par ce moyen, il fit retirer ces gens apres vn aſſez long combat, auquel la Pucelle ayant fait voir des effets d'vne valeur extraordinaire, fut bleſſée & renuerſée dans vn foſſé, d'où l'on eut beaucoup de peine de la retirer. Quelques Autheurs diſent qu'elle receut vne bleſſure à la jambe, de laquelle s'eſtant fait penſer vn peu à l'eſcart, elle ne laiſſa pas de reuenir à l'attaque, & d'y faire tant de merueilles, qu'elle repouſſa les Anglois & les Bourguignons bien auant dans la Ville, où ſa valeur l'engagea tellement, qu'elle eut eu peine de s'en retirer ſans le Duc d'Alençon qui fauoriſa ſa retraite; eſtant tres-facile à iuger, que ſi tous les combattans euſſent ſuiuy ſon exemple, la reſiſtance des aſſiegez ſe fut trouuée inutile. Comme le Roy connut que le temps n'eſtoit pas encore propre pour ſe rendre maiſtre de Paris, il retira ſon armée; & la Pucelle ayant appris que le Duc de Bourgogne s'acheminoit vers Compiegne pour y mettre le ſiege, elle ſe ietta dedans auec Pothon de Saintraille & quelques autres vaillans Capitaines; & comme elle voulut faire vne ſortie pour enleuer vn quartier des ennemis, ſes gens furent viuement repouſſez, & elle ſe tenant aux derniers rangs pour fauoriſer leur retraite en combattant, fut enueloppée par tant d'ennemis, que nonobſtant vne reſiſtance inoüye, elle ſe trouua accablée, & fut contrainte de ſe rendre priſonniere à vn Gentilhomme Picard, ou ſelon quelques Autheurs, au Baſtard de Vendoſme, qui la vendit à Iean de Luxembourg, lequel la reuendit encore aux Anglois pour dix mille francs, qui eſtoit vne ſomme conſiderable en ce temps-là. L'on la mena à l'armée Angloiſe pour la faire voir aux gens de guerre qu'elle auoit ſi ſouuent battus, & puis on la conduiſit au Chaſteau de Roüen, où elle fut miſe dans vne cage de fer, & traittee auec toutes les inhumanitez imaginables: Et enfin apres pluſieurs interrogatoires & conſultations, quoy que la pluſpart des Iuges crûſſent qu'elle ne meritât aucune punition, toutesfois pour aſſouuir leur vengeance & leur rage contre cette Heroïne, qui auec le Comte de Dunois, Pothon de Saintraille, & la Hire, qui eſtoient les trois Heros du ſiecle, auoit arreſté leurs conqueſtes, & donné vne ſi fauorable criſe à la Monarchie Françoiſe, que de languiſſante & abbatuë qu'elle eſtoit, elle fut renduë victorieuſe & triomphante: Ils l'accuſerent de ſortilege, & de s'eſtre traueſtie en homme; & pour ces pretendus crimes dont le premier luy eſtoit fauſſement impoſé, pource qu'elle auoit fait des choſes extraordinaires & eloignées du pouuoir humain, ils la condamnerent à eſtre bruſlee toute viue dans le Vieux Marché de la Ville de Roüen: ce qui fut executé au grand regret de tous les gens de bien qui la virent mourir, car elle teſmoigna la veritable conſtance des Martyrs, & ne ceſſa iamais d'inuoquer le nom de Ieſus, iuſques à ce qu'elle fut eſtouffée. Et comme c'eſt l'ordinaire qu'on iette les cendres au vent, ou dans la riuiere, de ceux qui ſont bruſlez pour de ſemblables crimes à ceux qu'on luy impoſa, les Bourreaux voulans recueillir ces glorieuſes cendres, trouuerent ſon cœur tout entier & encor ſanglant, ſans que le feu y eut donné aucune atteinte.

Voila comme fut traittée cette pauure Pucelle, contre le droict des gens, contre les loix de la guerre, contre la charité Chreſtienne, & contre l'humanité; cette fille qu'on peut veritablement dire auoir eſté enuoyée de Dieu pour le ſalut de la France, pour la deſtruction de la tyrannie eſtrangere, & pour la reſtitution du victorieux Charles VII. car ſes predictions ont eu vn euenement veritable, ſes mœurs ont eſté ſans reproche, ſes actions honneſtes, ſes deſſeins glorieux, ſes exploits heroïques, ſes executions prodigieuſes, & ſa mort illuſtre en conſtance & en contrition, bref il eſt croyable que ſi elle eut eſté telle que ſes ennemis ont voulu faire croire, la ſuite n'en eut pas eſté ſi miraculeuſe, & nos Rois ne luy auroient pas erigé des ſtatuës pour rendre ſa memoire ſacrée & eternelle aux ſiecles a venir.

Apres ſa mort ſes trois freres qu'elle auoit fait ennoblir, & qui l'accompagnerent touſiours dans les plus chaudes occaſions, ſe pourueurent deuers le Pape Calixte III. pour faire caſſer & annuler ce iugement inique & tyrannique; ce qui fut executé auec toutes les plus exactes formalitez l'an 1455.

Pluſieurs Autheurs tres-graues, de toutes nations, ont parlé auec grande honneur de cette admirable fille, & entr'autres Gui-Pape Conſeiller du Roy au Parlement de Grenoble enuiron l'an 1440. en fait mention en la Queſtion 84. en ces termes. *Vidi etiam temporibus meis puellam Ioannam nuncupatam, quæ incepit regnare anno quo fui doctoratus, quæ inſpiratione diuina arma bellica aſſumens, reſtaurauit Regnum Franciæ, Anglicos expellendo vi armata, & Regem Carolum ad Regnum Franciæ reſtituendo, quæ puella regnauit tribus vel quatuor annis.* Martin Franc Secretaire de Felix V. la loüe auſſi fort hautement au liure intitulé le Champion des Dames: Les curieux ſeront bien-aiſes de voir la façon des Vers de ce temps là.

De la Pucelle dire veüil
Laquelle Orlians deliura
Où Saliberi y perdit l'œil,
Et puis mal mort le naura:
Ce fut elle qui recouura
L'honneur des François tellement,
Que par raiſon elle en aura
Renom perpetuellement.

Tu ſçais comment eſtoit appriſe
A porter lances & harnois,
Comment par ſa grande entrepriſe
Abbatus furent les Anglois,
Comment de Bourges & de Blois
Le Roy faillit ſous ſa fiance,
Et en tres-grand oſt de François
Alla deuant Paris en France.

Les armes de la Pucelle d'Orleans, dont les freres & leurs deſcendans prirent par commandement du Roy le ſurnom du Lys, furent compoſées par ledit Roy Charles, & elles repreſentent hieroglifiquement comme la valeur de cette Pucelle reſcua la Couronne des fleurs de Lys; elles ſont d'azur à vne Eſpee d'argent en pal, croiſee & pommetee d'or, ſouſtenant au haut de ſa pointe vne Couronne d'or, coſtoyee de deux fleurs de Lys de meſme.

La Deuiſe particuliere que portoit la Pucelle, auoit pour corps vne main tenant vne Eſpee, auec ces mots, *Conſilio firmata Dei*, comme ie l'ay recueilly d'vne medaille d'or qui fut frappee à ſon honneur, apres qu'elle eut fait ſacrer & couronner le Roy Charles VII. à Rheims.

GEORGIVS CARDINALIS AMBASIVS
Quantam unus meruerit gloriam, hinc discas licet, quod mortuus hanc Sed Infaustam et ab spirantis olim mente prorsus alienam consequutus est ut illico res, et fortunæ Domus simul collabi, et Sensim commori visæ sint, tot rebus sub ee praeclare gestis Insignem sibi attexuerat coronam Illustriorem longe futuram, nisi Triplicem ambiisse videretur.
hic proceres Inter gallos, quos purpura Sacra
vestit consiliis clarnit atque fide
Bataille gaignée
Contre les Venitiens

ABREGE' DE LA VIE ET DES PLVS BELLES ACTIONS DV CARDINAL D'AMBOISE, SOVS LES REGNES DE LOVIS XI. CHARLES VIII. & LOVIS XII.

LA Vertu & la Sagesse sont comme deux grandes lumieres qui ne peuuent long-temps estre cachez; leur eclat donne bien tost de l'admiration à ceux qui les considerent, & leur brillant est d'autant plus beau lors qu'elles se rencontrent en la personne d'vn homme dont le sang est illustre, estant sans doute vn grand auantage pour acquerir de la gloire d'estre mis au degré de la Noblesse dés sa naissance; & il est beaucoup plus facile de faire des actions de vertu & d'honneur lors qu'on a cette base sous les pieds, qu'alors qu'il en faut gaigner le dessus par des effets diuers & incertains; ces exemples nous faisans voir qu'il y a quelque chose d'extraordinaire à ceux qui sont nez de parens nobles, qu'ils ont vne impression & marque de vertu qui n'éclate pas en la personne de ceux qui sont nez parmy le commun. La faueur & le credit que Charles d'Amboise, frere aisné de George, dont nous parlons, auoit à la Cour au temps de Louis XI. estant Gouuerneur de Champagne, & puis de Bourgogne, furent les premiers eschellons de la fortune de nostre Cardinal, qui pour sa vertu & pour son sçauoir, fut fait Euesque de Montauban, & puis Archeuesque de Narbonne, estant particulierement attaché d'affection au Duc d'Orleans, & à ses interests, agissant puissamment à la Cour pour le faire sortir hors de la prison où il auoit esté mis apres la bataille de Saint Aubin, pour auoir entrepris la guerre pour la Regence du ieune Roy Charles VIII. contre le Comte de Beaujeu & sa femme, qui estoit sœur du Roy. A quoy nostre George d'Amboise reüssit auec tant d'honneur, que l'accommodement estant fait, & le Duc d'Orleans mis en liberté, son merite & la connoissance qu'on commençoit d'auoir de son intelligence aux plus grandes affaires, luy firent donner l'Archeuesché de Roüen, afin qu'il eut moyen d'estre plus proche de la personne du Roy & des Princes qui auoient déja pris vne grande confiance en luy. Quelque temps apres il rendit de tres-bons seruices au Roy & au Duc d'Orleans dans le Milanois apres la bataille de Fornoüe: Et comme le mesme Duc d'Orleans, & luy, furent de retour en France auec le Roy, nostre Archeuesque faillit à estre disgracié, ses enuieux tâchans de le mettre aux mauuaises graces de sa Majesté, pource qu'il persuadoit le Duc d'Orleans à entreprendre sur son authorité; mais la mort du Roy donna vne autre face aux affaires, la persecution de ses ennemis fut changée en vne pleine authorité, & il deuint le plus puissant de la Cour à mesure qu'on premeditoit de l'en chasser; car son Maistre qui l'aimoit beaucoup estant paruenu à la Couronne, recompensa ses longs seruices & son affection; & pource qu'il auoit toûjours suiuy sa fortune dans l'aduersité, il luy fit part de sa grandeur dans la prosperité, & le considera toûjours comme son principal Ministre; pource, dit l'histoire de Seissel, *qu'il le connoissoit homme tres-excellent pour la conduite de ses principaux affaires, & accomply de tant d'experience, de loyauté & de bonne vie, qu'encore que par plusieurs fois il ait esté longuement absent de luy: si n'a-on iamais apperceu que son credit fut en rien diminué, mais tousiours augmenté, pour autant que sa prudence croissoit auec le temps, & la continuation de ses seruices.* Il persuada au Roy de repudier sa femme fille de Louis XI. pource qu'elle estoit bossuë & incommodée, en sorte qu'il eut esté impossible qu'elle eut fait des enfans. Le Pape Alexandre VI. luy accorda librement la declaration de la nullité de son mariage, & la luy enuoya par Cesar Borgia son fils, qui apporta aussi le Chapeau de Cardinal à nostre Archeuesque George d'Amboise, duquel le pouuoir estant rasfermy par cette eminente dignité, il fit en sorte que le Roy espousa la Reyne Anne de Bretagne, que sa Majesté auoit de tout temps aimée, belle Princesse, tres-vertueuse, & auec laquelle il vesquit heureusement. Apres ce mariage, le Cardinal conseilla le Roy de s'en aller en Italie pour conquerir la Duché de Milan qui luy appartenoit de par Valentine de Milan sa grand mere. Son arriuée & la victoire furent presque la mesme chose; & en cette prosperité le Pape pour complaire à sa Majesté, & attirer à son affection le Cardinal d'Amboise, le fit son Legat en France, qui est vne dignité que les souuerains Pontifes de Rome n'auoient iamais donnée à aucun Cardinal François. Son Eminence donc estant de retour en France auec le Roy, fit vne entrée magnifique à Lyon & à Paris en cette qualité qu'il exerça auec grande gloire. Et comme les Lieutenans que le Roy auoit laissé en Italie eurent laissé perdre cette Duché, & que Milan se fut reuolté, le Roy enuoya le Cardinal d'Amboise en Italie en qualité de Lieutenant General de sa Majesté, & donna le commandement de l'armée à Louis de la Trimoüille; & pour faire voir l'affection que le Roy portoit au Cardinal, & la haute confiance qu'il auoit en luy, l'Historien Authon dit, *que sa Majesté luy donna charge de toutes ses affaires, pour en faire & ordonner, comme si par luy-mesme estoit dessait, luy donnant les deux cens Gentils-hommes de sa maison pour l'accompagner & suiure quelque part qu'il iroit, & faire ce que par luy leur seroit commandé.* Son voyage fut si heureux, que par la valeur de la Trimoüille, & par son experience particuliere, il reconquit tout le Milanois, prit le Duc Louis Sforce dans Nouarre, & le lendemain le Cardinal Ascagne, Galeas de saint Seuerin, le Comte Fracasse, & Authon Marie; bref il obtint vne victoire entiere de l'Estat, du Prince, & de tous les Chefs. Il alla loger à l'abord dans le Chasteau de Milan, n'estant voulu entrer dans vne Ville soüillée d'vn crime si prodigieux que celuy de la rebellion: pourtant il vint à la Maison de Ville vn peu radoucy le iour du Vendredy Saint, & estant monté sur vn grand Tribunal, les principaux du peuple, & plus de quatre mille enfans vestus de robes blanches, & la teste nuë, vindrent en procession generale auec le Crucifix demander misericorde, laquelle il leur accorda auec l'abolition de leur felonnie, faisant en cela les mesmes fonctions que si le Roy y eut esté en personne: Aussi, *auoit-il*, comme dit Guichardin, *la langue & l'authorité du Roy.* Et en effet quand il fut question de secourir les Florentins contre ceux de Pise, le Roy remit l'affaire au Cardinal d'Amboise, qui y trauailla auec grand soin; mais vne nouuelle nuée de Suisses estant venu fondre au Milanois, il les contenta auec de l'argent, & les renuoya en leur païs. Et pource qu'il se vouloit conseruer le credit qu'il auoit pres du Roy par sa presence, il laissa son neveu le Grand Maistre de Chaumont Admiral & Mareschal de France, Gouuerneur & Lieutenant general dans l'Estat de Milan, & s'en reuint à la Cour, où il fut receu & caressé autant que le plus ambitieux l'eut pû souhaiter. Et comme il ne se contenta pas d'expedier luy seul les affaires les plus importantes de la guerre & de la paix, il voulut aussi reformer les Conuents; à quoy il proceda tres-hardiment auec le succés qu'on pouuoit esperer du desordre & de la corruption qui s'y rencontroit. Sa Majesté voulant entretenir vne parfaite correspondance & vnion auec l'Empereur Maximilian, enuoya le Cardinal à Trente vers luy, où ils traitterent de plusieurs choses importantes, & notamment de faire la guerre aux Venitiens, & d'assembler vn Concile vniuersel. A son retour il trouua le Roy prest pour passer en Italie, où il l'accompagna, sans s'éloigner iamais de sa personne. Sa Majesté fut à Gennes receu royalement, & le Cardinal aussi; & ce fut là que tous les Ambassadeurs des Princes d'Italie, & d'ailleurs, luy vindrent faire des plaintes contre Cesar Borgia, & contre son pere Alexandre VI. Mais le Cardinal qui pretendoit de se seruir de l'vn & de l'autre pour s'éleuer plus haut, fit en sorte que le Roy ne les détacha point de son amitié. Quelque temps apres le Pape Alexandre mourut, & alors le Cardinal d'Amboise voulant profiter de l'amitié de Borgia, qui luy auoit promis toute sorte de faueur, vint à Rome auec l'armée du Roy qui estoit preparée pour le recouurement de Naples; & comme il croyoit que les suffrages des Cardinaux seroient ébranlez & portez en sa faueur par l'apprehension qu'ils pourroient auoir de la force des armes, il ne vouloit point faire partir l'armée, que son élection au Pontificat ne fut faite; mais il fut trompé par le Cardinal Iulian, qui faisant semblant de le venir asseurer de la volonté que le plus grand nombre & les principaux du Conclaue des Cardinaux auoient de l'élire, luy conseilla de faire retirer l'armée Françoise, & d'obliger Cesar Borgia à sortir de Rome, afin que les Princes ny les Cardinaux estrangers, n'eussent pas sujet de dire, que cette promotion auroit plustost esté faite par la crainte des armes Françoises, que par la consideration de son merite ny de sa pieté; luy alleguant aussi que personne ne se pourroit persuader que le S. Esprit voulut presider à vne élection dont les suffrages auroient esté forcez, & que partant il luy conseilloit en amy, & pour sa plus grande gloire, de faire retirer l'armée; ce qu'il crût facilement, n'estant pas encore instruit à connoistre, ou à se méfier des promesses & des protestations d'amitié des Italiens: & d'abord que les forces furent éloignées, ils changerent tous de volonté en vn moment, & le Cardinal d'Amboise fut priué du Pontificat par l'élection de Pie III. qui mourut vingt-six iours apres; & Iulian tira le fruit de sa fourberie par l'élection qui fut faite de sa personne apres la mort du Pape Pie.

Quelque temps apres le Roy repassa les Monts pour châtier les Genois qui s'estoient reuoltez, & y enuoya le Cardinal d'Amboise qui les reprima, & les obligea à crier mercy & misericorde à sa Majesté. Estant de retour en France, le Roy l'enuoya à Cambray pour resoudre auec l'Empereur la guerre contre les Venitiens: en suite dequoy le Roy passa en Italie, & gagna la celebre victoire d'Agnadel, le Cardinal l'accompagnant & agissant tousiours tres-puissamment, encore qu'il fut vieux & accablé des gouttes; lesquelles enfin jointes aux fatigues & aux foiblesses que ses longs voyages & les grands soins qu'il auoit pris pour le bien de l'Estat, & pour la gloire du Roy son Maistre, luy auoient acquises, il mourut paisiblement, au grand regret du Roy & de toute la France, qui durant sa vie ne fut iamais chargée de nouuelles impositions, nonobstant les grandes guerres qu'il auoit fallu faire; ce qui luy attira la benediction des grands & des petits, & acquit au Roy Louis XII. le surnom glorieux *de Pere de son Peuple.* Il fut sage, hardy, genereux, liberal, plein de franchise & de bonté, seuere punisseur des traistres, & grand amateur des gens de vertu, qu'il recompensoit auec des largesses incroyables: aussi ne fut-il iamais enuié de personne durant son ministere, & les langues les plus medisantes n'eurent pour luy que des loüanges & des éloges. Il fut sur tout si affectionné enuers le Roy, qu'il ne le quittoit iamais d'vn pas, soit qu'il traitat d'affaires serieuses, ou qu'il recreat son esprit, ayant esté le compagnon perpetuel de ses voyages. Il éleua tous ses parens à de grands emplois, & leur laissa, auec la memoire de ses belles actions, de tres-grands biens, afin de temperer par leur moyen le déplaisir qu'ils estoient obligez d'auoir pour la perte d'vn si illustre & si glorieux parent.

Il portoit pour armes, pallé d'or & de gueules.

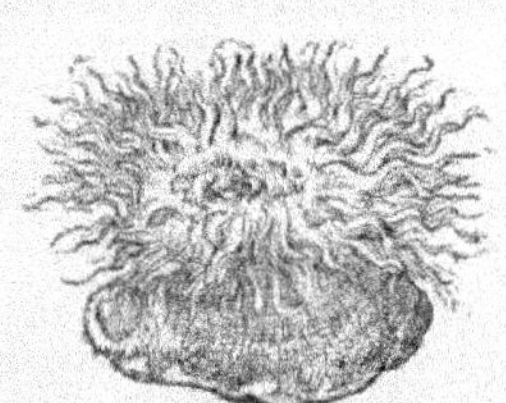

LVDOVICVS DE LA TRIMOVILLE
Helvetiis in Burgundiam Irrumpentibus, pro postulatis verba dedit, tanto operæ prætio præter ordinem fœliciter auso
et Regnum tutatus et pænam à rege meritus est. Ticinensi prælio, ne occiso vel capto Regi superesset, fortiter pugnans octogenarius occubuit.
Virtutis memor Antiquæ, Iam grandior annis
Regi Intercepto non superesse tulit.

ABREGE' DE LA VIE ET DES MEMORABLES ACTIONS DE LOVIS DE LA TRIMOVILLE, VICOMTE DE THOVARS, GENERAL DE L'ARMEE DV ROY EN FRANCE ET EN ITALIE, GOVVERNEVR DE BOVRGOGNE, SOVS LES REGNES DE CHARLES VIII. DE LOVIS XII. & FRANCOIS I.

E Heros dont ie vay faire esclater la gloire dans ce petit discours, posseda toutes les vertus, & s'en seruit tres-auantageusement au bonheur de la France, dans tous les emplois d'honneur où sa belle & longue vie fut occupée: C'est cet illustre Louis de la Trimoüille, qui endossa le harnois à quinze ans, & qui le quitta auec la vie à l'âge de quatre-vingts, dans vne Bataille fatale à la France, que sa sage preuoyance auoit tâché de dissuader.

Le premier commandement qu'il eut dans les armées, fut en Bretagne contre le Duc François II. Et la celebre Bataille qu'il gagna à saint Aubin, fut la derniere Scene & la Catastrophe des longues guerres que les Ducs de Bretagne auoient euës auec nos Rois, qui par le mariage de deux d'iceux consecutiuement auec la Princesse Anne, reünirent cette Duché au Royaume, & mirent fin à vne longue suite de malheurs qui auoient infecté & presque ruiné cette Prouince. Il n'auoit que vingt-cinq ans lors qu'il fut fait General de l'armée du Roy Charles VIII. en la place de Louis de Bourbon son beau-frere, auec laquelle il defit entierement l'armée du Duc François, luy prit plusieurs places, & destacha de son party & de son seruice les Seigneurs de Laual, de Rohan, de Chasteaubriant, de Montaflant, de Pont-chasteau, & mesme François d'Auaugour fils naturel du Duc, qui mit la Ville & le Chasteau de Clisson en l'obeïssance du Roy, & la pluspart de la Noblesse: Et pour dernier exploit signalé, la Trimoüille assiegea S. Malo, l'vne des plus fortes places de Bretagne, & capable de tenir contre les forces d'vne puissante armée, tant pour son assiette que pour sa fortification; mais la vertu & la reputation que nostre ieune General s'estoit desia acquise, la firent bien-tost venir à composition. Enfin le Duc François II. estant mort, la Duchesse Anne son heritiere fit encore la guerre quelque peu de temps, apres quoy elle s'accommoda auec le Roy qui l'espousa, & adjousta ce beau fleuron à sa Couronne; à l'heureux acheuement dequoy le Seigneur de la Trimoüille contribua tres-puissamment. Deux ans apres le Roy ayant fait de tres-grands preparatifs pour le voyage de Naples, il le voulut auoir pres de soy, pource que parmy vn nombre infiny de sages & vaillans Seigneurs qui accompagnerent sa Majesté, il estoit celuy qu'il consideroit le plus, & aux conseils duquel il deferoit dauantage; ne resoluant rien dans toutes les affaires qu'il eut auec tous les Princes & Republiques d'Italie, que par ses sentimens: Et lors qu'il fut question de mettre à la raison le Pape Alexandre VI. & l'obliger à ouurir les portes de Rome & du Chasteau S. Ange au Roy & à son armée, il luy fut enuoyé Ambassadeur, & l'obligea à receuoir la loy de sa Majesté, & à donner les Villes de Ciuitavecchia, de Terracine, & de Spolete, pour les tenir en ostage iusques à la conqueste de Naples, dont tout le Royaume se rendit aux armes victorieuses du Roy Charles, qui fit son entrée triomphante dans toutes les Villes, & notamment à Naples, où les principaux Seigneurs du païs luy vindrent prester le serment de fidelité, & luy amenerent leurs enfans, que sa Majesté fit Cheualiers de sa propre main: Les plus belles Dames y vindrent aussi pour voir le Roy & tous les Seigneurs qui l'accompagnoient, qui dresserent des Ioustes & des Tournois pour l'amour d'elles, & leur donnerent le plaisir de iuger de l'adresse, de la bonne mine, & du courage des Caualiers François, entre lesquels la Trimoüille parut beaucoup, comme estant vn des plus galands & des meilleurs gendarmes qui fut à la Cour. Enfin comme sa Majesté voulut reuenir en France, tous les Princes d'Italie ioignirent leurs forces pour s'opposer au passage du Roy, qui se fiant à la valeur des siens, les attaqua auec tant de courage pres de Fornoüé, que comme vn foudre de guerre il se fit iour à trauers les plus espais bataillons des ennemis, qui furent defaits & renuersez par la vaillance des François, qui acquirent vne memorable victoire à leur Roy. La se signala sur tous le genereux la Trimoüille, qui commandoit quatre cens lances, auec les Gentilshommes & les Archers de la Maison du Roy; ce vaillant & sage Seigneur ayant sur tout les yeux sur sa Majesté, dont la perte ou la prise eut changé la victoire en desespoir & en desolation: Iournée memorable, pour auoir esté la premiere depuis vn long-temps en laquelle on ait combatu en Italie auec carnage & tuërie obstinée; car auparauant les combats Italiens estoient plustost spectacles pleins de fast & de parade, que veritables batailles. Enfin le Roy estant de retour en France, mourut à Amboise, comme il estoit sur le poinct de reuenir en Italie, laissant pour successeur Louis XII. auparauant Duc d'Orleans, qui ayant de tres-legitimes pretentions sur le Milanois, à cause de Valentine sa grand mere, en fit la conqueste, & y establit les Seigneurs d'Aubigny & de Triuulce, qui en ayans laissé perdre vne partie, & notamment la Ville de Milan, par les diuisions qui estoient entr'eux, le Roy y enuoya la Trimoüille auec de nouuelles forces; & comme il fut reconnu General, il persuada si bien Aubigny & Triuulce, qu'il les reconcilia, & par vne generosité obligeante, defera tousiours beaucoup à leurs auis, en sorte qu'on ne s'apperceuoit point qu'il y eut aucun changement dans le Gouuernement, sinon qu'au lieu de deux ils estoient desormais trois testes sous vn chaperon. Dans cette vnion & correspondance, que la sagesse de la Trimoüille mania auec tant d'adresse pour le seruice du Roy, il fit marcher son armée deuers Nouarre, où estoient les Suisses, qui composoient la meilleure partie de celle de Louis Sforce; laquelle il attaqua auec tant de hardiesse, qu'apres vn combat opiniâtré, où toutes les trouppes Italiennes de ce malheureux vsurpateur furent entierement defaites & taillées en pieces, les Suisses que la Trimoüille auoit fait pratiquer n'ayans iamais voulu combatre, il obtint vne entiere victoire; & Louis Sforce qui dans cette extremité s'estoit déguisé en simple soldat, & s'estoit meslé parmy les rangs des Suisses, fut reconnu & pris prisonnier, auec Galeas de S. Seuerin, le Fracasse, & Antoine Marie ses freres: Ils furent amenez au Seigneur de la Trimoüille, qui les fit souper à sa table auec le Seigneur d'Aubigny, les consola sur l'esperance de la clemence du Roy, & leur fit tous les honneurs qui se peuuent rendre en semblable fortune, & puis les renuoya en France; le Roy estant à Lyon, qui enuoya Louis Sforce prisonnier dans la tour du Chasteau de

Loches. Le fruit de cette bataille fut la prise entiere de toutes les places du Milanois qui se rendirent à nostre vaillant & sage General, qui apres auoir asseuré tous ces peuples dans l'obeïssance du Roy, reuint à la Cour, où il fut receu auec tous les honneurs & toutes les caresses que ses grands seruices luy auoient fait meriter. Quelque temps apres le Roy desirant d'enuoyer vne nouuelle armee au Royaume de Naples apres la mort de Gaston de Foix Duc de Nemours, il en donna la conduite au Seigneur de la Trimoüille, qui estant tombe malade à Parme, ou selon quelques Autheurs, à Rome, il laissa la charge à François de Gonzague, Marquis de Mantoüe, qui ne reüssit pas en cette guerre. Et quant à luy estant releué de maladie, il fut enuoyé auec vne armee pour empescher l'Empereur Maximilian en Italie; d'où estant retourné victorieux, il reuint en France, où le Roy faisoit ses preparatifs pour passer les monts, & tâcher de reprimer l'audace des Venitiens qui furent défaits & mis en pieces à Agnadel ou à la Guiraddade: la Trimoüille qui auoit vn des principaux commandemens à l'armée, y ayant fait des merueilles de sa personne, & beaucoup contribué au gain de la bataille. Et comme Maximilian Sforce, fils de l'infortuné Louis, eut ralumé la guerre par l'assistance de l'Empereur & du Pape Leon X. la Trimoüille eut encore ordre de s'aller opposer à ses conquestes, & tâcher de retenir tous ces peuples inconstans dans l'obeïssance du Roy. Mais comme par les menees du mesme Pape l'Empereur & le Roy Henry d'Angleterre, & les Suisses, auoient esté nouuellement suscitez pour assaillir conjointement le Royaume de France, la Trimoüille fut rappellé; & comme il fut arriué en son Gouuernement de Bourgogne, il trouua que plus de vingt mille Suisses estoient sur le poinct de desoler toute cette Prouince: Il se ietta promptement dans Dijon, où il y fut assiegé & pressé viuement par plusieurs attaques, ausquelles il resista auec grand courage; & apres auoir rendu tous leurs efforts inutiles, & pris dans quelques sorties plusieurs prisonniers de marque, il les sceut traitter auec tant de souplesse, & leur fit de si belles promesses, que non seulement il leur fit leuer le siege, mais il les obligea aussi à s'en retourner chez eux, & à quitter les alliances qu'ils auoient faites auec l'Empereur & Louis Sforce, & renouueller celle de la France: Ainsi ce prudent Seigneur detourna l'orage, & le fit tomber sur les ennemis de la France. Et dans quelque temps le Roy Louis XII. estant mort, & François I. luy ayant succedé, ce genereux Roy resolu de s'opposer puissamment à la ligue que l'Empereur, le Pape, le Roy d'Arragon, & Louis Sforce, auoient faite, à laquelle ils auoient joint les Suisses; sa Majesté passa en Italie auec tant de braues guerriers, qu'il y remplit de terreur les plus asseurez, se seruant en cette glorieuse expedition des sages conseils de nostre Heros qui y vint accompagné de Charles de la Trimoüille, Prince de Talmont, son fils. Le premier exploit que l'armée Françoise fit en Italie, fut la défaite & la prise de Prospere Colomne, que le Pape enuoyoit au secours de Milan, auec quinze cens cheuaux, qui furent tous tuez ou pris prisonniers: Mais le Roy s'estant auancé, trouua l'armée des Suisses à Marignan, laquelle il défit entierement apres vn combat rude & furieux, où le Roy rendit des preuues d'vn courage magnanime, & d'vne insigne valeur; à quoy il fut secondé par vn nombre infiny de vaillans Princes & Seigneurs François, & notamment par Louis de la Trimoüille & par le Prince de Talmont son fils, qui y fut tué, apres auoir donné des preuues de sa valeur dignes de son nom, & de sa vertu, qui meritoit de n'estre pas si tost esteinte. La victoire que le Roy obtint fut d'autant plus memorable & glorieuse, que la bataille fut furieuse, & la plus viuement & courageusement opiniastrée que iamais les Suisses ayent donnée ou soufferte, & qui par le tesmoignage mesme de Triuulce sembla plustost liurée par des Geans que par des hommes, attendu que les dix-huit ausquelles il s'estoit trouué, n'estoient, disoit-il, en comparaison de celle-cy, que batailles de petits enfans. Maximilian Sforce estant abbatu de la sorte, & tout son Estat reduit à l'obeïssance du Victorieux, se jetta entre les bras de sa Majesté, implora sa faueur, à laquelle estant receu, il fut emmené en France par Mauleon frere de la Trimoüille: Et comme le Roy fut reuenu en France, plusieurs choses se passerent contre l'Empereur & l'Anglois; mais le plus remarquable armement qu'ils firent contre la France, fut l'an 1523. que le Duc de Suffolc auec quatorze mille Anglois, se joignit aux forces Imperiales conduites par le Comte de Buras, & firent conjointement six mille cheuaux, & vingt-cinq mille hommes de pied, auec lesquels ils attaquerent la Picardie, qui eust esté perduë, & la France en danger, si le Roy n'y eut promptement enuoyé la Trimoüille, dont la vertu si souuent esprouuée, plûtost que le nombre des soldats, seruit de bouclier & de rempart inexpugnable, ayant par sa sage conduite & par sa valeur si bien mené les ennemis, qu'il les obligea à vne honteuse retraite apres qu'il eut repris sur eux la Ville de Bohan, sans leur laisser vn seul pied de terre de toutes leurs conquestes. Vne année apres l'Empereur Charles V. estant venu attaquer la France du costé de la Prouence, en fut viuement repoussé par la valeur & par la preuoyance du Roy, qui se voyant vne si gaillarde & si fleurissante armée preste, & ses ennemis retirez, se resolut de leur couper chemin, ou d'arriuer le premier en Italie, & en effet il surprit les Milanois; & la Trimoüille qu'il auoit enuoyé deuant auec le Marquis de Saluces, fit rendre Milan, dont il fut estably Vice-Roy: Mais comme le Roy voulut assieger Pauie, & qu'il voyoit que ce siege ne se passeroit pas sans que les Imperiaux le vinssent attaquer, il enuoya querir la Trimoüille à Milan, pour se seruir de ses conseils, comme du plus vieux & du plus experimenté Chef de guerre qui fut dans ses armées; mais helas: la valeur du Roy trop boüillante, & son courage trop fougueux, l'empescherent de suiure & de bien vser des preuoyans aduis de ce sage Seigneur, qui par mille raisons apparentes ne pût diuertir son esprit de donner la bataille deuant Pauie, où l'ennemy le vint attaquer: Bataille funeste & malheureuse, par la prise du Roy, par la perte de toutes ses conquestes en Italie, & par la mort de plusieurs Seigneurs de marque, & entr'autres du vaillant la Trimoüille, qui y fut tué à l'âge de quatre-vingts ans, pour ne suruiure pas à tant de malheurs.

Il portoit pour armes, d'or au cheuron de gueules, accompagné de trois aigles d'azur.

GASTO DE FOIX
sub Ludovico 12°
prosapia magnus
genio et animi magnitudine major.
maximus fuisset
nisi tantum ostensus
Terris
Morte tui Egregium Corrumpis Gasto triumphum
Gallia sic victrix se superasse dolet
Cum privil.
nascendo maturus
bataille contre les suisses
secours
de bresse boulogne
bataille de Ravenne

ABREGE' DE LA VIE ET DES ACTIONS GLORIEVSES DE GASTON DE FOIX, DVC DE NEMOVRS, VICE-ROY DE MILAN, ET GENERAL DES ARMEES DV ROY LOVIS XII. EN ITALIE.

Es fruits qui sont printanniers sont les plus beaux & les plus estimez, à cause de leur rareté, mais ils sont de peu de durée, & ne se gardent pas si long-temps que ceux que l'Automne nous donne: les plus excellentes fleurs s'espanoüissent le matin, & sont flestries & fanées le soir, *ipsa dies aperit conficit ipsa dies*; les plus éclatantes beautez durent le moins, & sont semblables aux esclairs & meteores, qui estans les plus vifs & les plus brillans effets de la Nature, passent si viste, que les yeux les perdent aussi-tost comme ils les apperçoiuent. Le courage & la vigueur martiale en font le plus souuent de mesme, n'y ayant rien qui nous donne vn plus asseuré presage de leur fin prochaine, que la violence de leurs commencemens; ce qui nous a souuent fait faire cette remarque, que les plus vaillans Capitaines qui agissent auec plus de feu, ne viuent pas long-temps, & authorisent cét axiome naturel, que les choses les plus belles & les plus violentes ne sont pas de durée. Le Heros duquel ie pretens de descrire les plus remarquables actions, & sa mort glorieuse & precipitée, apres vne vie pleine d'ardeur & d'impetuosité, sont vne exemple de cette verité; Gaston de Foix, neveu du Roy Louis XII. qui luy donna la Duchesse de Nemours, auoit l'esprit si prest & si prompt à la guerre, que le Roy l'ayant fait Vice-Roy de Milan, à l'âge de vingt ans, fut contraint de luy donner des Gouuerneurs pour tenir en bride sa boüillante ieunesse, qui estoit pourtant accompagnée de prudence & de iugement, comme le Roy auoit desia reconnu au voyage que sa Majesté fit en Italie l'an 1501. où nostre Gaston, quoy que tres-ieune, donna les premieres preuues de sa valeur & de son esprit; mais encore plus particulierement l'an 1509. à la bataille d'Agnadel, ou de la Guiaddade, que le Roy gagna contre les Venitiens. Les autres seruices qu'il rendit au Roy apres auoir esté reuestu de la dignité de Vice-Roy & de General, commencerent par la souplesse & adresse qu'il fit paroistre à renuoyer les Suisses qui estoient venus pour attaquer le Milanois par les persuasions du Pape & de Maximilian Sforce. En suite il defendit Boulogne contre l'armée des Venitiens, & cōtre celle du Pape qui y estoit en personne, & les deffit, le Pape s'enfuyant des premiers, & obligeant par son exemple tous les siens à s'en aller à vau-de-route. En allant à cette expedition, Gaston de Foix accompagné de plusieurs Seigneurs François, passa par vne petite Ville nommée Carpy, où il sejourna deux iours, & y fut entretenu auec plaisir par le Seigneur d'icelle, qui estoit tres sçauant, nommé Albert Pic Comte de Carpy, cousin germain de Iean François Pic Comte de la Mirandole: lequel entr'autres curiositez luy fit voir vn homme merueilleux, qui sur les lineamens de la main, & sur les traits du visage & de la phisionomie, predisoit à chacun tout ce qui luy deuoit arriuer, & leur disoit de poinct en poinct tout ce qui leur estoit desia aduenu par le passé. Gaston de Foix, Duc de Nemours, fut le premier qui luy tendit la main, & qui luy demanda s'il pourroit dire quelle estoit son inclination & ses deportemens: A quoy le Deuin respondit, tres-honnestes & tres-bons, mais que son cœur estoit remply de tant de feu & de tant de vigueur, qu'asseurément il ne seroit pas de durée. Il luy demanda aussi si le Vice-Roy de Naples, & les Espagnols, attendroient la bataille, & à qui demeureroit la victoire: Il respondit, qu'asseurément la bataille se donneroit le Vendredy Sainct, ou le iour de Pasques, & que les Espagnols la perdroient, mais que le champ estant demeuré aux François, ils n'y seroient gueres contens, à cause de la mort des plus grands de l'armée qui y seroient tuez. Apres cela il dit leurs bonnes & mauuaises aduantures aux Seigneurs de la Palisse, de Humbercourt, de Richebourg, & au vaillant Cheualier Bayard, qui furent rauis de l'entendre, pource qu'il leur disoit sur le champ les choses plus particulieres & plus secrettes qui leur estoient arriuées. Et pour faire encore mieux connoistre sa science, & en auoir vn iour deux tesmoins illustres & irreprochables, il prit à part le Seigneur de la Palisse, & le Cheualier Bayard, & leur dit: Ie vois bien, Messeigneurs, que vous aimez bien ce braue & gentil Prince qui est vostre Chef, comme veritablement il le merite, ie vous supplie de prendre bien garde à luy le iour de la bataille, car il court grande fortune d'y estre tué; s'il en eschappe ce sera vn des plus grands & des plus esleuez Princes qui iamais sortit de France, mais il faut que ie vous confesse à mon grand regret, que ie trouue qu'il sera bien difficile qu'il s'en puisse sauuer, & pour cét effect pensez-y bien, car ie veux que vous me fassiez trancher la teste, si iamais homme fut en si grand danger de mourir qu'il sera ce iour là. Il continua à leur dire beaucoup de choses que le temps fit connoistre veritables, soit pour le bien, soit pour le mal. Peu de iours apres comme le Duc de Nemours estoit à Boulogne, ioyeux de la victoire qu'il auoit eüe contre les Venitiens & contre le Pape Iules, il receut nouuelles que Messire André Gritti Prouidadour de la Republique de Venise, auoit surpris la Ville de Bresse, mais que le Chasteau tenoit encore, qui apres celuy de Milan estoit la plus importante place que le Roy eut en Italie. Nostre braue Prince, & tous les vaillans Capitaines de l'armée, resolurent d'aller faire tous leurs efforts pour reprendre cette Ville, & pour cét effet ils vserent d'vne telle diligence, & d'vn tel bonheur, que s'y acheminant, ils taillerent en pieces six mille hommes qui estoient enuoyez pour munir & renforcer la Ville de Bresse, conduits par Messire Iean Paul Baillon Capitaine general des Venitiens, qui laissant ses gens en proye, s'enfuit honteusement, & retint tout seul au mesme lieu d'où il estoit party bien accompagné. Ce glorieux succez fit auancer en diligence le Duc de Nemours, qui estant arriué dans le Chasteau de Bresse, fut aduerty qu'il y auoit dans la Ville vn aussi grand nombre de gens de guerre qu'il en auoit amené auec luy; nonobstant quoy se fiant sur la valeur des siens, & sur l'affection qu'ils luy portoient, il resolut de donner vn furieux assaut à la Ville: ce qu'il fit auec tant d'ordre, de bonne conduite & de valeur, que nonobstant la resistance & le merueilleux effort des ennemis, la Ville fut emportée de viue force, plus de huit mille des ennemis ayans esté tuez en combattant, & tout le reste pris prisonniers auec leur General André Gritti: Et pource que les habitans auoient tesmoigné vne grande auersion contre les François par leurs trahisons, & par l'enragée obstination auec laquelle ils se defendirent en iettant de l'huile boüillante sur les François, ils furent mis à sac, & plus de douze mille des plus opiniastres estendus sur les carreaux. A cét assaut le Duc de Nemours fit des merueilles de sa personne, ayant failly à y estre tué par le canon, qui donna

deux ou trois fois à ses pieds. Le Cheualier Bayard se signala aussi en cette attaque, & y agit de la mesme sorte qu'il auoit accoustumé de faire, & y receut vne tres-dangereuse blessure, comme nous dirons dans l'abregé de sa vie. Les François n'y perdirent pas cinquante hommes, & toute l'armée y fit vn si grand butin, qu'il fut estimé à trois millions d'escus; ce qui apporta plus de perte que de profit au general des affaires, car la plus part des gens de guerre s'estans faits riches, s'en retournerent en France, & l'on en eut grand besoin à la iournée de Rauenne. Le Duc de Nemours seiourna sept ou huit iours dans Bresse, pendant lesquels il donna ordre à tout ce qui estoit necessaire, & fit trancher les testes au Comte Louis Auogare qui auoit esté cause de la trahison pour reprendre la Ville, à Thomas Delduc, & à Hieronyme de Riue, ses complices. Cependant le Roy enuoya plusieurs Courriers au Duc de Nemours pour l'obliger à finir le plustost qu'il pourroit la guerre en Lombardie: pource, disoit sa Majesté dans ses lettres, qu'il ne pouuoit pas entretenir tant de gens de guerre sans fouler son peuple, à quoy ce bon & sage Roy auoit vne merueilleuse auersion: tellement que cela obligea nostre ieune Heros à se disposer à aller presenter la bataille aux Espagnols. Il fit donc marcher l'armée, & tira droit à Boulogne, où le Duc de Ferrare, auquel il auoit rendu de si bons seruices, le vint ioindre: il luy donna la conduite de son auantgarde, & au Seigneur de la Palisse. Dans leur marche ils rencontrerent l'armée Espagnole à quinze milles de Boulogne, pres d'vn lieu nommé Castel S. Pierre, conduite par Raymond de Cardonne Vice-Roy de Naples: ce n'estoit qu'or, azur, & broderie, & tous les Officiers & Caualiers de l'armée ennemie estoient tres bien montez sur de grands Coursiers de Naples, ou sur d'excellens cheuaux d'Espagne: ce qui augmenta l'enuie au Duc de Nemours & aux François de donner la bataille, mais les Espagnols en fuyoient l'occasion, & se campoient tousiours le plus auantageusement, pour n'y estre contraints que lors qu'ils verroient le temps & l'occasion bien fauorables. D'autre costé plusieurs des plus sages Chefs des François ne conseilloient point qu'on hazardast la bataille, alleguant que la perte d'icelle entraisneroit apres elle celle de toute l'Italie pour le Roy, & que nul de ceux qui resteroit ne pourroit eschapper en vie, pource qu'ils auoient trois ou quatre riuieres à passer, & que tout le monde estoit contr'eux, le Pape, le Roy d'Espagne, les Venitiens, les Suisses, & generalement toutes les Communes d'Italie, & que mesme ils n'estoient pas trop asseurez de l'Empereur: Mais le courage & l'ambitieux desir de gloire, poussant au contraire le vaillant & genereux Duc de Nemours, joint au conseil que luy en donnerent les Seigneurs de la Palisse, le grand Seneschal de Normandie, le Sire du Crossol, & sur tous le bon Cheualier Bayard, auquel il auoit vne tres grande confiance, il resolut à quel prix que ce fut, d'aller chercher & attaquer l'ennemy; & pour l'obliger à se battre bon gré malgré qu'il en eut, le lendemain matin, qui fut le Vendredy Sainct, le Duc de Nemours fit assieger & canonner la Ville de Rauenne, qui estoit defenduë par Marc Antoine Colonne, qui soustint vigoureusement quelques assauts: Et comme l'on n'auoit attaqué cette place qu'en dessein de contraindre l'ennemy à la venir secourir, l'armée fut mise en bataille pour l'attendre; & le Samedy le Cheualier Bayard fut enuoyé au deuant auec ses gens pour l'engager insensiblement par quelques scaramouches, & reconnoistre sa contenance, ce qu'il fit auec grand honneur: en sorte que le lendemain, qui estoit le iour de Pasques, le Duc de Nemours, que l'Histoire nomme *le Passe-preux de tous ceux qui furent deux mille ans là*, resolut d'aller trouuer les ennemis, & de les combattre. Pour cet effet il passa la riuiere, & fit tirer son canon pour faire sortir les Espagnols de leur poste, & enfin les vns & les autres se meslerent & combatirent auec beaucoup de courage: mais la valeur des François fut telle, qu'encore qu'ils fussent beaucoup moins que les Espagnols, ils renuerserent tout, & tuerent plus de dix mille hommes sur la place, ne restant que quelques escadrons de caualerie à défaire qui commençoient à prendre la fuite; apres lesquels le Duc de Nemours, contre l'aduis du Cheualier Bayard & du Capitaine Louis d'Ars, voulut aller, mais son malheureux destin le fit tomber entre les mains de quelques gens de pied qui se retiroient, qui l'attaquerent à coups de picques comme il vouloit passer vn fossé, dans lequel ils le renuerserent auec ceux qui l'auoient accompagné; l'histoire du Cheualier Bayard disant en cet endroit, *que le bon Duc eut les iarrets de son cheual coupez, se se mit à pied l'espée au poing, & oncques Roland ne fit à Ronceuaux tant d'armes qu'il en fit là*: mais enfin accablé par la multitude, il fut tué par ces enragez, qui ne le voulurent iamais épargner, quoy que le Seigneur de Lautrec son cousin, leur criast, *ne le tuez pas, c'est nostre Vice-Roy, le frere de nostre Reyne*. Il demeura sur le champ percé de plus de quinze blessures, & proche de luy le Seigneur de Lautrec qui n'en auoit gueres moins, desquelles pourtant il ne mourut pas. Le reste de l'armée Françoise estoit victorieuse de tous les costez, quoy que plusieurs bons Capitaines y fussent morts, mais dans vne si grande desolation pour la perte irreparable de leur vaillant General qu'ils aimoient tant, que si deux mille hommes fussent venus les attaquer sur ce temps-là, ils n'eussent iamais eu le pouuoir de leur resister. Pourtant comme les Capitaines eurent tenu conseil, la Ville de Rauenne fut prise d'assaut & cruellement saccagée: Immole, Furly, Cesene, Riminy, & plusieurs autres places de la Romagne, se rendirent aux victorieux. Ainsi mourut glorieusement ce genereux & vaillant Prince âgé de 24. ans; son corps fut mis dans vne litiere & porté en grande pompe à Milan, suiuy de tous les prisonniers de marque, qui seruoient de trophée au funeste & malheureux triomphe de ce foudre de guerre, dont la valeur & la gloire s'estoit éuanoüye comme vn éclair. Le Roy son oncle receut vn tel déplaisir de cette mort, qu'il profera ces tristes plaintes, à l'imitation d'Annibal. *Ie voudrois auoir perdu tout ce que i'ay en Italie, & que mon neveu de Foix vescust; ie souhaite telles victoires aux ennemis, car si nous vainquions encore vn coup de cette sorte, nous serons entierement vaincus.*

Les armes de ce magnagnime Prince estoient, d'or à trois pals de gueules, lesquelles il porta escartelées auec celles de Nauarre & de Bearn, en broderie d'or & d'argent sur vne tres-riche cotte d'armes, le mesme iour de la bataille où il fut tué.

PETRVS BAYARD
EQVES
Satis hoc unum ad gloriam
quod Stratis In acie heluetiis
magnus ille FRANCISCVS manu
Vitæ actum verba CAROLO
BORBONIO perfidam defectionem exprobrantia coronarunt
Pectore dum firmo pugnam sustentat in hostem
Conuerso voluit saucius ore mori
Le Roy François premier

ABREGE' DE LA VIE ET DES ACTIONS HEROIQVES DE PIERRE TERRAIL,

SEIGNEVR DE BAYARD, SVRNOMME' LE BON CHEVALIER SANS PEVR, ET SANS REPROCHE, SOVS LES REGNES DE CHARLES VIII. DE LOVIS XII. ET DE FRANCOIS I.

NOVS voyons en la personne du Cheualier Bayard la preuue de cette verité, que la Noblesse est vne faculté naturelle qui reside en la semence de nos Peres, par laquelle ils produisent des enfans faciles & propres à la vertu; ce qui obligea autrefois Homere, parlant de Themaque, de dire que sa vertu estoit distilée de son pere Vlisse: & en effet, la noblesse que nous tirons de nos ancestres, est vne teinture de leur sang, & vn caractere tres-aduantageux qui nous porte à bien faire auec tant de puissance, qu'elle deuient comme vne seconde nature. Les predecesseurs de nostre Heros ont esté tous vaillans, & il estoit presque impossible que de si bonnes plantes ne produisissent vn fruit qui leur ressemblast. Son trisayeul mourut aux pieds du Roy Iean, à la iournée de Poictiers; son bisayeul en celle d'Azincourt sous Charles VI. son ayeul en la bataille de Montlehery, & son pere receut de tres-dangereuses blessures en celle de Guinegaste: Belles & admirables marques d'vne excellente genealogie, pour rendre recommandable le Cheualier dont ie parle, & encore plus illustres en sa personne, pource qu'il a augmenté par l'esclat de sa valeur, & de sa sagesse, le lustre de ses ancestres, & a adiousté à la noblesse & pureté de son sang, vne vie & vne mort si glorieuses, qu'il est impossible de pouuoir rien souhaiter pour la perfection d'vn Heros accomply, qui ne se trouue en éminence dans la suite de ses admirables actions; & l'on peut dire que iamais il ne fut guerrier en son tout remply de tant de bonnes qualitez que luy. Il fut donné Page au Duc de Sauoye, qui le mena peu de temps apres auec luy à Lyon, où il vint pour voir le Roy Charles VIII. Et comme le Roy luy eut veu piquer son cheual auec autant d'hardiesse & d'adresse qu'eut pû faire le meilleur Escuyer du monde, il le demanda au Duc de Sauoye qui le luy donna. Le Roy ioyeux d'vne si iolie acquisition, caressa le ieune Bayard, luy donna le surnom de Picquet, & le recommanda au Seigneur de Ligny pour le luy garder. Peu de temps apres sa Majesté partit de Lyon pour aller visiter son Royaume, & dans deux ou trois ans reuint dans la mesme Ville, où vn vaillant Cheualier de Bourgogne, nommé Messire Claude de Vaudray, vint pour faire *faits d'armes à pied & à cheual*, & pendit ses escus à des colomnes pour combattre ceux qui y toucheroient: ce qu'ayant apperceu le ieune Bayard qui depuis trois ou quatre iours estoit sorty de Page, il alla toucher aux escus, & combatit si bien contre ce vaillant Cheualier, qu'il le vainquit en presence du Roy & de toutes les Dames qui luy donnerent le prix & l'honneur qui luy estoit deu. Ce qui fut vn asseuré presage de la renommée qu'il s'acquit depuis par sa valeur & du titre que sa haute vertu, sa sagesse & sa generosité luy acquirent, *de bon Cheualier sans peur & sans reproche.* Le Seigneur de Ligny connoissant qu'il estoit besoin d'exercer le courage & l'inclination martiale du ieune Bayard, l'enuoya en Picardie dans la Ville d'Aire, où estoit sa Compagnie d'ordonnance, où nostre nouueau gendarme dressa vn Tournoy & combat à la Barriere, pour l'amour des Dames, où il fit des merueilles contre tous les assaillans, & acquit toute la gloire & tout l'honneur: mais pource qu'il estoit le chef de l'entreprise, & qu'il en faisoit toute la despense, il donna les prix qui luy furent adiugez, qui consistoient à vn tres-riche bracelet d'or, & vn fort beau diamant, au Seigneur de Bellabre, & au Capitaine Dauid l'Escossois, pource qu'ils auoient tres-bien combatu. Deux années apres le Roy Charles VIII. s'en alla auec vne puissante armée conquerir le Royaume de Naples, où nostre Bayard fit des merueilles, mais sur tout à la bataille de Fornoue, où tous les Princes & Republiques d'Italie ioints ensemble furent deffaits, comme ils pretendoient d'empescher le retour du Roy. Là il tesmoigna vne valeur extraordinaire, ce qui obligea ce victorieux Prince de luy donner cinq cens escus, en eschange desquels il presenta à sa Majesté vne enseigne de gens de cheual qu'il auoit gagnée en chassant les ennemis. Quelques années s'estant escoulées, Charles VIII. mourut sans enfans à Amboise, auquel succeda Louis XII. auparauant Duc d'Orleans, lequel estant allé en Italie pour conquerir le Duché de Milan qui luy appartenoit à cause de Valentine sa grand' mere, le Cheualier Bayard qui estoit desia en tres-haute reputation de valeur, combatit à cheual vn vaillant Cheualier nommé Hiacinto Simoneta, & le tua, comme le rapporte Alciat en son Traitté du duel; disant à l'honneur de ce genereux Gentil-homme Dauphinois, que ce combat fut vn presage manifeste de la ruine des Sforces. Il auoit incessamment son esprit attaché à chercher les Couronnes, apres en auoir acquis plusieurs dans les combats *à Outrance*, & en cherchoit aussi dans les Tournois & combats *à Plaisance.* Il dressa durant son sejour en Italie vn Tournoy dans la Ville de Carignan en faueur de la Dame de Fluras, qu'il auoit autrefois aimée d'vn amour honneste, où il emporta le prix & la louange de tout le monde, comme celuy qui ne pouuoit trouuer son pareil à la jouste, & aux combats de l'espée & de la hache. Il se trouua à la bataille de Nouarre, où le Duc Lodouic Sforce fut deffait & pris prisonnier, & sa valeur contribua beaucoup au gain de la victoire: Et comme le Roy enuoya le Seigneur d'Aubigny à la conqueste du Royaume de Naples, le bon Cheualier y donna tant de preuues de sa vertu & de son experience, qu'il y acquit vn renom eternel, & se fit aimer & honorer par les ennemis mesmes, qui trembloient de peur toutes les fois qu'ils sçauoient qu'il estoit en campagne. Il combatit en duel Don Alonzo de Sancto Maiore, proche parent de Gonsalue Fernandes, surnommé le bon Capitaine, & le tua pour vne querelle d'honneur en presence de plusieurs Seigneurs des deux partis; & peu apres treize Espagnols ayant deffié autant de François, le camp fut arresté proche de Trane au Royaume de Naples, où le Cheualier Bayard qui estoit le chef des François, fit de si grandes prouësses, qu'il emporta le prix & la gloire sur tous, & s'acquit la reputation d'estre le meilleur, le plus fort, & le plus adroit Cheualier du monde; mais son courage & sa haute valeur parurent auec admiration lors qu'il soustint sur vn pont qui separoit l'armée Françoise d'auec l'Espagnole, l'effort & la violente attaque de deux cens Cheualiers, quoy qu'il fut tout seul: Là il combatit auec tant de hardiesse & tant de bonheur, qu'il les empescha de passer, & en renuersa deux des plus vaillans dans la riuiere de Garillan: Il soustint ce violent choc durant vn si long-temps, que les Espagnols confesserent depuis, *qu'ils ne cuidoient point que ce fut vn homme, mais vn ennemy*, c'est à dire vn diable. Enfin ayant esté secouru, ces

M

deux cens gens d'armes furent repoussez auec autant de honte, que le bon Cheualier auoit acquis de gloire d'empescher par cette action heroique que l'armée fut surprise. Ce fut alors que Gonsalue Fernandes, surnommé le grand Capitaine, donna de si honorables Eloges à la vertu de nostre Bayard, & dit qu'encor que la France fut la mere des soldats, elle auoit beaucoup de Grisons, mais bien peu de Bayards, *Mucos Grisones, e pocos Bayardos.* Apres toutes ces belles actions, le bon Cheualier reuint en France, où le Roy l'honora de recompenses, & puis le mena auec luy contre les Genois qu'il aida à mettre à la raison. Ce fut en ce voyage que le Roy de France & le Roy d'Aragon, se virent à Sauonne apres leur accommodement, & où le bon Cheualier receut mille carresses & mille loüanges du Roy d'Aragon en presence du Roy, auquel il dit, frapant sur l'espaule de Bayard; *Monseigneur mon frere, bien-heureux est le Prince que nourrit de tels Cheualiers.* Le Roy de son costé honora beaucoup Gonsalue Fernandes, qui fut rauy d'embrasser le bon Cheualier qui auoit si souuent fait sentir la pesanteur de ses coups à ceux de son party. Enfin pour abreger ce discours qui seroit trop long, si nous voulions remarquer toutes les occasions où le Cheualier Bayard s'est glorieusement signalé, nous dirons qu'il fut encor employé au secours que le Roy enuoya à l'Empereur Maximilian contre les Venitiens. Qu'il accompagna le Roy contre les mesmes ennemis qui detenoient iniustement la Comté de Cremone, la Guitaddade, & plusieurs autres terres, & luy aida à gagner plusieurs forteresses, iusques à Pesquaire, qu'il fut au siege de Padouë pour le mesme Empereur, où il montra tant de hardiesse & tant de valeur aux approches, qu'il en fut grandement estimé des amis & des ennemis, qui furent aussi souuent battus aux courses & aux parties qu'il dressa contr'eux. Qu'il secourut la Comtesse de la Mirandole, & le Duc de Ferrare, & faillit à prendre le Pape Iules prisonnier, qui en prit la fievre de peur. Qu'il luy deffit huit mille hommes qui estoient venus assieger vne place du Duc de Ferrare nommée la Bastide, & y laissa plus de cinq mille morts sur la place. Qu'il s'employa vigoureusement à destruire le gros de l'armée du Pape deuant Boulogne. Qu'il ayda au Duc de Nemours à deffaire le Capitaine general des Venitiens André Gritty, & à prendre la Ville de Bresse, où en combattant vaillamment il receut vn tres dangereux coup de pique dans le haut de la cuisse, le fer s'estant rompu & demeuré dans la chair. Ce fut dans cette Ville où il fit vne si noble & si genereuse action, rendant aux deux filles de son hoste les deux mille pistolles qui luy auoient esté données par leur mere, pour rachepter le pillage de sa maison. Peu de temps apres il se trouua à la celebre bataille de Rauenne, où il fit de merueilleux faits d'armes, & ayda beaucoup au gain de la victoire; d'où estant de retour en France, le Roy honora sa vertu du Gouuernement de Dauphiné, & puis luy donna commission d'aller auec le Duc de Longueville au siege de Pampelonne, où il continua toûjours à bien faire, mais le voyage ne fut gueres heureux aux François; & comme il estoit destiné à se trouuer tousiours aux plus belles occasions, estant arriué en France, il fut à la iournée des Esperons, où les Anglois & Bourguignons donnerent la chasse aux François; & pource que le bon Cheualier ne s'enfuit point comme les autres, il paya de sa personne, & se rendit prisonnier à celuy qui s'estoit auparauant rendu à luy: D'où estant deliuré, peu de temps apres il reuint à la Cour, où le Roy Louis XII. estoit occupé à receuoir sa seconde femme Marie d'Angleterre, pour l'amour de laquelle François Duc de Valois & d'Angoulesme, le plus proche heritier de la Couronne, fit de si belles ioustes & de si magnifiques Tournois, dans lesquels nostre braue Cheualier Bayard fit connoistre que la reputation qu'il s'estoit acquise dans tant de batailles luy estoit tres-legitimement deuë. Mais le pauure Roy Louis XII. s'estant trop fatigué à caresser sa nouuelle espouse, mourut trois mois apres; Et François I. luy succeda, qui estant sacré & couronné, & ayant fait son entrée triomphale à Paris, se prepara pour son voyage d'Italie, où il voulut auoir auec luy le bon Cheualier, qui fit des proüesses incroyables dans la bataille que le Roy eut contre les Suisses à Marignan, apres laquelle ce braue & victorieux Monarque connoissant la vertu de nostre Heros estre sans seconde, voulut estre fait Cheualier de sa main, & l'obligea à luy donner l'accollation à la mode des anciens Cheualiers, ce qui est le plus sublime honneur qu'vn sujet puisse receuoir de son Souuerain. Et comme apres plusieurs exploits il fut reuenu en France, le Roy l'enuoya à Mezieres pour la garder contre la puissance de l'Empereur Charles le Quint, où il acquit vn si grand honneur, & y fit esclatter si hautement sa vertu & sa renommée, que comme il fut de retour en France, le Roy luy alla au deuant auec tous les Princes, & luy fit faire vne entrée dans Paris pleine de triomphe & de gloire, Sa Majesté le faisant marcher à cheual à costé de soy, & luy ayant donné la main droite. Apres quoy le Roy l'enuoya encore en Italie, où apres plusieurs seruices signalez qu'il rendit à sa Majesté, il fut tué d'vn coup d'arquebuse, (quelques autheurs disent d'artillerie,) dans vne retraitte qu'il faisoit deuant l'ennemy. D'abord qu'il se sentit frappé, il se recommanda à Dieu auec grande contrition, baisa la croix de son espée, & s'estant fait asseoir au pied d'vn arbre, le visage tourné contre les ennemis, ausquels il n'auoit iamais monstré le dos, il parla auec tres-grande generosité au Marquis de Pesquaire, & au Duc de Bourbon, qui plaignirent son desastre, & luy firent de tres grands-honneurs. Il fut porté en Dauphiné, où il fut regretté vniuersellement des grands & des petits, & fut enterré solemnellement au Conuent des Minimes pres de Grenoble, où son corps repose, attendant d'estre rejoint auec sa belle ame, & iouïr ensemble des felicitez eternelles, que ses hautes vertus, & notamment sa deuotion & sa grande charité, luy ont acquises.

Il estoit sage, vaillant, genereux, clement, magnanime, liberal, craignant Dieu, ennemy des traistres & des lâches, & le Cheualier le plus affectionné au seruice de son Roy & de sa Patrie qui fut au mõde: Enfin il estoit parfait en toutes choses; & la ieune Noblesse le doit prendre pour le plus noble & pour le plus auguste modele qu'elle puisse iamais imiter, pour acquerir la veritable gloire & le plus solide honneur.

Il portoit pour armes, d'azur au chef d'argent, chargé d'vn lyon naissant de gueules, au filet d'or mis en bande brochant sur le tout.

CAROLVS DE COSSE
POLEMARCHVS
il Combat vn lion
Alpinos populos marte Insubres q3 subegit
Dux promptus dextra Consilioque potens

ABREGE' DE LA VIE ET DES ACTIONS GLORIEVSES DE CHARLES DE COSSE', COMTE DE BRISSAC, MARESCHAL DE FRANCE, ET LIEVTENANT GENERAL DES ARMEES DV ROY EN ITALIE, SOVS LE REGNE DE HENRY II. DE FRANCOIS II. & CHARLES IX.

LA vertu militaire, & la sagesse, esleuerent Charles de Cossé à cette grandeur qui le rendit illustre ; sans que sa beauté, ny la gentillesse de son esprit, qui selon l'opinion de quelques-vns luy acquirent la faueur de la Duchesse de Valentinois, & de quelques autres Dames des plus puissantes de la Cour, y ayent rien contribué: car encore que sa bonne mine & sa politesse l'ayent rendu tres-agreable à ce beau sexe, & luy ayent acquis parmy les plus galantes le surnom *du beau Brissac*, la reputation & la gloire qu'il s'estoit desia acquise sous le Regne de François I. par plusieurs belles actions, auparauant qu'il parut à la Cour auec cet esclat dont il gagna tous les cœurs, sont de tres-euidens tesmoignages, que son seul merite & son courage, obligerent son Prince à l'aimer, & toute l'Europe à reuerer sa valeur.

Il passa son enfance pres de Monseigneur le Dauphin qui mourut à Lyon, duquel il fut passionnement aymé ; mais d'abord qu'il peust porter l'espée, son cœur qui n'estoit né que pour des choses grandes, luy fit chercher la guerre pour se rendre digne heritier du sang de ses illustres predecesseurs. Le voyage de Naples fut le premier theatre où il fit voir les premices de sa valeur, & son courage le porta tousiours bien auant dans les plus chaudes occasions, auec l'admiration de tous ceux qui le virent ; Et comme il estoit tousiours richement vestu & doüé d'vne proprieté extréme, vn Officier Espagnol, qui auoit esté pris dans vn combat ayant encore sa lance toute entiere, le voulut railler sur sa taille qui paroissoit assez foible, & sur ce qu'il auoit le visage si ieune, & le teint si beau, luy disant ; *Mon Gentil homme, ie croy que vostre maistresse vous a depuis peu enuoyé en ce pays, pour deffendre la renommée de ses beautez qui doiuent estre fort rares, puis que les autres y sont asseruies*. A quoy le braue & hardy Brissac respondit ; *Ie n'auray pas beaucoup de peine à la deffendre, si tous les Caualiers de vostre party vous ressemblent, & s'ils se laissent prendre prisonniers, comme vous auez fait sans rompre vostre lance* ; ce qui rendit confus ce brauache extrauagant, qui ne sçauoit pas que parmy les François, ceux qui sont les plus polis & les mieux ajustez, sont bien souuent les plus courageux & les plus vaillans. Au retour de son voyage le Roy donna à Brissac deux compagnies de cheuaux legers, qu'il mena en Piedmont, où il signala son courage & son nom en plusieurs rencontres ; ce qui obligea sa Majesté de le recompenser d'vne charge de Colonel de quinze compagnies d'infanterie surnommées *les Enseignes iaunes*, auec lesquelles il rendit encore de tres-grands seruices en Italie, d'où elles furent rappellées pour aller au siege de Perpignan, où entre plusieurs combats memorables ausquels il rendit tousiours sa gloire plus auguste, la valeur insigne qu'il monstra à vne furieuse sortie que les ennemis firent pour venir encloüer le canon, luy acquit vn laurier immortel ; car sçachant que les ennemis s'estoient rendus maistres de la tranchée & de la batterie, il y accourut promptement auec vne douzaine des siens, la picque à la main, & y fit vn si puissant effort, que nonobstant leur nombre, il les repoussa si rudement, qu'il en demeura six sur la place, & mena le reste batant iusques dans la Ville, quoy qu'il eut receu vn coup de picque à la cuisse, & qu'vne arquebusade luy eut enfoncé le gorgerin. Il eut pour spectateur de cette belle action, le Dauphin de France, & tous les plus braues de l'armée, qui luy donnerent de si hautes loüanges, que ce ieune Prince deuint ialoux & enuieux de sa gloire, & dit tout haut, que s'il n'eut esté ce qu'il estoit, il eust voulu estre Brissac. Peu de temps apres le Roy luy donna vne Compagnie d'ordonnance, auec la charge de Colonel general de la Caualerie legere de France, de laquelle il s'acquitta auec tant de valeur & de reputation, que les plus grands & les plus ambitieux Princes de France, s'estimerent bien heureux de pouuoir faire la guerre, & apprendre leur mestier sous vn si glorieux modele ; en sorte que l'Histoire nous apprend, que Monsieur de Vendosme & ses freres, & Monsieur de Guise, allerent souuent passer la nuit dans sa tente ou dans son logement, pour se trouuer pres de luy lors qu'il monteroit à cheual, & qu'il iroit à la guerre ; La connoissance que le Roy auoit de sa prudence & de sa bonne conduite, ayant obligé sa Majesté à commander à son fils, & aux plus grands de la Cour de suiure & d'imiter les actions d'vn si grand personnage, sous qui les plus perilleuses entreprises auoient tousiours vn succez plein de gloire & de bonheur. Quelques temps apres l'Empereur Charles V. ayant assiegé Landrecy, le Roy alla en personne pour le secourir, & pour y faire entrer des gens & des viures, ce qui fut vaillamment executé ; mais comme l'armée de sa Majesté estoit beaucoup inferieure en nombre à celle de l'Empereur, le Roy resolut de se retirer en seureté, & pour cet effet il enuoya Brissac auec sa caualerie, & le vaillant Colonel San-Petre Corse (duquel sont descendus les Seigneurs d'Ornano) pour donner l'alarme par deux endroits, & amuser l'armée de l'Empereur pendant que le Roy leueroit son camp, & feroit sa retraitte ; à quoy ces deux grands Capitaines reüssirent auec tant de bonheur, & tant de gloire, qu'ils ne firent pas seulement ce qui leur estoit commandé, mais ils tuerent beaucoup des ennemis & reuindrent victorieux au camp Royal proche de Vitry ; Brissac estant tout couuert de sang & de poussiere, & toutes ses armes decouppées & ses habits rompus, pource que fauorisant la retraitte des siens, qui auoient esté chargez par le gros de l'armée Imperiale, il auoit esté pris & recours par trois fois. En cét equipage il arriua heureusement à l'armée comme le Roy acheuoit de souper, qui le voyant en ce glorieux desordre, se leua de son siege, & le courut embrasser, auec des remerciemens & des loüanges dignes du seruice signalé qu'il auoit receu de ce vaillant & sage Capitaine, auquel il fit donner à boire à sa couppe, pource qu'il estoit reuenu tout eschauffé & alteré de cette dangereuse action. Vne année apres ce vaillant Roy estant mort, Henry II. son fils luy succeda, qui connoissant depuis long-temps, la haute valeur de Brissac, l'honora du Colier de son Ordre, & luy donna la charge de Grand Maistre de l'artillerie ; ce qui l'obligea d'employer tout son loisir à l'estude des mathematiques, dont il fit si bien son profit aux guerres d'Italie, où il fut enuoyé, & peu apres créé Mareschal de France apres la mort du Prince de Melphe, auquel il succeda si dignement. Estant arriué à Turin, il donna tous les ordres necessaires pour la police & pour le fait de la guerre, restablit la discipline militaire, reforma les abus, & accoustuma les soldats à la fatigue, les obligea à estre tousiours armez, & à bien obeïr à leurs Officiers. Il secourut le Prince de Parme &

la Mirandole, & ayant pris Quiers, Saint Damian, & plusieurs autres places, obligea Don Ferrand de Gonzague d'abandonner le Parmesan pour venir defendre le Milanois & le Montferrat. Et pource que le Mareschal de Brissac s'estoit acquis vne si haute reputation dans l'esprit de tous les François, & vne estime & affection si particuliere du Roy, qu'il ne cessoit iamais d'exalter son courage, & de parler de sa haute sagesse & profonde experience; plusieurs Princes & grands Seigneurs François vindrent en Italie, non seulement par le congé du Roy, mais aussi poussez par ses persuasions, pour faire leur apprentissage sous ce grand Capitaine, à sçauoir le Duc d'Anguyen, les Princes de Condé, les Ducs de Nemours & d'Aumale, le Marquis d'Elbeuf de la maison de Guise, le grand Prieur de France, les Seigneurs de Montmorency, Vidame de Chartres, de la Rochefoucault, d'Aubigny, de Rendan, de Connor, de Ventadour, d'Vrfé, de la Chastre, de Lude, de Genlis, de Seneterre, & plusieurs autres, iusques au nombre de soixante, tous suiuis de quantité de Gentils-hommes des plus vaillans de la Cour. Le Mareschal, quoy que glorieux d'auoir dans son armée de si illustres volontaires, eut souhaité quelquefois que ces braues eussent esté encor à la Cour, & eut mille peines de contenir leur boüillante ieunesse dans l'obeïssance & dans la discipline, sous laquelle il les obligea à viure aussi bien que le moindre soldat de son armée. Les sieges, les assauts, les combats furent si frequents, que les vns & les autres eurent vn champ assez spatieux pour exercer leurs courages. Nostre vaillant Mareschal prit sur les ennemis plus de trente Villes, Chasteaux, ou forteresses, fit leuer diuers sieges aux ennemis, & offrit de les combatre en bataille dans la campagne de Butiglieres, tâcha de les y forcer par diuerses attaques & scaramouches, mais Don Ferrand de Gonzague n'en voulut pas gouster. Quelque temps apres le Mareschal prit Yvrée, & tout le pays de Biellois, saisit Creuecœur, & força Santia; & comme les ennemis eurent entrepris de fortifier Catinare, il y accourut, les tailla en pieces, & les chassa auec perte de plusieurs vaillans soldats. Mais entre tous ces exploits, celuy du siege & de la conqueste qu'il fit de la Ville, du Chasteau & de la Citadelle de Casal, est tres-considerable; cét excellent General y ayant acquis vn renom eternel, & mis sa gloire au plus haut comble qu'elle pût arriuer, sa constance, son courage, & sa valeur, ayant rauy en admiration les ennemis mesmes, qui confesserent que ce Seigneur faisoit auec peu de forces & peu d'argent reüssir à son honneur les plus grandes & les plus penibles entreprises, contre des forteresses inexpugnables, & des armées beaucoup plus grandes que celles qu'il commandoit; aussi a-il esté comparé par plusieurs Poëtes François & Italiens, à Hercule pour sa valeur, à Hannibal pour ses ruses, à Fabius pour sa sagesse, & à Cesar pour son courage & pour son bon-heur: Il prit aussi le fort ou chasteau de Courteville apres plusieurs rudes attaques, où il courut danger d'estre tué, ayant esté engagé vn peu trop auant par le sieur de Montluc, qui par sa valeur fut aussi fait Mareschal de France. L'an 1555. le Duc d'Albe vint en Italie auec de tres-grandes forces, ausquelles nostre Mareschal resista auec beaucoup de vigueur, & fit perdre à ce grand Capitaine Espagnol l'esperance qu'il auoit conceuë de reconquerir bien-tost ce que Gonzalue son predecesseur auoit laissé perdre; mais le Mareschal monstra en plusieurs belles occasions, qu'il sçauoit vaincre en tout temps, & que la reputation & la renommée du Duc d'Albe l'obligeroit à de plus hautes entreprises. Et en effet il assiegea & prit Vulpian, & deffit le secours que les ennemis y vouloient faire entrer; Et quelque temps apres il emporta par force la Ville & forteresse de Vignal, où il y eut plus de douze cens des ennemis tuez au dernier assaut. Et pource que les François y combatirent comme des lyons, ce genereux Mareschal donna à tous ceux qui s'y estoient le plus signalez, vne chaisne d'or de cent escus, où pendoit vn escusson en ovalle auec cette inscription: *Donum Caroli Cossei ob signum militare in cruenta Vignalis expugnatione captum*, inuitant par cette glorieuse largesse tous les soldats de son armée à executer auec grand courage les plus estonnantes & les plus dangereuses entreprises: Ce fut là où cét intrepide Mareschal condamna à la mort le ieune & vaillant Boissy son parent, pour auoir esté si audacieux de monter à l'assaut contre le commandement qui auoit esté fait de n'y aller que lors que la trompette en auroit donné le signal; mais cette rude sentence fut moderée à quelques iours de prison & à vne seuere censure qu'il fit en presence de tous ses Capitaines au pauure Boissy, auquel il donna vne chaisne d'or pour le recompenser de la valeur qu'il auoit tesmoignée à la prise de cette Ville: Quelque temps apres il prit Valfenieres & Cairas, deffit les ennemis deuant S. Damian, & peu apres les battit encore auec vn succez notable au mesme lieu où auoit esté donnée la bataille de Cerisoles, & leur fit leuer le siege qu'ils auoient ozé mettre deuant Casal. Enfin apres tant de victoires nostre glorieux Mareschal fut rappellé en France, peu de temps apres la mort du Roy Henry II. La Reyne Catherine de Medicis le receut auec de tres-grands tesmoignages de la haute consideration où il estoit dans son esprit, & luy donna le Gouuernement de Picardie pour toute recompense; sa Majesté ayant souffert qu'il payast de son argent quelques Marchands Piedmontois, desquels il auoit emprunté cent mille francs pour le seruice de l'Estat, par vn ordre exprés qu'il en auoit eu de la Cour. Sa vertu n'ayant point rendu de plus solide prix, que cette satisfaction interieure qui luy restoit d'auoir esté le glorieux instrument dont le Ciel s'estoit seruy pour l'heureux acheuement d'vn si grand nombre d'admirables exploits, qui luy attirerent l'amour & le respect de toute l'Europe, & le firent considerer aux François auec admiration. Il seruit encore le Roy en plusieurs occasions importantes durant les troubles de la Religion, & notamment à la bataille de Chaalons qu'il gagna, & au Havre de Grace qu'il recouura sur les Anglois, faisant en cette occasion la charge de Lieutenant general en l'absence de Monsieur le Connestable, qui arriua au siege comme la Ville estoit preste de se rendre. Enfin ce glorieux Mareschal changea les triomphes de cette vie auec ceux du Ciel, l'an mil cinq cens soixante-trois, & la mort lui donna le repos qu'il n'auoit iamais trouué durant sa vie. Nous restant encore vne particularité remarquable pour sa gloire, que le Connestable Anne de Montmorency estant tombé malade, & en danger de mort, conseilla au Roy qui l'estoit venu voir, de donner l'Espée de son office au Mareschal de Brissac, au cas qu'il vint à mourir; ce qui n'estant pas arriué, sa Majesté iugeant bien qu'il la meritoit mieux qu'aucun autre, luy enuoya au lieu de celle de Connestable, la sienne propre, de laquelle il s'estoit tousiours seruy à la guerre, sa Majesté sçachant qu'il n'y auoit iamais eu personne en France qui eut combatu auec plus de zele & plus de courage pour la gloire des fleurs de lys, que ce braue Seigneur, qui mesme auoit eu la hardiesse d'affronter & de tuer vn lyon qui s'estoit eschappé.

Il portoit pour armes, de sable à trois faces d'or dentelées par le bas.

ANNAS DE MONTMORENCY
Sub Ludou. 12. francisco 1.
Vtrumque fortunam expertus
est Henrici tamen secundi tam
pertinaci fauore potens extitit
vt Captiuus Centum vrbium
COMES STABVLI
Hen. 2. Fran. 2. et Caro. 9.
Lactaria ab eo redemptus sit,
vnde non gallia commodo tantum
sed et dis pendio magnus habitus est
Foelix qui pugnans Cecidit sub mœnibus vrbis
pro patria et prisca religione senex
Cum priul.

ABREGE' DE LA VIE ET DES HEROIQVES ACTIONS D'ANNE DE MONTMORENCY, DVC ET PAIR, ET CONNESTABLE DE FRANCE, SOVS LES ROYS LOVIS XII. FRANCOIS I. HENRY II. FRANCOIS II. ET CHARLES IX.

IL y a vne si ample matiere de gloire dans la suite des actions heroïques d'Anne de Montmorency, que sans que ie m'amuse à parler de l'ancienneté de son illustre famille, & de l'excellence de ses predecesseurs, i'auray peine de remarquer dans cet abregé la moitié des belles choses qu'il a faites pour le seruice & pour la gloire de nos Roys, renuoyant les curieux aux liures du sieur du Chesne, & aux histoires de France, qui les satisferont plus amplement que ie ne sçaurois faire dans si peu d'espace; me contentant de dire, que cet auguste Seigneur a releué plus que nul autre de ses ancestres, l'esclat & le lustre de sa Maison, & qu'il s'est acquis par sa seule vertu les plus grands Estats & les plus hautes dignitez du Royaume, auec le glorieux surnom de Grand General d'Armée, & d'incomparable Conseiller d'Estat. Estant tres-veritable que de son temps il ne s'est presenté aucunes importantes occasions, de faire la guerre, ou de traitter la paix, tant dedans que dehors le Royaume, ausquelles il n'ait tousiours esté employé des premiers.

A l'âge de douze ans il fut donné par le Roy Louis XII. à François I. lors Duc de Valois & Comte d'Angoulesme, heritier de la Couronne, pour estre esleué & nourry pres de sa personne, & luy seruir d'enfant d'honneur; il s'y comporta si sagement, & se rendit si agreable à ce Prince, qu'il l'aima tousiours depuis, & le considera de telle sorte, qu'estant paruenu à la Couronne, il le fit tousiours monter plus haut, & partagea auec luy toute son authorité. Et comme son inclination le portoit au mestier de la guerre, il luy donna premierement la Charge de Lieutenant de la Compagnie de cent hommes d'armes d'Artus Gouffier, Seigneur de Bonniuet, Grand Maistre de France, son cousin germain; laquelle Compagnie il conduisit à l'âge de vingt ans en Italie, & se trouua en toutes les plus perilleuses occasions lors que François I. alla conquerir le Milanois, & notamment à la defaite de Prosper Colonne, & à la celebre bataille de Marignan, où les Suisses furent vaincus. Le Roy recompensa les premices de sa valeur, d'vne Compagnie de cinquante Lances, & du Gouuernement de Nouarre; Et estant de retour en France, il luy confera l'Estat & Office de Capitaine du Chasteau de la Bastille à Paris, que tenoit auparauant le Seigneur de Montmorency son pere. L'an 1519. apres plusieurs autres seruices signalez, nostre braue Montmorency se trouua à l'entreueuë des Roys de France & d'Angleterre entre Ardres & Guines, & parut auec magnificence aux Ioustes & aux Tournois qui s'y firent; & comme l'Empereur eut passé en Angleterre pour traitter quelque accord au preiudice de la France, il y fut enuoyé pour rompre & dissiper son dessein; à quoy il reüssit auec tant de prudence, qu'il rendit le voyage de l'Empereur entierement infructueux. L'an 1520. le Roy l'honora de l'Estat du premier Gentilhomme de sa Chambre; & quelque temps apres desirant de faire connoistre à sa Majesté l'enuie qu'il le possedoit sans cesse de se rendre digne de ses faueurs, il se ietta dans la Ville de Mezieres, que toutes les forces de l'Empereur Charles V. auoient assiegé; & pource qu'il deferoit beaucoup à la vertu & à la reputation du Cheualier Bayard qui en estoit Gouuerneur, il donna des glorieuses preuues de sa valeur sous ses ordres, & notamment lors qu'il vainquit à la Iouste le Comte d'Egmont qui estoit venu deffier le plus braue Caualier de la Ville assiegée; & comme le Roy eut esté aduerty de la reuolte des Milanois, il enuoya Anne de Montmorency en Suisse pour y leuer seize mille hommes, qu'il conduisit à Milan en qualité de Capitaine General, où il continua de se porter fort genereusement en diuers combats, mais sur tout à la iournée de Gambolat, à celle de la Bicoque, & à la prise de Nouarre. En suite de quoy il fut enuoyé à Venise pour tâcher de maintenir cette Republique à la deuotion du Roy. De là il reuint en France, où sa Majesté le receut auec des honneurs d'autant plus rares & glorieux, que ses derniers seruices estoient considerables; le Roy le fit Cheualier de son Ordre, & luy donna l'Office & dignité de Mareschal de France, l'an 1522. auparauant qu'il eut atteint l'âge de vingt-cinq ans. Et comme le Roy d'Angleterre, gagné par les pratiques de l'Empereur, voulut attaquer la Picardie, nostre ieune Mareschal y fut enuoyé auec les deux cens Gentilshommes de la Maison du Roy, & quelques autres trouppes, par le moyen desquelles il defendit Corbie, rauitailla Theroüenne, & rendit les efforts des Anglois inutiles: de là il reuint glorieux à la Cour, d'où le Roy le renuoya encore en Italie à la teste de douze mille Suisses pour ioindre l'Admiral de Bonniuet, qui dans la marche qu'il fit vers le Milanois, donna l'auant-garde à Montmorency qui prit Nouare & toutes les autres Villes de l'Omeline. Et lors que Charles de Bourbon, auparauant Connestable de France, eut quitté le seruice du Roy pour prendre le party de l'Empereur, & qu'il fut venu attaquer la Prouence auec vne tres-puissante armée, Montmorency le poursuiuit si viuement, apres luy auoir fait leuer le siege deuant Marseille, qu'il deffit vne grande partie de ses trouppes, ne leur donnant loisir de reprendre leur haleine, iusques à ce qu'il les eut entierement chassez hors du Royaume. Ces seruices obligerent le Roy de le recompenser du Gouuernement de Languedoc: En suite de quoy il accompagna sa Majesté en Italie, où il continua à rendre des preuues de sa valeur & de son experience; mais le malheur ayant voulu affliger la France par la perte de la bataille de Pauie, il suiuit la mesme fortune de son maistre, & fut pris prisonnier auec le Roy; qui ayant respondu de sa rançon, l'enuoya en France à Madame la Regente pour moyenner la deliurance de sa Majesté: à quoy il reüssit auec tant de prudence & d'honneur, que le Roy estant de retour d'Espagne, où il auoit esté mené prisonnier, recompensa les penibles soins de ce sage Seigneur, de la Charge de Grand Maistre de France, & du Gouuernement de Nantes; enuiron lequel temps en l'année 1527. il espousa Magdelaine de Sauoye, niece de Madame Louise de Sauoye sa mere & fille de Monsieur René legitimé de Sauoye, surnommé le grand Comte de Villars, Gouuerneur de Prouence, & Grand Maistre de France. Apres ses nopces il fut choisi pour aller porter au Roy d'Angleterre Henry VIII. l'ordre de sa Majesté, & confirmer les alliances. Il fut à cette auguste Ambassade accompagné de plus de six cens Seigneurs ou Gentilshommes superbement vestus, & y fit de si somptueuses & magnifiques bombances, que les Anglois en furent rauis en admiration. Le Roy d'Angleterre luy rendit, & obligea toute sa Cour, à luy rendre des honneurs indicibles, n'espargnant rien, pour luy tesmoigner l'estime particuliere qu'ils faisoient de sa personne & de sa haute vertu; iusques-là que sa Majesté parmy vn nombre infiny d'admirables diuertissemens, permit pour le fauoriser, que Madame Marie d'Angleterre sa fille iouast vn des personnages aux Comedies qui s'y representerent. Estant de retour en France, le Roy ayant vne connoissance parfaite de sa suffisance & de son affection, l'esleut pour estre le mediateur de l'execution des choses promises au Traitté de Cambray, pour la deliurance des Enfans de France, qui auoient esté enuoyez en ostage, & pour le payement de la rançon que le Roy auoit promise. Comme aussi pour traitter de son mariage auec Eleonore d'Autriche, sœur de l'Empereur Charles V. En suite dequoy il s'achemina à Bordeaux & à Bayonne, où il fit porter douze cent mille escus qu'il fit compter au Connestable de Castille entre Andaye & Fontarabie, & receut sur vn pont qui auoit esté dressé sur la riuiere qui separe la Guyenne d'auec la Biscaye, les Enfans de France, qu'il ramena à leur pere, auec Madame Eleonore sœur de l'Empereur qui fut incontinent espousée par le Roy. Apres quoy sa Majesté luy donna la charge de faire preparer tout ce qui estoit requis pour la solemnité de son Sacre, & de son Couronnement, qui se fit à Saint Denis en grande ceremonie. Et puis l'an 1532. le Roy estant allé à Boulogne pour s'aboucher auec le Roy d'Angleterre, nostre braue & vaillant Montmorency fut honoré du Colier & Iarretiere de l'Ordre de sa Majesté Britannique; & vn an apres il fut enuoyé en Prouence pour faire tous les preparatifs necessaires à l'entreueuë que le Roy & le Pape firent à Marseille qui fut tres-belle & tres-magnifique. Ainsi passant par toute sorte de grades & d'honneurs auec toute la gloire qui se peut acquerir par vn excellent esprit, par vn iugement solide & par vne grandeur de courage extraordinaire, le Roy luy donna encore le commandement de son Armée pour s'aller opposer aux menasses, & à l'espouuantable armée auec laquelle l'Empereur Charles V. vint en personne attaquer la Prouence: dans lequel employ nostre Heros fit si bien connoistre l'excellence du iugement & du choix de son maistre, qu'en peu de iours, soit par des stratagemes, ou par force & resistance ouuerte, il dissipa, ruina, deffit & chassa honteusement hors du Royaume ce grand Empereur, qui n'y laissa autres marques de son entreprise, que les corps de plus de vingt-cinq mille de ses meilleurs hommes. L'an 1537. le Roy fit encore son Lieutenant general le Grand Maistre de Montmorency, & luy donna vne Armée pour aller recouurer la Comté d'Artois & celle de S. Pol, & pour secourir Therouenne; ce qu'il executa tres-vaillamment au contentement de sa Majesté, qui peu de temps apres l'enuoya en Piedmont, où il força le Pas de Suse, & fit plusieurs belles actions; & puis il eut ordre d'aller à Leucate traitter & acheuer la paix auec les Ambassadeurs de l'Empereur. Enfin comme ses seruices estoient infinis, le Roy le voulut aussi combler d'honneur, & n'estimant pas le pouuoir mieux reconnoistre, qu'en luy donnant l'Office de Connestable de France, qui estoit vacquant depuis la retraite de Charles de Bourbon, il luy en donna l'Espée solemnellement, en presence de tous les Princes, au Chasteau de Moulins, le 10. iour de Feurier 1537. Les ceremonies qui accompagnerent cette creation, furent tres-magnifiques & tres-glorieuses; les Herauts d'armes crians plusieurs fois par commandement du Roy, *Viue Anne de Montmorency Connestable de France.* Plusieurs de ses predecesseurs auoient esté reuestus de cette mesme dignité, mais il faut aduoüer que celuy-cy l'exerça auec autant de reputation qu'aucun autre. En cette qualité il accompagna le Roy à Nice, où sa Majesté s'alla aboucher auec l'Empereur & le Pape Paul III. pour tâcher de faire la paix, qui n'aboutit qu'à vne treve de dix ans, que nostre Connestable signa auec le Cardinal de Lorraine le 18. de Iuin 1539. En suite dequoy l'Empereur passant par la France pour s'en aller au pays bas, le Connestable de Montmorency porta l'Espée de son Office toute nuë deuant luy, comme si c'eust esté le Roy; & mesme l'Empereur sortant de Paris alla à Chantilly, où il fut receu & traitté tres-splendidement aux despens du Connestable, qui fit voir en cette rencontre sa magnificence & sa generosité, iusques aux moindres de la Cour de l'Empereur, qui de son costé luy rendit tous les tesmoignages d'affection & d'estime qu'il auroit pû souhaiter. Mais comme les plus grands hommes sont sujets aux grandes haines & aux enuies, & notamment ceux qui possedent la faueur des Roys, & qui tiennent le tymon des affaires, les ennemis de la grandeur de nostre Heros, ne pouuans souffrir qu'il joüit longuement de ce comble de felicitez, ausquels il estoit paruenu, trouuerent bien-tost moyen de faire tomber sur luy la disgrace de son Prince, laquelle il souffrit auec vne resolution si ferme & si constante, que la genereuse vertu de son cœur ne s'en abaissa iamais. Mais comme François I. fut mort, Henry II. qui luy succeda, le restablit dans toutes ses Charges, sçachant bien que sa valeur & son experience estoient necessaires à son Estat. Le Roy l'enuoya en Guyenne pour reprimer les Bourdelois qui auoient tué leur Gouuerneur, & quelque temps apres il fut à la conqueste du Boulonnois, où le Roy se trouua en personne. Et comme les affaires appelloient les armes Françoises en Italie, nostre Connestable restablit la discipline militaire, en sorte que la Romaine ne fut iamais si reformée. Et pource que le Roy Henry II. le voulut aussi bien recompenser que le Roy son pere auoit fait, il erigea la Baronnie de Montmorency en Duché l'an 1551. apres quoy il mit dans l'obeïssance du Roy les Villes de Toul & de Mets. Enfin apres plusieurs victoires, le Ciel voulant mesler vn peu d'amertume à tant de douces prosperitez, il fut pris prisonnier à la bataille de S. Quentin, apres y auoir esté grieuement blessé en combattant vaillamment. D'où enfin estant sorty, le Roy Henry mourut, & peu de choses se passerent durant le regne de François II. tellement que Charles IX. estant venu à la Couronne, il rendit à sa Majesté de tres grands seruices dans les confusions ciuiles, & combattant auec vn courage & vne vigueur sans pareille dans la bataille de Dreux, il fut pris prisonnier, couuert de plusieurs blessures honorables: ce qui esmeut tellement le courage du Seigneur de Dampville son fils, qu'il repara sa prise par celle du Prince de Condé. Quelques années apres la France estant plus auant plongée que iamais dans les confusions ciuiles pour le fait de la Religion, ce genereux & vaillant Seigneur conduisant l'armée Royale l'an 1567. fut blessé de huit coups mortels, au visage, à la teste, & aux reins, à la bataille de S. Denis, desquels coups il mourut trois iours apres dans son Hostel à Paris, âgé de quatre-vingts ans. Son cœur fut mis auec celuy du Roy Henry II. dedans vn vase, sur vne belle colomne qui est dans la Chapelle d'Orleans, en l'Eglise des Celestins à Paris, & son corps fut enterré à Montmorency.

Il portoit pour armes, d'or à la croix de gueules, cantonnée de seize allerions d'azur.

Franciscus à Lotharin-
gia Dux Guisius

ABREGE' DE LA VIE ET DES ACTIONS HEROIQVES DE FRANCOIS DE LORRAINE, DVC DE GVISE,

LIEVTENANT GENERAL DV ROYAVME ET DES ARMEES ROYALES DE FRANCE, SOVS LES REGNES DE FRANCOIS I. DE HENRY II. DE FRANCOIS II. ET DE CHARLES IX.

VOY que les branches de la Royale Maison de Lorraine ayent estendu leurs triomphans Rameaux iusques au bout du monde, & qu'il en soit sorty des Princes illustres, qui ont conquis par leur valeur des Diademes & des Couronnes; ie n'en trouue point qui ait éleué sa renommée plus haut que François de Lorraine Duc de Guise, & dont la vertu heroique ait paru auec plus d'esclat sur le theatre de l'honneur, par vne suite infinie de glorieuses actions qui ont rendu son nom sacré & immortel dans la memoire des hommes; Dieu s'estant seruy de son bras tousiours victorieux pour releuer le Crucifix, pour proteger la Foy, & pour affermir la Couronne & le Sceptre penchant de nos Monarques, que les horribles & cruelles diuisions de la Religion auoient entierement ébranlé : & nous le pouuons appeller l'Hercule de la France, pour auoir escrasé les testes venimeuses de tant de viperes, qui deschiroient le flanc de leur mere, & qui donnoient des impitoyables coups de dague dans le sein de leur patrie.

L'enfance de nostre Heros fut belle; & son humeur ignée & pleine d'vne vigueur agissante, donna à l'abord non seulement l'esperance, mais l'asseurance de sa future grandeur : Le Roy François I. fut le sacré Maistre sous les fauorables auspices duquel il ceignit l'espée, & la mit si glorieusement à la main sous son regne, & sous les suiuans, qui s'acquit auec iustice le renom auguste d'estre le plus grand Capitaine de son temps. La premiere fois qu'il vit les ennemis, fut en Picardie, comme le Roy François I. faisoit la guerre contre l'Empereur Charles V. en Brabant & en Flandres; il y vint accompagné des Seigneurs de Laual, de Saint André, d'Escars, de Dampierre, de la Chastaigneray, d'Esguilly, & de grand nombre d'autres ieunes Gentils-hommes qui estoient rauis de le suiure & d'imiter sa vertu naissante : l'histoire nous apprenant qu'ils remportoient ordinairement l'auantage aux occasions où ils alloient scaramoucher les ennemis. Il se trouua à la prise de Landrecy l'an 1543. & puis à celle du Chasteau d'Emery sur la Sembre, de Barlemont, & de Maubeuse, & harsela les garnisons d'Auesnes par des frequents partis où il eut tousiours de l'auantage. Il secourut Boulogne, & y fit vne si glorieuse retraite, que les plus vieux Capitaines furent rauis de son courage & de sa sagesse tout ensemble. Il portoit en ce temps le nom de Duc d'Aumale, lequel il garda iusques à la mort du Roy François I. qui arriua l'an 1547. Et comme les Prouinces de Guyenne, de Xaintonge & d'Angoulmois, se furent soulevées contre les exacteurs des Gabelles, le Roy Henry II. enuoya le Duc d'Aumale, que desormais nous nõmerons Duc de Guise, en Xaintonge & Angoulmois, où il pacifia toutes choses auec douceur, voulant acquerir la reputation de Prince clement & genereux; mais le Connestable n'en fit pas de mesme, car il fit punir d'horribles supplices ceux qui furent trouuez coupables en Guyenne, où le Roy luy auoit commandé d'aller pour pacifier & arrester la sedition. Le Duc de Guise accompagna le Roy au siege & prise de la Ville de Mets qui auoit esté vsurpée par les Empereurs sur cette Couronne : & peu de temps apres l'Empereur irrité de la prise de cette importante place, vint en personne y mettre le siege auec vne armée formidable composée de plus de 50000 hommes, de 100 pieces de canon, & d'vn grand nombre de Princes & Seigneurs Espagnols & Allemans. Le Roy de son costé cõnoissant le courage & la haute vertu du Duc de Guise, luy donna ordre de s'aller ietter dans la Ville, & d'y aller cueillir les palmes & les lauriers qu'vn si puissant aduersaire deuoit ceder à sa valeur. Et pource que ce braue Prince estoit comme le Iason de la France, tous les ieunes Heros du Royaume l'accompagnerent en cette memorable expedition; le Duc d'Anguyen, les Princes de Condé & de Montpensier, le Duc Octaue Farnaise, le Duc de Nemours, le Marquis d'Elbeuf, les Seigneurs de Montmorency, Dampville, de la Rochefoucaut & de Randan freres, de Strossy, de la Brosse, Vidame de Chartres, de Biron, de Gonnor, du Parroy, & plusieurs autres, iusques au nombre d'enuiron 300. Les nobles inquietudes, la vigilance extrême, & le courage ferme & intrepide du Duc de Guise, glorieux d'auoir de si valeureux seconds, firent connoistre aux Imperiaux que la plus grande force de la Ville consistoit en sa seule vertu, qui seruant d'exemple, rendit tout le monde si vaillant, qu'apres plusieurs furieuses sorties qu'il fit faire à pied & à cheual sur les ennemis, les François enfoncerent le camp Imperial, encloüerent le canon, & tuerent trois ou quatre fois tout ce qui estoit dans la tranchée : & ainsi ce victoieux Prince abbatit l'orgueil de ce superbe Empereur, le contraignit à leuer le siege apres la perte de trente mille hommes, & vne honte & consternation si generale de luy & de tous les siens, que dessors il prit resolution de quitter l'Empire & le Royaume à son frere & à son fils, pour chercher la tranquillité & le repos dans la solitude d'vn Cloistre, & se retirer des soins & des chagrins que les grandeurs de ce monde donnent aux plus grands Monarques. Le Duc de Guise reuint triomphant à la Cour, & le Roy le receut cõme le glorieux restaurateur de toutes les pertes passées, ayant mesme deffait & taillé en pieces vne partie de l'armée de l'Empereur, qui apres le siege estoit demeurée à Fruge pres de la Ville de Renty. Quelques temps apres le Duc de Guise, attiré par les promesses du Pape & des Cardinaux, obligea le Roy à luy donner des forces pour les aller secourir, & de là passer au Royaume de Naples; mais comme ce glorieux Prince eut obtenu tout ce qu'il souhaitoit de sa Majesté, & qu'il fut arriué à Rome auec son armée, il trouua que les montagnes toutes ruisselantes d'or & d'argent qu'on luy auoit fait conceuoir, s'esuanoüirent en fumée, & que les forces & les moyens qu'on auoit promis de ioindre à ceux qu'il ameneroit de France, s'estoient conuerties (non en l'essence necessaire) mais en des nuages & des exalaisons chimeriques; ce qui obligea ce trop genereux Prince à reuenir en France auec ses troupes, qu'il employa plus vtilement; premierement en Bresse, où il fit leuer le siege au Baron de Pollauille qui auoit inuesty Bourg au nom du Duc de Sauoye auec douze cens cheuaux & douze mille hommes de pied; & puis au memorable siege de Calais, qu'il attaqua auec vne promptitude & vne vigueur si grande, que nonobstant la forteresse estonante des rempars & la resistance enflãmée des Anglois, il les en chassa en sept iours, & au lieu des rauissans leopards, il y arbora les legitimes fleurs de lys, deux cens dix ans apres qu'elles en auoient esté ostées : La

Comté d'Oye, & celle de Guynes, & tous les forts que les Anglois y tenoient, retournerent aussi en la suiection de leur premier & legitime Seigneur; & ainsi le bras victorieux du Duc de Guise chassa l'ancien ennemy de la France au dela de la mer, auec vn si genereux succez, que depuis ce temps ils n'ont iamais osé y reuenir, si cuisante leur auoit esté cette derniere atteinte. La Cour & toute la France celebrerent des festes & des resjouïssances nompareilles pour toutes ces conquestes, & au milieu de toutes ces prosperitez le Roy fit le mariage de Monseigneur le Dauphin, qui fut puis apres François II. auec Marie Stuard Reyne heritiere d'Escosse, fille de Iacques V. & de Marie de Lorraine, fille de Claude Duc de Guise. Et comme nostre Heros eut monstré son adresse & sa vigueur aux Ioustes & aux Tournois qui furent faits à ces nopces, il partit pour aller ioindre l'armée à Mets, & mettre le siege deuant Thionuille, qu'il attaqua vigoureusement, & en abbatit les remparts auec trente-cinq grosses pieces de batterie, & plusieurs mines, les dernieres desquelles estant prestes à joüer, & les plus vaillans de l'armée commandez pour donner l'assaut tout incontinent, estonnerent tellement les assiegez, qu'ils se rendirent à composition le 19. iour, apres auoir esté inuestis. Le Duc de Guise fut valeureusement assisté à cet exploit par les Ducs de Neuers & de Nemours, par le Mareschal Strossy qui y fut tué d'vn coup d'arquebusade au dessus du tetin gauche, comme ce genereux General tenoit sa main appuyee sur son espaule, ainsi qu'ils faisoient sapper vne plate forme. Les Seigneurs de Montluc & de Bourdillon qui furent dans les regnes suiuans tous deux Mareschaux de France, eurent l'honneur d'auoir comme principaux instrumens, signalé cette prise par des preuues de leur vaillance. Ceigny, Arlon, Villemont, Rossignol, & plusieurs autres places, furent remises sous l'obeissance du Roy, & les ennemis qui tenoient la campagne deffaits en plusieurs occasions. Toutes ces conquestes iointes à la haute reputation du Duc de Guise Lieutenant general du Royaume, & le renfort de plusieurs bonnes trouppes qui furent enuoyees à son armée, intimiderent tellement les ennemis, qu'ils se porterent facilement à la paix, qui fut confirmée par les mariages de Philippe d'Autriche auec Madame Elizabeth de France, fille aisnée du Roy Henry II. de Charles Duc de Lorraine auec Madame Claude fille puisnée de France, & de Philibert Emanuel, Duc de Sauoye, auec Madame Marguerite sœur vnique du Roy. Mais comme toutes ces nopces se solennisoient auec tous les esbatemens & plaisirs qui se peuuent imaginer, & que la Cour estoit plongée en festins somptueux, en jeux, en balets, en danses & en feux de ioye; vn accident funeste conuertit toutes ces Comedies par vne triste catastrophe, en funestes & piteuses Tragedies & lamentations, le Roy ayant esté tué en ioustant auec le Comte de Mongomery, dans vn Tournoy qu'il auoit dressé à la ruë S. Antoine; nostre Duc de Guise estant apres le Roy le second des Tenans, & auec luy le Duc de Ferrare. Apres cette fatale aduanture, le Roy François II. estant venu à la Couronne, l'authorité & le credit du Duc de Guise augmenterent encore beaucoup, & la Reyne Catherine de Medicis mit la personne du Roy & la sienne sous le gouuernement & la sage conduite de ce grand Prince qui conserua l'authorité Royale en son entier contre les factiõs des Princes du sang, qui en cette qualité auoient veritablement des raisons apparentes pour se deuoir mesler du maniement des plus importantes affaires; mais estant soupçonnez d'auoir des sentimens contraires à la religion du Roy, ils en furent esloignez par le grand & presque absolu pouuoir que le Duc de Guise s'estoit acquis sur l'esprit du Roy & de la Reyne, & par le haut estime que toute l'Europe, & notamment la France, auoient de son courage & de sa sagesse. Ce qui obligea le Roy de Nauarre & le Prince de Condé, & plusieurs autres grands Seigneurs, de leuer le masque, de se declarer d'vne Religion contraire à la Romaine, & de prendre les armes, d'où s'ensuiuit l'execution d'Amboise, apres que le Duc de Guise eut esuenté & dissipé le dessein que les Protestans auoient fait de se saisir de la personne du Roy, & de gouuerner l'Estat selon leur volonté. En suite dequoy tout le Royaume fut en trouble, & le globe de la Monarchie diuisé en deux partis, qui se firent de tres-cruelles guerres, où nostre grand Duc de Guise fit tousiours connoistre sa sagesse, son experience, & la grandeur de son courage, mais particulierement en cette memorable Iournée de Dreux, où il vainquit les victorieux, & prit prisonnier Monsieur le Prince de Condé, auquel nonobstant leur animosité particuliere, il rendit de tres-grands honneurs; car apres auoir hautement exalté sa valeur, il le pria de vouloir qu'ils soupassent & couchassent ensembles ce qu'ils firent auec vne franchise, confiance & generosité digne de la grandeur de leurs personnes; mais sur tout loüable en celle du Duc de Guise, d'auoir vsé d'vne telle faueur & courtoisie enuers son ennemy. Mais helas! comme ce glorieux & victorieux Prince voulut suiure sa victoire, & en tirer le fruit le plus aduantageux pour sa gloire & pour le bien de l'Estat, il alla mettre le siege deuant Orleans qui estoit gardé par le Seigneur d'Andelot frere de l'Admiral de Coligny: Où apres auoir hasté les trauaux & les approches, & eu plusieurs aduantages sur les assiegez, ausquels il auoit gagné le portereau, & fait bresche assez raisonnable pour donner l'assaut auquel il esperoit d'emporter la Ville, ainsi qu'il l'auoit escrit à la Reyne mere; comme il reuenoit sur vn petit Mulet du Camp au Chasteau de Corucy où estoit son logemẽt, parlant auec Messire Tristan de Rostaing, qui estoit vn des plus sages & des plus vaillans Seigneurs du party Royal, il fut tué par Iean Poltrot, qui luy donna par derriere sur l'espaule vn coup de pistolet chargé de trois bales, & qui esperdu par l'horreur d'vn crime si lasche & si execrable, comme il se voulut sauuer, fut pris le lendemain, & quelques temps apres tenaillé & tiré à quatre cheuaux dans Paris. Ainsi vescut, ainsi mourut ce grand Duc de Guise, dont la glorieuse & auguste renommée durera iusques à la consommation du monde, s'estant acquis la reputation d'estre le plus hardy, le plus vigilant & le plus grand Capitaine de son siecle, & le Prince le plus sage, plus courtois, & plus intelligent qui fut au monde. Il fut marié à Anne d'Est, fille d'Hercules Duc de Ferrare, & de Madame Renée de France, de laquelle il eut Henry de Lorraine Duc de Guise, qui fut encore si grand & si illustre dans le Regne suiuant, Charles de Lorraine Duc de Mayenne, Pair, Grand Chambellan & Admiral de France, & Louis de Lorraine Archeuesque de Rheims, qui fut nommé le Cardinal de Guise: Cette tres-illustre race s'estant perpetuée iusques icy par vne suite de grands Princes qui se sont rendus tres dignes heritiers d'vn sang si noble & si auguste, & qui tous les iours augmentent le lustre de leurs Ancestres par plusieurs genereuses actions.

Les armes de François de Lorraine Duc de Guise, furent semblables à celles de ses successeurs; à sçauoir, d'or à la bande de gueules chargée de trois allerions d'argent, posé sur le tout de huit alliances qu'on blasonne, party de trois traits, & couppé d'vn, qui font huit quartiers, ou bien de quatre quartiers soustenus d'autre quatres au 1. de Hongrie, au 2. de Naples Sicile, au 3. de Ierusalem, au 4. d'Arragon, au 5. d'Anjou, au 6. de Gueldres, au 7. de Flandres, & au 8. de Bar. Et pour se differencier des Ducs de Lorraine, ceux de la Maison de Guise y adioustent vn lambeau de gueules en chef.

CAROLVS CARDINALIS
A LOTHARINGIA
Litterarum & litteratorum fautor
eximius fuit; duas Celebres Academias
Perpetuo ac locuplete reditu Instituit,
duobus maxime memorabilis, quod
Possiacense colloquium aperuerit
et Tridentinam Sinodum Clauserit
Concile de Trente
Le Colloque de Poissy

ABREGE' DE LA VIE ET DES BELLES ACTIONS DE CHARLES CARDINAL DE LORRAINE, ARCHEVESQVE DE RHEIMS, ET GRAND MINISTRE D'ESTAT, SOVS LE REGNE DE HENRY II. DE FRANCOIS II. DE CHARLES IX. ET DE HENRY III.

LA pourpre n'est pas estrangere aupres des Roys, & sur tout lors qu'elle est sacrée; puis que leur personne l'est aussi, ce qui fait que ceux qui en sont reuestus, ont en quelque façon vn droict & priuilege particulier d'approcher de leur trosne, d'assister deuant leur Majesté, & de les soulager en la conduitte de leurs Estats, mais particulierement lors que l'illustre naissance, la sagesse, & la pieté, authorisent le choix qu'on a fait de leurs personnes, & les font paroistre auec vn éclat merueilleux qui les rend venerables, non seulement à ceux de leur siecle, mais aussi à la posterité: Tel a esté ce grand Charles de Lorraine, qui estant par la prouidence diuine voüé au Sanctuaire, & dedié à l'Eglise, fut à l'âge de quatorze ans designé Euesque de Mets, & puis Archeuesque de Rheims; & en suite ayant à peine atteint sa vingt-troisiesme année, fut creé Cardinal à la demande du Roy François I. par le Pape Paul III. En suite dequoy sa Majesté qui auoit vne connoissance parfaitte de sa vertu, le donna à son fils Henry, lors Dauphin, pour luy seruir de parfait modele, & pour l'assister de ses conseils; tellement que ce mesme Henry estant paruenu à la Couronne, connoissant la suffisance du Cardinal, le fit Chef de son Conseil, & peu à peu se reposa entierement sur luy des plus importantes affaires de son Royaume; & cõme son Eminence connut que l'amitié du Pape estoit necessaire aux affaires du Roy, il obligea sa Majesté de l'enuoyer à Rome en Ambassade extraordinaire pour la prestation d'obedience filiale, & pour traitter alliance auec sa Sainteté, & vne ligue secrette auec les Venitiens. A son retour le Roy luy donna pour recompense de sa negotiation, la riche Abbaye de S. Denis, vacante par le decez du Cardinal de Bourbon son oncle maternel. Et enuiron ce mesme temps, il tesmoigna son pouuoir & son adresse par le mariage qu'il fit du Dauphin auec sa niece Marie Stuart, Reyne heritiere d'Escosse, fille de Marie de Lorraine sa sœur, qui estoit vne alliance glorieuse au Cardinal, & profitable à la France. Peu de temps apres son zele l'obligea à prier le Roy de fulminer de rigoureux Edits contre les blasphemateurs, & contre ceux qui enseignoient vne doctrine contraire à celle qui estoit receuë dans le Royaume. Il fut enuoyé encore vn coup en Italie, tant pour se conioüir auec le Pape Paul IV. de sa promotion au Pontificat, que pour y traitter de quelques importantes affaires pour le bien de la Chrestienté, dont les enfans commençoient à se deschirer le cœur & les entrailles par les horribles diuisions que les differentes Religions apportoient dans les esprits. Il harangua en presence du Pape & des Cardinaux dans la salle des Roys, où il rauit tout le monde, par l'excellence & par la pompe de son eloquence, auec laquelle il gagnoit les cœurs & les affections de tous ceux qui auoient des oreilles. Et comme il connut que sa presence estoit necessaire en France, il y reuint, & n'y fut pas si tost arriué, qu'il eut la commission d'aller en Picardie entre Calais & Grauelines pour traitter la paix, l'Empereur y ayant enuoyé le Cardinal de Granuelle, & la Reyne d'Angleterre le Cardinal Polus, apres laquelle negociation il alla encore au Chasteau Cambresis pour negotier auec les Deputez du Roy d'Espagne, ayant auec luy le Connestable de Montmorency, le Mareschal de S. André, & Moruilliers Euesque d'Orleans; où il maintint les droits du Roy auec autant de suffisance & de fermeté, comme sa Majesté les sçauoit courageusement deffendre auec l'espée; mais la guerre s'estant rallumée, & nostre armée vaincuë à la funeste journée de Saint Laurens, ou de S. Quentin, où le Connestable fut pris prisonnier; nostre genereux Cardinal releua les courages abbatus, & agit si puissamment dans l'assemblée des Estats, qu'il trouua bien-tost les moyens de remettre vne puissante armée sur pied, pour resister à l'orgueil des ennemis, & leur faire connoistre que la France est inuincible & inexpugnable lors qu'elle est bien gouuernée. Et pource que les finances sont les principaux nerfs qui maintiennent les Estats, nostre sage & preuoyant Cardinal voyant qu'apres la mort deplorable du Roy Henry II. elles estoient mal conduites, & imprudemment dispensées, il en voulut prendre la sur-intendance aussi bien que le maniement des autres affaires; & le Roy pour affermir & appuyer le pouuoir de son Ministre auec vne plus puissante colomne, fit expedier des Lettres tres-autentiques verifiées en sa Cour de Parlement de Paris, par lesquelles sa Majesté declara qu'il auoit commis la direction de son Estat, & de ses tresors, au Cardinal de Lorraine, comme celle de ses Armées à François Duc de Guise son frere, rehaussant de glorieuses loüanges les merites de l'vn & de l'autre. Ce qui ayant attiré la ialousie, & le despit des Princes du sang (qui à cause de leur Religion differente à celle du Roy, auoient esté esloignez de la principale administration des affaires) le cruel tison d'vne guerre sanglante fut bien-tost allumé, & le Royaume diuisé en deux partis; ce qui obligea nostre Cardinal de recueillir toutes les forces de son esprit pour s'opposer aux efforts de ceux qui en vouloient à son authorité, à quoy il auoit si bien reüssi, que sans la mort inopinée du Roy François II. son frere, & luy, eussent triomphé de tout ce qui s'estoit opposé à leurs desseins. Mais comme la preuoyance est vne partie necessaire à ceux qui se veulent maintenir dans vne grande authorité, nostre sage Cardinal s'estoit si bien insinué dans les bõnes graces & dans la confidence de la Reyne Catherine de Medicis, mere du feu Roy, & de son successeur Charles IX. qu'il fut maintenu dans son credit par la connoissance que l'vn & l'autre auoient de sa haute vertu & de son merite, & pour le besoin qu'ils eurent de ses conseils & de son assistance, pour débroüiller la fusée de tant d'espineuses difficultez qui se presentoient à la fois, & particulierement lors qu'il fut question de s'opposer aux violens efforts que l'Admiral de Coligny & vn grand nombre de Seigneurs, qui faisoient profession ouuerte de la Religion Protestante, auoient fait sur l'esprit de la Reyne, ayãt obtenu de sa Majesté d'estre oüis en la cõfession de leur croyance dans vn Colloque qui fut conuoqué à Poissy, où l'eloquence vehemente de nostre Cardinal destourna tous les traits enflámez des plus doctes Ministres, dissipa leurs desseins, & fit en sorte que le Roy & la Reyne ne se laisserent point persuader, & qu'ils demeurerent fermes dans la Religion de leurs Ancestres: mais les admirables qualitez de son esprit, la force de son iugement, & la politesse de son bien dire, n'auoient iamais paru auec tant d'esclat, que lors qu'il fut enuoyé au Concile de Trente, pour demander la reformation des abus qui s'estoient glissez dans la Religion, & pour y

Q

maintenir les droicts des Roys Tres-Chrestiens, Il harangua auec tant d'eloquence & tant de puissantes raisons, qu'il vint à bout des principales choses qu'il souhaita, sans blesser l'authorité du Pape qui le receut à Rome auec toute sorte d'honneurs, & qui mesme le flatta de l'esperance de le faire son successeur au Pontificat, à cause des grandes obligations que l'Eglise luy auoit; Et depuis encore il fit vn voyage vers l'Empereur pour l'interest general de toute la Chrestienté; mais notamment pour celuy du Roy de France son maistre, l'honneur & la gloire duquel il conserua tousiours dans les préseances qu'il eut en toutes les occasions, au dessus des Ambassadeurs d'Espagne, & des autres Monarques. Il se trouua à la closture de ce grand Concile, & tous les Prelats le supplierent de faire la derniere harangue à l'honneur & à la memoire eternelle des Roys & des Princes qui en auoient demandé la conuocation; dequoy il s'acquita si dignement, qu'il fut admiré vniuersellement par les plus doctes & par les plus habiles Prelats & Ambassadeurs de toutes les nations. Estant reuenu en France il trouua les choses vn peu appaisées, leurs Majestez estant allées à Bayonne, où il leur enuoya vn Courier pour se plaindre de quelque desplaisir qu'on luy auoit fait à Paris à son retour, & pour leur rendre compte de tout ce qu'il auoit fait au Concile; & cependant il s'en alla reposer quelque temps en Champagne, où il regla son Diocese, estant fort exact à donner les ordres, à tenir les Synodes, à faire ses visites, & mesme à estaller sa doctrine & son eloquence par plusieurs belles & sçauantes Predications. Mais ce qui le rendit plus illustre, & sa memoire glorieuse & eternelle, c'est qu'il fonda deux celebres Academies & Colleges, l'vne à Rheims, & l'autre au Pont-à-Mousson, & leur designa de bons reuenus & plusieurs priuileges, pour y rendre les Muses fleurissantes. Comme donc il iouissoit dans son Archeuesché d'vn contentement plus solide & plus parfait que celuy qu'on trouue à la Cour, le Roy & la Reyne l'enuoyerent prier de leur venir aider à conduire le Vaisseau de l'Estat qui estoit agité d'vne tourmente beaucoup plus orageuse & plus dangereuse que les precedentes, la guerre estant cruellement eschauffée quasi par toutes les Prouinces entre l'vn & l'autre party: de sorte qu'il y eut en mesme temps en diuers endroits du Royaume, iusqu'à quatorze Armées formées, les enfans combatans contre les Peres, & les freres contre les freres, pour la defense & pour l'auancement de leur Religion. Nostre genereux Cardinal vint donc encore à la Cour, où sa presence & ses bons conseils semblerent apporter beaucoup de contentement & de secours, & mesme lors que les necessitez de la guerre obligerent leurs Majestez à se trouuer en personne dans leurs armées, il les accompagna tousiours, & les soulagea entierement des inquietudes & des peines qu'ils eussent esté contraints de prendre, sans l'assistance qu'ils trouuoient en ce grand Ministre, qui ouuroit tous les pacquets, qui expedioit toutes les dépéches & tous les ordres, & qui exerçoit la Charge de Generalissime, auec celle de Ministre d'Estat: bref il fit si bien, que la pauure France eut trouué sa fin dans ses cendres, s'il n'eut aydé à la sauuer de l'embrasement vniuersel qui la menassoit de tous les costez. Et encore qu'il fut occupé dans les plus espineuses affaires de l'Europe, il ne laissa pas de reformer l'Estat Ecclesiastique, de reprimer le commerce simoniaque des Benefices, & de regler l'Vniuersité de Paris, dont il estoit le Conseruateur. Et comme le Roy Charles IX. fut mort, la Reyne le pria de faire l'Oraison funebre; ce qu'il fit, donnant de tristes soûpirs & des larmes ameres à la memoire de ce pauure Prince, qu'il dit auoir veu pleurer au iour de son Sacre, & mesler ses larmes aux réjouïssances publiques, comme les funestes presages des calamitez de son Regne. Quelque temps apres comme le Roy Henry III. estoit en Auignon, peu apres son retour de Pologne, nostre Cardinal traittant le mariage de sa Majesté auec Louyse de Lorraine fille du Comte de Vandemont, sa parente, comme il assistoit à la Predication au iour de la Conception de la Vierge l'an 1574. il sentit soudainement des douleurs de teste, des éblouïssemens de veuë, & des affoiblissemens de nature, accompagnez d'vne fievre continuë si violente, qu'elle luy causa quelques réveries, qui enfin luy firent changer les trauaux & les inquietudes de cette vie, aux felicitez de celle qui est permanente & eternelle. Il fut extremement regretté de leurs Majestez, & de toute la Cour, & notamment de ceux de sa Maison, desquelles il maintenoit la grandeur. Quelques-vns attribuerent la cause de cette mort à vn poison violent qui luy monta au cerueau à mesure qu'il ouurit vne bource de peau de senteur en broderie, pleine de pieces rares d'or qu'on luy auoit donné. D'autres alleguans que les penitences & les processions publiques où il se trouua marchant à pied nud, & se donnant rudement des coups sur le dos auec des cordons, luy auoient causé la maladie dont il mourut.

Il portoit les mesmes armes que le Duc de Guise son frere, dont nous auons parlé au discours precedent, excepté que les siennes estoient ornées de son Chapeau de Cardinal, & de sa Croix Archiepiscopale.

BLASIVS DE MONLVC
sub Fran° 1° Hen° 2° Fran° 2°
Multa præstitit, plura dixit
Meruit tamen Celebrari.
POLEMARCHVS
Carolo 9° et Hen° 3°
Et summis Viris
Accenseri.
Ductor erat bello spectatus et Impiger alter / Cæsar, res etenim condidit Ipse suas
Cum Privilegio

ABREGE' DE LA VIE ET DES ACTIONS GLORIEVSES DE BLAISE DE MONTLVC, MARESCHAL DE FRANCE, ET LIEVTENANT GENERAL POVR LE ROY EN GVIENNE, VIVANT SOVS LES REGNES DE HENRY II. DE FRANCOIS II. DE CHARLES IX. ET DE HENRY III.

V temps que l'Europe gemissoit sous les armes du Roy François I. & de l'Empereur Charles le Quint; & que ces deux grands & genereux Princes, ennemis iurez & enuieux de la Renommée, & de la grandeur l'vn de l'autre, inondoient les campagnes du sang des Chrestiens, pour assouuir leur ambition démesurée; Blaise de Montluc estant nourry Page prés du Duc Antoine de Lorraine, n'eut pas si-tost oüy sonner le tambour & la trompette, que son ame guerriere s'alluma du desir d'acquerir de la gloire, & luy fit courir aux armes. Le Milanois où commandoit pour le Roy, Odet de Foix, Seigneur de Lautrec, fut le theatre où il fit paroistre les premices de son courage, & de sa valeur. Il combattit vaillamment en plusieurs occasions, & particulierement à la bataille de la Bicoque l'an 1522. De là il vint en Guyenne, où l'ennemy faisoit mine de vouloir entreprendre quelque chose sur la frontiere : Il se trouua à la prise de Fontarabie, & au combat de S. Iean de Lus, où il donna des preuues de la bonté de son iugement, aussi bien que de la fermeté de son cœur; receuant des loüanges & des remerciemens du Seigneur de Lautrec son General, quoy que l'Histoire apprenne qu'il n'auoit gueres accoustume de caresser personne. Apres cette occasion où Montluc auoit combatu valeureusement en fauorisant la retraitte, il fut fait Capitaine, ayant auparauant passé par tous les degrez, de soldat, d'Enseigne & de Lieutenant. Vne année apres il accompagna le Roy François I. en Italie, combatit courageusement, & receut trois blessures à la bataille de Pauie : Et comme Monsieur de Lautrec alla pour conquerir le Royaume de Naples, nostre braue Montluc l'y accompagna, & y fit des merueilles de sa personne, mais notamment à la prise de Melphe & de Capistrano qui fut emporté de viue force apres vn assaut & plusieurs attaques bien opiniastrées, où il receut de grandes blessures, la douleur desquelles ne l'empescha pas de donner ordre que les femmes & les filles ne fussent violées par les soldats, qui enragez de ce qu'vn si braue Capitaine auoit esté si griefuement blessé, mirent tout au fil de l'espée. Mais apres plusieurs prises & reprises de Places, le Seigneur de Lautrec estant mort, les conquestes de Naples s'en allerent en fumée, & Montluc s'en reuint en France, & y arriua tout à propos pour ayder à chasser l'Empereur qui estoit venu attaquer la Prouence auec vne armée prodigieuse, qui fut dissipée dans peu de temps par la diligence du Roy, & par la valeur de plusieurs Seigneurs François qui y estoient accourus de toutes parts, entre lesquels Montluc parut tousiours des premiers, & y rendit de tres-bons seruices à sa Majesté, les menaces de l'Empereur ne nous ayant fait autre mal que de laisser les champs couuerts d'vn nombre infiny de ses meilleurs soldats. De quoy Marc-Antoine de Leue, vn des plus grands Capitaines que l'Empereur eut, & qui luy auoit donné ce conseil, mourut de regret. De là Montluc accompagna le Roy en Piedmont, où entre autres exploits, il prit les Valles de Mieulan, & de Barcelonnette, où il receut vn coup d'arquebuse au bras. Et apres la tréve qui fut faite entre le Roy & l'Empereur, qui fut bien-tost rompuë, il accompagna le Dauphin au siege de Perpignan, & de là il reuint en Italie où il rendit de tres-bons seruices en diuers sieges, assauts, & combats, & notamment à Casal, à Quiers, à Carignan, & à Carmagnole, qui furent tesmoins de sa valeur & de sa prudence : Et comme Monsieur le Duc d'Anguyen fut enuoyé Lieutenant general en Italie, accompagné de plusieurs vaillans Seigneurs François, qui ne demandoient qu'à se battre; Montluc fut choisi entre les plus considerables Chefs de l'armée, & comme le plus hardy & le mieux disant, pour aller trouuer le Roy, & luy persuader de permettre qu'on donnast la bataille aux ennemis : Sa Majesté connoissant sa personne & son merite, luy donna la charge de Colonel de dix Compagnies; & apres plusieurs autres caresses & promesses de reconnoistre ses seruices, le renuoya en Italie auec la permission qu'il porta au Duc d'Anguien, d'attaquer & combattre l'armée des ennemis de quelle façon qu'il le trouueroit à propos. En suite de quoy l'armée marcha droit à Serisolles affronter celle de l'Empereur, qui estoit commandée par le Marquis du Guast; la bataille y fut opiniastrée & sanglante, mais enfin la valeur des François, qui donnerent auec vne fureur & vaillance incroyable la picque à la main, dans les plus espais & formidables bataillons des Allemans, renuersa tout; la victoire fut entiere, & la perte des ennemis tres-grande, quatorze ou quinze mille des plus vaillans y estans demeurez morts sur la place. Là le braue Montluc fit tant de merueilles, soit à sagement commander qu'à courageusement combatre, qu'il fut iugé estre de tous les Chefs, celuy qui auoit le plus vtilement contribué au gain de la victoire; aussi en fut-il loüé & remercié publiquement par le Duc d'Anguyen, qui le fit Cheualier, & luy donna l'accollade sur le champ de bataille, ne pouuant pour lors mieux recompenser les signalez seruices qu'il auoit rendu dans vne si memorable iournée. Comme l'Empereur eut receu les nouuelles de la defaite de son armée, le desir de vengeance le poussa à se liguer auec le Pape, & auec le Roy d'Angleterre, qui tous ensemble attaquerent la France; mais le Roy d'Ang. fut bien-tost las de ce mestier, car apres la prise de Boulogne il repassa la mer, & mit fin à ces conquestes imaginaires. Montluc accompagna Monsieur le Dauphin en cette guerre de Picardie, où il augmenta sa renommée au siege de Boulogne, & empourpra sa victorieuse espée dans le sang des Anglois, comme il auoit fait ailleurs dans celuy des Espagnols, des Lombards & des Allemans. Apres quoy s'estant retiré chez soy, le Roy François I. mourut, & incontinent le Roy Henry II. l'enuoya querir, & luy donna ordre d'aller en Italie auec le Mareschal de Brissac, qui apres auoir esprouué la vertu de Montluc en plusieurs memorables occasions, pria le Roy de luy donner les Gouuernemens de Casal, d'Albe, & de Montcalier; ce que le Roy agrea tres volontiers & luy en enuoya les prouisions, & celles de Gentil-homme de sa Chambre, & de Mareschal de camp. Auec ces honorables recompenses Montluc fit si bien esclatter sa valeur, qu'il s'acquit l'estime & l'amitié de son Roy, de tous les Princes, de son General, & de tous les François; Et le Piedmont qui estoit alors la meilleure escole de la guerre, & le theatre le plus fameux de Bellonne, se souuiendra tousiours de ce grand Capitaine, & de ses vaillans soldats nommez les Moutons iaunes, pource qu'il leur auoit donné des pannaches & des escharpes de cette couleur, pour l'amour de Monſieur de Briſſac & de Monſieur de Termes, qui portoient ces couleurs. Enuiron ce temps-là Montluc eſtant allé en Gaſcogne pour ſe remettre d'vne fievre en reſpirant l'air natal, fut choiſi par le Roy pour aller commander à Sienne en qualité de ſon Lieutenant, en l'abſence du Mareſchal de Stroſſy, qui ne pouuoit tenir la campagne, & commander dans la Ville en meſme temps: Le choix que ſa Majeſté fit de ce braue Capitaine fut vniuerſellement ſuiuy par tous ceux du Conſeil d'enhaut, excepté par Monſieur le Conneſtable, qui diſoit que Montluc eſtoit trop prompt & trop colere; ce qui obligea ſa Majeſté de luy eſcrire, lors qu'il luy enuoya ſa commiſſion, de laiſſer ſa colere en Gaſcogne, & de s'accommoder à l'humeur de ce peuple vers lequel il l'enuoyoit; mais il faut dire à l'honneur de ce grand homme, que ce que Monſieur le Conneſtable blâmoit, eſtoit pluſtoſt pour quelque animoſité particuliere qu'il auoit contre Montluc, que par aucune connoiſſance ny preuue certaine que l'humeur colerique de celuy dont il vouloit reculer l'employ, eut porté quelque preiudice au ſeruice du Roy dans les occaſions où il auoit commandé. Et il faut dire à l'honneur de Montluc, que ce ſang boüillant & ignée qui le faiſoit iuger tel, eſt vne partie que tous les grands & hardis Capitaines deuroient ſouhaitter: Car ils ſont plus prompts à conceuoir & à reſoudre & plus vaillans à executer, que ceux qui croyent auec leur froideur ſe faire eſtimer plus ſages. Comme que ce fut, Montluc s'acquitta auec tant de gloire de la charge que le Roy luy auoit commiſe, que iamais homme n'a ſeruy auec plus d'affection, de fidelité, de conſtance, de peine, de trauail, de ſoin, de vigilance, & de courage, qu'il fit au ſiege de Sienne, durant tout le temps qu'il y commanda en qualité de Dictateur des Siennois & de Lieutenant de Roy, n'y ayant adreſſe, ruſe, ſtratageme, perſuaſion, promeſſe ny proteſtation dont il ne ſe ſeruit pour tenir le peuple & les ſoldats Italiens, François & Allemans, dans vne generale vnion & volonté de ſe bien defendre, comme ils firent, iuſques à les auoir obligé à ſouffrir toutes les plus violentes & les plus enragées extremitez de la guerre; & à contracter, s'il faut ainſi dire, vne habitude intrepide auec le trauail, la faim, la peſte, & la mort. Enfin il fut forcé de laiſſer faire aux Siennois leur capitulation, en ſuite de laquelle il ſortit auec les trouppes Françoiſes & Italiennes; le Marquis de Marignan qui auoit commandé l'armée de l'Empereur à ce long & memorable ſiege, luy ayant rendu tous les honneurs imaginables, & tous les Officiers de l'armée Imperiale luy eſtans venus embraſſer la cuiſſe auec beaucoup de reſpect & d'admiration: Il quitta les Siennois auec pluſieurs larmes, & pour memoire eternelle de l'aſſiſtance glorieuſe qu'ils auoient receuë de luy, ils le prierent d'adjouſter, comme il fit, aux armes qu'il auoit receu de ſes anceſtres, celles de leur Ville, qui ſont vn loup & vne louue; leſquelles le Seigneur de Montluc & ſes ſucceſſeurs ont toûjours depuis portées eſcartelées auec les leurs. Il alla rejoindre le Mareſchal de Stroſſy à Montalſin, puis il paſſa à Rome, où il fut conſideré comme vn homme miraculeux par tout le peuple qui accouroit de tous coſtez pour le voir; le Pape méme, quoy qu'extremement malade, le voulut embraſſer. Enfin preſſé par beaucoup de conſiderations il reuint en France, où le Roy le receut auec tant de ioye & tant de careſſes, qu'il n'eut pû en ſouhaiter de plus grandes; & pour le recompenſer, ſa Majeſté l'honora du Colier de ſon Ordre, luy donna vne Compagnie d'ordonnance, trois mille liures de penſion, & trois mille liures de rente ſur ſon Domaine. Et comme le Roy connut qu'il ne faloit pas laiſſer vne telle vertu ſans luy donner de l'action, Montluc receut ordre d'aller en Piedmont commander l'infanterie ſous le Mareſchal de Briſſac, où il acquit vn tres-grand honneur. D'où eſtant derechef rappellé il receut commiſſion d'aller à Rome au ſeruice du Pape, que le Duc d'Albe faiſoit mine de vouloir aſſieger, ſi la valeur & la reputation de Montluc ne l'en eut empeſché: Enfin il reuint à Montalſin commander les trouppes des Siennois, & y exercer la charge de Lieutenant general, où il continua à faire des merueilles, & notamment à la priſe de la Ville de Piance, qu'il fit ſcalader, & où il montra vne ſi glorieuſe & ſi ardente obſtination, que ſes Officiers & ſes ſoldats confeſſerent que c'eſtoit luy ſeul qui auoit emporté la place. Apres cet exploit Montluc paſſa à Ferrare, où il ſeruit quelque temps, puis reuint en France, où il fut bien receu, & en ſuite enuoyé auec Monſieur de Guiſe au ſiege de Thionuille, auec la charge de Colonel de l'infanterie de France, que le Roy auoit oſté au Seigneur d'Andelot à cauſe de la Religion; la vigilance & le courage que Montluc teſmoigna durant ce ſiege, couronnerent ſa gloire de pluſieurs lauriers, & Monſieur de Guiſe, qui auoit eſté ſpectateur & admirateur tout enſemble de ſon inſigne valeur, en rendit au Roy de ſi auantageux teſmoignages, que ſa Majeſté depuis ce temps là reuera Montluc comme le plus grand Capitaine de ſon Royaume. Mais apres la malheureuſe mort de ce grand Prince, les François diuiſez en deux partis, ſe firent de tres cruelles guerres, & tremperent leur ſang dans leurs propres entrailles; mais touſiours Montluc ſe tint attaché au ſeruice de ſon Roy, & à la religion de ſes anceſtres, pour le maintien deſquels il rendit de tres ſignalez ſeruices à l'Eſtat dans ſon Gouuernement de Guyenne & ailleurs, par la priſe de Toulouſe, de Bordeaux, de Monſegur, de Cahors, de Montauban, de Leitoure, & de pluſieurs autres Places que les Proteſtans auoient occupées, par la celebre bataille de Ver, où ſa vertu remporta vne victoire ſi importante, par la defaite de plus de ſept mille de ſes ennemis qui demeurerent morts ſur la place; Et finalement par le fameux ſiege de Rabeſtens, où allant le premier à l'aſſaut pour remettre le courage aux ſiens, il receut vn coup d'arquebuſe à trauers les deux mâchoires, & força la place malgré la reſiſtance enflâmée des ennemis, qui y furent tous tuez ou pris priſonniers: Vne ſi longue ſuite d'exploits, & de victorieux ſuccez, fut recompenſée par le baſton de Mareſchal de France que le Roy Henry III. luy donna à ſon retour de Pologne, ce Prince ſe ſouuenant de l'auoir veu combattre ſous ſes commandemens auec vn courage de lyon, & ayant appris les obligations que ſa Couronne & ſon Eſtat auoient à ce grand Capitaine, qui enfin comblé d'honneur & de gloire, mourut accablé de bleſſures, de trauaux, & de vieilleſſe; laiſſant à la Poſterité vne memoire eternelle de ſa vertu & de ſon bonheur; & à la Nobleſſe, des enſeignemens & des preceptes militaires tres-excellens qu'elle apprendra en liſant les admirables Commentaires qu'il nous a laiſſez, où toutes les actiõs guerrieres où il s'eſt trouué ſont ſi bien repreſentées, qu'on peut dire que ſon ame martialle, quoy que deſtachée de ſes organes, ne laiſſe pas de ſe plaire dans les combats, & d'enſeigner comme il faut s'y conduire pour y acquerir de la gloire, & en ſortir couronné de palmes & de lauriers.

Le vaillant Mareſchal porta pour armes, eſcartelé au premier, d'azur à vn loup d'or; au quatrieſme, d'azur à vne louue d'or; au ſecond & troiſieſme, d'or à vn tourteau de gueules.

Armandus de Biron Polemarchus
Sub Carolo 9°. Henrico 3.
& Henrico quarto.

ABREGE' DE LA VIE ET DES ACTIONS GLORIEVSES DE MESSIRE ARMAND DE GONTAVD DE BIRON, MARESCHAL DE FRANCE, VIVANT SOVS LES REGNES DE HENRY II. DE FRANCOIS II. DE CHARLES IX. DE HENRY III. ET DE HENRY IV.

COMME vn ieune arbre qui est tiré d'vne bonne pepiniere, & puis transplanté en bonne terre, & cultiué auec soin, deuient grand en peu d'années; & ses rameaux verdoyans apres auoir produit de tres belles fleurs au printemps, donnent d'excellens fruits en Esté & en Automne: Ainsi Armand de Biron estant sorty d'vne famille tres-noble & tres-ancienne, fut mis dans le glorieux sentier de vertu dés sa plus tendre enfance; & son inclination guerriere secondée par vne admirable education, porta sa ieunesse dans plusieurs belles occasions, où il signala son courage & sa valeur; ce qui obligea l'illustre Mareschal de Brissac de preferer à beaucoup de braues & glorieux Seigneurs de la Cour, & de le choisir entre tous pour porter le guidon de sa compagnie d'ordonnance: Et certes ce grand Capitaine ne se trompa pas dans son election: car Biron s'acquitta auec tant de valeur & de gloire de cette premiere charge, qu'il s'acquit non seulement l'amitié & l'estime de son Capitaine, mais aussi l'affection & la faueur de son Prince, qui luy fit de tres grandes caresses, lors que le Mareschal de Brissac l'ennoya à la Cour pour representer à sa Majesté quelques affaires de grande consequence, & sçauoir sa volonté sur des entreprises importantes, qui ne pouuoient estre confiées qu'à vn homme de l'esprit & de la fidelité duquel l'on ne pouuoit pas douter. Biron profita si bien dans la belle escole, & sous les glorieux exemples du Mareschal, qui de son costé prit beaucoup de plaisir à le pousser, que la suitte de sa vie nous a fait voir qu'il atteignit aussi haut que son General, & que sa vertu appendit ses trophées dans le temple de la gloire aussi auant que les siens. La premiere occasion memorable où il commanda fut l'an 1551. lors qu'il deffit trois cens Hongrois & Bohemiens qui estoient passez en Italie pour venir au deuant, & accompagner le Roy & la Reyne de Boheme qui deuoient bien-tost arriuer à Gennes reuenans d'Espagne; le Comte Hierosme Palauicin, qui commandoit l'infanterie des ennemis, & qui estoit venu au secours de ces pauures Hongrois, ayant esté pris prisonnier auec quelques-vns des siens, & le reste mis en route: apres quoy Biron reuint trouuer le Mareschal de Brissac; ses gens menans vn si grand nombre de prisonniers, que le nombre excedoit le leur de plus de la moitié, outre la despouille & le butin qu'ils y firent, de cheuaux, d'armes, de chaisnes d'or, de belles fourrures, de grandes targues & de pennaches dont ils estoient fort parez. Et pource que Biron auoit le plus contribué à la victoire, & qui ce iour là, à ce que dit Villars, *auoit fait Office de fort aduisé Capitaine, & de vaillant & resolu gend'arme*, il choisit entre toutes ces choses, deux tres-riches habillemens de teste couuerts de lames d'or & d'argent, deux targes de mesme, & six lances dorées tres-belles qu'il donna à son General, qui pour rendre recommandable la generosité de Biron, & faire valoir son merite à la Cour par ce glorieux trophée, enuoya par vn Courier exprés tout ce beau present au Roy qui le receut auec beaucoup de satisfaction & de ioye: la seconde occasion où il donna des preuues de sa valeur, fut à la retraitte que le Marquis de Pescaire fit deuant l'armée, lors que le Mareschal de Brissac essaya, mais inutilement, de l'attirer à vn combat general: car commandant vne partie de la caualerie il chargea les ennemis en queuë, en tua plusieurs, & en ramena de prisonniers, continuant en suite à bien faire durant tout le temps qu'il demeura en Piedmont; d'où estant de retour les Roys Henry II. François II. & Charles IX. le considererent beaucoup, & luy donnerent plusieurs glorieux & importans emplois. A la celebre bataille de Moncontour, Biron commandoit l'auant-garde de l'armée du Roy, & y combattit auec tant de iugement & de courage, que le Duc d'Anjou luy donna tout l'honneur de la victoire; le iour d'auparauant Biron ayant rencontré inopinément les ennemis à S. Cere & chargé Mouy, qui faisoit la retraitte auec trois cens cheuaux, & deux cens arquebusiers, luy tua cinquante gens-d'armes, & presque tous les pietons, & estonna tellement l'armée des Princes, que chacun commençoit à branller & à se mettre à vau-de-route: il perdit à la bataille vn de ses freres comme il combattoit vaillamment à ses costez. Cette victoire sur les Protestans, attira plusieurs places dans l'obeissance, Biron y agissant tousiours auec beaucoup de prudence & de courage, mais sur tout au siege de S. Iean d'Angely, où il commença d'exercer la charge de grand Maistre de l'artillerie, & où le Roy & la Reyne mere furent tesmoins de sa vertu; qui en suite l'employerent à traitter la paix, & l'enuoyerent au Roy de Nauarre pour luy proposer le mariage de Madame Marguerite de France, à quoy il reussit, & sceut aussi si bien manier l'esprit des Princes de Condé & de l'Admiral, qu'il les persuada d'accorder à leurs Majestez tout ce qu'on souhaitta d'eux; mais la cruelle iournée de Saint Barthelemy ayant plongé le Royaume dans vne plus horrible combustion qu'auparauant, le Roy se seruit de Biron à reduire à son obeïssance plusieurs places, & luy ayant donné le Gouuernement de la Rochelle, il luy ordonna de s'y en aller, auec commandement aux habitans de le receuoir; ce que n'ayans voulu faire que sous des conditions iniustes, il les fit sommer en vertu de son pouuoir; & comme ils refuserent d'obeir, il leur declara la guerre, & commença ce memorable siege, où le Duc d'Anjou vint quelque temps apres commander en personne, se deschargeant toutesfois sur la suffisance de Biron de tout le fardeau de la guerre, qui nonobstant l'admirable resistance des ennemis, eut eu enfin vn succez heureux, si les Ambassadeurs de Pologne ne fussent venus querir ce braue Prince iusques dans son camp pour luy offrir le Sceptre de leur Royaume, & l'esleuer sur leur trosne; Et si le Roy n'eut donné la paix à ses sujets, dans laquelle les Rochelois furent compris, laquelle pourtant ne dura pas long-temps. L'année 1575. Biron se trouua auec le Duc de Guise à la defaite de Thoré qui menoit de la part du Prince de Condé quinze cens Reistres, & six cens arquebusiers François au Duc d'Alançon qui auoit depuis peu pris le party des Protestans: l'an 1577. il remporta vne celebre victoire proche de Ville-neufue d'Agenois, & rendit dans les années suiuantes de si importans seruices à l'Estat par sa bonne conduite & experiences aux grandes affaires, & par sa valeur, que le Roy Henry III. l'honora du Colier de son Ordre, de la dignité de Mareschal de France, & de la Charge de Lieutenant de sa Majesté en Guyenne, & luy donna la conduite de l'armée de Xaintonge où il prit plusieurs places: & comme il assiegeoit Marans, le Roy de Nauarre le vint attaquer auec de rent vne telle apprehension du violent orage dont cette nuée les menaçoit, que perdans le cœur & l'esperance de pouuoir gagner la bataille, ils se mirent à vau-de-route, & furent renuersez & vaincus entierement. En sorte que le Roy connoissant & admirant le seruice tres-signalé que le Mareschal de Biron luy auoit rendu en cette occasion, qui estoit la crise du bonheur ou du malheur de sa Majesté, & où se deuoit decider le gain ou la perte de son Royaume, confessa publiquement de sa sacrée bouche, qu'il auoit combatu en soldat, & que Biron auoit tenu la place de sa Majesté, & fait l'office d'vn tres-excellent General d'armée. Sur la fin de la mesme année ce glorieux Mareschal ramena sous l'obeïssance du Roy Clermont en Beauuoisis, & cinq ou six autres Villes & plus de vingt Chasteaux ou forteresses occupées par l'ennemy. Et vers le commencement de l'année suiuante il acquit à sa Majesté les Villes de Caudebec, de Harfleur, de Fescamp, & reduisit enfin toute la Normandie, excepté la Ville de Roüen qui fut assiegée au mois de Ianvier de l'année 1592. apres que le secours du Duc de Parme eut esté rendu inutile par la vigilance du Roy & du Mareschal de Biron, qui chaussa les esperons d'vne si bonne sorte à ces Espagnols, qu'ils ne prirent plus enuie de reuenir attaquer les François. A son retour de cette chasse nostre Mareschal ne voulant laisser inutiles ses trouppes, assiegea, battit & prit Espernay en Champagne, qui fut le lieu fatal où il termina ses glorieux trauaux, y ayant esté tué d'vn coup de canon vn peu auparauant sa redition, l'an 1592. âgé de 68. ans. Il laissa successeur de son courage & de sa valeur, Charles de Gontaud son fils aisné qui fut Mareschal, Admiral, Duc & Pair de France, & Gouuerneur de Bourgogne, mais qui ne pouuant donner des bornes à son excessiue ambition, tresbucha du haut de la roüe, & changea ses glorieux lauriers en de funestes & malheureux cyprés.

Les armes de la Maison de Gontaud Biron, sont presque tousiours representées sur vn Escu en banniere, qui est escartelé d'or & de gueules, sans aucune assiette, auec cette deuise, *l'honneur y gist*, laquelle i'ay donnée au braue Marquis de Biron qui ne degenere point de la vertu de ses illustres predecesseurs. plus grandes forces que les siennes, & le contraignit de leuer le siege, & de passer au delà de la riuiere de la Charante: ce qu'il fit auec tant d'ordre & de resolution, que ce braue Roy l'eut tousiours en grande estime depuis ce temps-là. L'an 1588. lors que le peuple de Paris estoit en diuision auec son Prince, Biron se tint tousiours pres de la personne du Roy, & pourueut à tout ce qui estoit necessaire pour sa seureté. Il fit entrer les gardes Suisses & Françoises vn peu auparauant les barricades, ce qui empescha que le torrent de ces desordres n'allast dans l'extreme, & le Roy eut le temps de se retirer pour regarder l'orage de loin, & songer aux remedes auec plus de loisir: En suite dequoy il accompagna tousiours sa Majesté, & luy rendit de tres-fideles seruices iusques à sa mort; apres laquelle il se rangea aupres du Roy Henry le Grand, qui connoissant sa haute vertu, le receut auec ioye, & le considera tousiours comme vn des plus grands Capitaines de son Royaume, & luy donna les plus glorieux emplois de ses armées: l'an 1589. il eut vn des principaux commandemens lors que le Roy attaqua le Duc de Mayenne à Arques, & l'histoire nous apprend que l'armée de la ligue se trouua chargée par trois endroits tout à vn coup. Au Moulin, par le Roy: à Martinglise, par le Mareschal de Biron: & au Pollet, par Chastillon: en sorte que la valeur des vns & des autres obtint vne memorable victoire à sa Majesté, & deslors tous les François commencerent à ployer sous le joug de l'obeïssance legitime, & à se destacher petit à petit de la rebellion. Au mois d'Octobre de la mesme année le Mareschal de Biron eut encore vn des principaux commandemens dans l'armée du Roy au siege de Paris: Et au mois de Mars de l'année suiuante, il fit connoistre à la bataille d'Yvry la connoissance parfaite qu'il s'estoit acquise au mestier de la guerre; car commandant vn des principaux esquadrons de l'armée du Roy, soustenu par de tres-bonne infanterie, il demeura ferme & immobile, en regardant la mélée d'vn courage intrepide sans se bouger, quoy que le Roy & tous les autres chefs fussent aux mains bien auát auec les ennemis, contribuant de la sorte plus puissamment au triomphe de la victoire, que tous ceux qui auoient fait vn plus dangereux effort; car les plus sages chefs des ennemis voyans en cette posture ce genereux vieillard, duquel ils cónoissoient la vertu, eu-

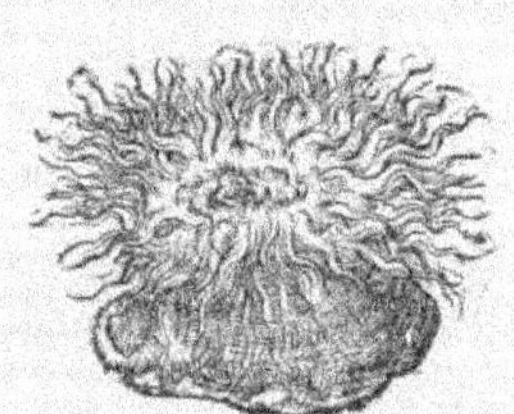

FRANCISCVS DE LESDIGVIERES
Sub Hen. 4
Omnia virtuti, vix quicquam natalibus debuit. Natura probâ, animo quam ingenio melior, procul ab Aula egregiis factis inclaruit.
COMES STABVLI
et Lud. 13
longam vitam secundâ fortunâ emensus est; si alterum hymenæum exciperes, fœlix, cui nec vera Religio ad extremum defuit.
Contigit huic tandem merces preclara laborum
Militiæ à grato Principe summus Honos.
Cum Privil.
La Battaille de Pont Chara

ABREGE' DE LA VIE ET DES ACTIONS HEROIQVES DE FRANCOIS DE BONNE, DVC DE LESDIGVIERES, PAIR, ET CONNESTABLE DE FRANCE, VIVANT SOVS LES REGNES DE HENRY III. DE HENRY IV. ET DE LOVIS XIII.

CE n'est pas par vne faueur iniustement donnée, que le grand Connestable de Lesdiguieres est monté iusques au plus haut comble de la gloire qui s'acquiert par les combats: son inuincible courage, & sa haute valeur, rendirent la Fortune tributaire de sa vertu, & obligerent nos Roys de l'honorer de leur affection, & de leur estime, & de le faire passer par tous les degrez militaires, pour l'honorer enfin du Baston de Mareschal de France, de la dignité de Duc & Pair, de l'Espée de Connestable, & du Gouuernement de plusieurs Prouinces.

Vn fatal embrasement qui se prit à la maison de son pere, & à tout le Bourg de S. Bonnet en Champsaur, esclaira sa naissance & sa mort, comme le pronostic & la preuue de la splendeur de sa vie: les ieux & les exercices de sa ieunesse furent les images des guerres qu'il acheua auec tant de gloire; & ceux qui considererent bien son humeur bouillante & sa complexion robuste, iugerent bien qu'il ne falloit rien attendre que de merueilleux, d'vne vie dont l'enfance mesme estoit heroïque. Ses parens eurent soin de luy faire apprendre les belles lettres, afin qu'il n'y eut aucune des dispositions naturelles qu'il auoit au bien, qui demeurast inutile: mais comme son inclination estoit portée aux armes, il s'y voüa si heureusemét, que ses premiers essais furent des coups de maistre; & le courage qu'il fit paroistre aux premieres occasions où il fut employé, luy donnerent tant de reputation, que ses chefs le considererent beaucoup, & l'admirerent tout à fait, lors qu'ils virent aussi que sa valeur estoit accompagnée de prudence & de bonne conduite. La mort du vaillant & sage Montbrun fut le premier eschelon qui l'esleua dans le party des Protestans, desquels il fut esleu General, apres auoir tesmoigné en plusieurs memorables occasions sa valeur & sa sagesse, à la surprise de Gap, au siege de Serres, & à la defaite du secours qui y vouloit entrer, & des troupes de Vif: au secours qu'il conduisit à Liuron trauersant le camp Royal sans estre reconnu, iusques au signal qu'il fit aux assiegez; ce qui obligea l'armée Catholique de leuer le siege: aux combats qu'il fit auec tant d'auantage contre Gordes dans des passages scabreux & difficiles des montagnes du haut Dauphiné. Et à la prise d'Ambel & de Corp. Exploits considerables, & qui luy acquirent tant d'estime, que le Mareschal d'Amville, qui protegeoit en ce temps là les Protestans, l'honora de son amitié & de son estime, & confirma l'election qu'on auoit fait de sa personne. Le Prince de Condé estant venu en Dauphiné à son retour d'Allemagne, en fit de mesme, & commanda à quelques Seigneurs qui ne luy vouloient pas obeïr, de le reconnoistre comme leur General. En mesme temps le Roy de Nauarre, qui auoit esté informé par le sieur de Vulson, des difficultez qui se presentoient à cette élection, confirma son pouuoir à Lesdiguieres, & l'authorisa par ses prouisions: En vertu desquelles il mit à la raison ses concurrens, & les fit ployer sous ses commandements: & dessors il releua les courages abbatus depuis la prise & la mort de Montbrun, & fit plusieurs exploits memorables: Et comme le serpent de la ligue voulut ietter son venin en Dauphiné, il y trouua cet Alcide qui le combattit auec tant de vertu, qu'il le mit aux abois à la celebre defaite d'Allemagne, où par vne signalée victoire, il ne parut pas moins fatal aux superbes, que fauorable aux oppressez. La Ville de Grenoble admira sa moderation, & benit le iour que ce genereux Capitaine la soûmit à son pouuoir, & reconnut que la resistance qu'elle luy auoit faite, n'auoit esté que le retardement de sa felicité; il fut son pere aussi-tost que son vainqueur, toutes le prosperitez de la paix y entrerent auec luy: il l'honora de son seiour ordinaire, & par les monumens publics dont il l'enrichit, il la combla des mesmes faueurs, que la vieille Rome receut de la magnificence d'Auguste. Il auoit pris auparauant, le Montelimar, & quelques places aux Baronnies, le Chasteau de Champs, celuy du Monestier, & le fort du pont de Coignet, dont il fit Gouuerneur le Capitaine la Colombiere, qui y fut tué malheureusement, auec tous les siens, vne demy heure apres auoir pris vn fort aux ennemis qui incommodoit celuy de Coignet. Guilestre & Queiras furent aussi conquis, & la Citadelle de Puymore bastie en despit des Gapensois & de quelques autres troupes qui y furent defaites: le Chasteau Dauphin fut aussi pris par Lesdiguieres, & les Villes de Crest, de Talard, & de Moirans, se rendirent apres quelques combats: & plusieurs autres places du Dauphiné & de la Prouence, où il alla pour secourir le party Royal; d'où estant de retour il gaigna la bataille de Poncharra sur le Duc de Sauoye, qui estoit assisté des troupes d'Espagne, ausquelles il fit voir que la France auoit aussi *son grand Capitaine*, ce fut là où il tua auec tant d'adresse & de valeur vn Seigneur Espagnol qui estoit venu la lance au poing, deffier le plus vaillant de son armée; ce qui fut vn asseuré presage de la sanglante defaite qu'il fit de l'armée ennemie qui laissa plus de cinq mille morts, & enuiron mille prisonniers de marque, auec trente-deux drapeaux gagnez, vn guidon, & quelques cornettes qu'on enuoya au Roy. Apres cela il repassa en Prouence & dans les Estats du Duc de Sauoye, les trouppes duquel il deffit à Vinon, prit Barcelonne, assiegea & emporta Cahours, auec l'estonnement des ennemis, qui furent esmerueillez de voir la batterie dressée sur le haut d'vn rocher où à peine pouuoit-on faire aller des hommes; le Duc de Sauoye confessant qu'il n'y auoit rien d'impossible à la vertu de Lesdiguieres; ce qu'il confirma encore glorieusement à Salebertran par la memorable defaite des trouppes Espagnolles, Napolitaines & Milanoises qui composoient l'armée du Duc de Sauoye, qui fut encore battu à Gresillane. La reprise du fort d'Exilles où Lesdiguieres n'eut pas moins à combattre la rigueur de la saison, que la puissance de ses ennemis, fit voir clairement, que si la fortune auoit laissé tomber cette place entre les mains du Duc de Sauoye, il la forçoit auec plus de valeur à la luy rendre, car il repoussa auec beaucoup de gloire les violentes attaques que son Altesse fit pour tâcher de secourir cette forte place qui se rendit apres vn mois de siege. Apres cet exploit, Lesdiguieres & le Duc de Sauoye campez souuent l'vn pres de l'autre, se saluerent par plusieurs escarmouches: & enfin vne courte tréve ou suspension d'armes donna loisir à Lesdiguieres d'aller à Lyon pour y voir le Roy Henry le Grand: il y vint accompagné du braue Cresquy son gendre, & de plus de six vingts Gentils-hommes de Dauphiné: comme il entroit par la porte du Rhône, il rencontra inopinément dans la place de Bellecourt, le Roy qui couroit la bague, & qui l'apperceuant de loin, & le connoissant fort bien, quoy qu'il y eut quinze ans qu'il ne l'eut veu, picqua droit à luy accompagné de plusieurs Princes & Seigneurs, auec vn visage plein de ioye, & la lance baissée: *Ha vieil Huguenot*, luy dit-il de bonne grace, *vous en mourrez*, Lesdiguieres ayant aussi-tost mis pied à terre pour luy faire la reuerence: *Vous soyez le tres bien venu*, reprit le Roy, *vous estes celuy de tous mes seruiteurs que i'auois le plus enuie de voir*. Là dessus il luy commanda de remonter à cheual, & le mesme iour luy fit mille caresses, accompagnées de plusieurs promesses de recompenser dignement ses glorieux & profitables seruices. Peu de temps apres Lesdiguieres vint en Prouence pour ayder au Duc de Guise d'entrer en possession de son Gouuernement, à quoy il reussit auec beaucoup de satisfaction de la part de ce Prince & de gloire pour luy: cependant le Roy obligea Lesdiguieres à venir à la Cour, où il le receut auec grande ioye, desirant de se seruir de luy pour la guerre que sa Majesté estoit resolue de faire au Duc de Sauoye; & en effet il luy donna la qualité de Lieutenant general de ses armées, en Piedmont, en Sauoye, & en Dauphiné, de laquelle Charge il s'acquitta tres-auantageusement pour son Prince, & pour l'augmentation de sa gloire; il leua à ses despens toutes les troupes qu'il iugea luy estre necessaires à cette guerre, & la Sauoye se resouuiendra plusieurs siecles à venir du passage qu'il y fit à trauers les neges & la glace pour empescher celuy de ennemis de la France: & comme il se rendit maistre de ses Villes & de ses forteresses en si peu de temps, que les nouuelles de ses victoires deuancerent celles de son arriuée. La prise du fort de Chamousset qui fut emporté de viue force, & tout ce qui estoit dedans passé au fil de l'espée, fut vne action de la pure vertu de Lesdiguieres, & d'autant plus excellente, qu'elle ne fut point premeditée: le fort de Charbonniere se rendit en suitte apres auoir esté battu en quelques iours: & celuy de Leuille en fit de mesme. Cependant le Duc de Sauoye ayant receu vn renfort de deux mille Suisses, & d'autant d'Espagnols & de Napolitains, creut de pouuoir hardiment affronter le camp de Lesdiguieres, qui de son costé ne demandant qu'à venir aux mains, se disposa à luy aller au deuant; les armées se rencontrerent pres d'vn village nommé les Molettes toutes deux rangées en bataille: Le premier iour il n'y eut que des escaramouches où les François eurent tousiours l'auantage; mais le combat fut grand & glorieux pour Lesdiguieres qui mit à vau-de-route toute l'armée du Duc, & luy tua pres de douze cens hommes. Et comme son Altesse eut fait construire auec beaucoup de peine & de despence le fort de Barraux pour seruir de bouleuard à Chambery, & incommoder la vallée de Grisiuaudin, nostre sage & vaillant General le prit par escalade, & par vne merueille, digne de sa valeur, fit d'vne nuit obscure vn des plus beaux iours de sa vie. Le fort de S. Barthelemy fut aussi adiousté aux trophées de nostre conquerant, dont la vertu heroïque fut recompensée par le Roy de la charge de Lieutenant general en Dauphiné: Ensuite dequoy il fit son entrée guerriere & magnifique à Grenoble. Sur ces entrefaites la paix de Veruins ayant esté faite l'an 1599. le Duc de Sauoye s'y trouua compris, ce qui fascha le vaillant Lesdiguieres de voir que ses conquestes se terminoient à mesure qu'il estoit sur le poinct de les acheuer. Le Duc de Sauoye & Lesdiguieres allerent à la Cour en mesme temps: mais le Roy voyant le refus que ce Prince faisoit de rendre le Marquisat de Saluces, il resolut de luy faire la guerre. Lesdiguieres rauy de trouuer l'occasion de faire voir au Roy des preuues de sa vertu, prit en peu de temps le fameux fort de Montmelian, & plusieurs autres places: Sa Majesté acheuant le reste de la conqueste de Sauoye. L'an 1609. le Roy estant reuenu en France, recompensa les penibles trauaux du Seigneur de Lesdiguieres de l'Office de Mareschal de France, dont il luy donna le Baston à Fontainebleau: Vne année apres comme nostre nouueau Mareschal estoit en Dauphiné, il receut les deplorables nouuelles de la mort du Roy; la Reyne Mere & Regente du Roy Louis XIII. luy enuoya le breuet de Duc & Pair de France, en reconnoissance dequoy il rendit plusieurs bons seruices à leurs Majestez en diuers endroits, & notamment par le soin qu'il prit de contenir dans l'obeissance ceux de la Religion durant la Regence: l'an 1612. il vint à la Cour à la celebration des mariages de France & d'Espagne. Il fut vn des quatre Iuges de cet admirable Carosel de la place Royale. Enfin les affaires du Montferrat l'appellant en Dauphiné, & puis en Italie, par le secours qu'il y mena à ses despens, il eut la gloire de voir changer le desadueu de la Cour en des remerciemens. Il prit par force Felissan & plusieurs autres places, & puis reuint encore à la Cour, & accompagna le Roy à la guerre qu'il fit aux Protestans rebelles: mais quelques mouuemens estans arriuez en Dauphiné, il y fut enuoyé pour les appaiser: Il reduisit plusieurs places sur le Rhône dans l'obeissance du Roy, & ensuite ayant abjuré la Religion Protestante, il fut fait Connestable de France & Cheualier des Ordres du Roy: & estant encore allé à la Cour où sa presence & ses conseils estoient tousiours necessaires, il fut fait Gouuerneur & Lieutenant general en Picardie, d'où estant derechef rapelé il passa pour la derniere fois en Italie contre les Genois, ausquels il prit Ostage, & la Ville & Chasteau de Gauy, & puis se signala à la memorable retraitte de Bestaigne: Et enfin l'orgueil d'Espagne fut abbatu par la seule force de sa presence, & il couronna ses exploits à Verruë, & ce fameux rocher sembla moins glorieux par l'auantage de sa propre force, que par la gloire d'auoir fait le comble des immortelles actions de ce grand & dernier Connestable: qui estant reuenu en Dauphiné où sa presence estoit necessaire pour reprimer l'audace de quelques rebelles, il reduisit Soyans, le Pousin & Meüoillon, qui estoient les dernieres places que les Protestans tenoient en Dauphiné; tellement qu'on peut dire qu'ayant commencé sa fortune auec la leur, il perdit aussi la vie, lors qu'ils furent reduits aux derniers abois: Il mourut à Valance en Dauphiné d'vne fievre violête l'an 1626. âgé de 85 ans. Son corps fut porté au Chasteau de Lesdiguieres, & reposé dans son riche tombeau, sur lequel il est tres bien representé en marbre blanc, auec toutes ses batailles. Son cœur fut enterré à Grenoble; & l'on y fit ses obseques auec les mesmes pompes & magnificences qu'on a accoustumé de pratiquer aux obseques des Princes Souuerains. Voicy deux vers latins que i'ay desia inserez dans mon liure de la Science Heroïque, & dans mon Veritable Theatre d'honneur & de Cheualerie, lesquels furent posez sur son tombeau.

Franciscus Bonnus iacet hic, quem magna fatemur
Facta fuisse Deum, fata fuisse virum.

Les armes de ce grand & admirable Connestable furent, de gueules au lyon d'or, au chef cousu d'azur chargé de trois roses d'argent, l'escu orné de sa Couronne & du manteau Ducal, & des deux mains dextres tenant l'espée de Connestable.

Le rencontre des lettres anagramatiques de son Nom fit voir le zele de son cœur pour sa patrie: *François de Bonne, Né bon François.*

HENRICVS MAGNVS
IIII^{tus} REX GALLORVM
Galliam ab hispanis et perduellibus
Vsurpatam Galliæ sibique
Dextra et Ferro restituit Phœnix
Exquisite Ingenium Virtutum
Odoribus Immortuus.
Et e Cineribus dato Successore
Redivivus. Vnus omnium admiranda
Inchoare potuit, Vnum Inchoata qui
Consilmaret Reliquit
Hispany Terror dum Vixit Amorque Suorum
Gallia cuius Adhuc Tristia Fata Dolet
la Reddition de Paris

ABREGE' DE LA VIE ET DES ACTIONS HEROIQVES DV ROY HENRY IV. SVRNOMME' LE GRAND.

LA vie toute pleine de merueilles du grand & victorieux Henry, aſſiſté d'vne faueur ſpeciale du Ciel, a eſté vn cours perpetuel de glorieux triomphes; ayant conquis le Royaume des Fleurs de Lys, autant par la vertu de ſon bras inuincible, que par les droicts d'vne legitime ſucceſſion, ſa generoſité, ſa clemence, & vn nombre infiny de belles actions de Iuſtice, de paix & de prudence, ayans ſeruy de ciment pour vnir les cœurs de ſes ſujets, & de ſacrez inſtrumens pour reſtablir cette Monarchie dans ſa premiere ſplendeur : Cét admirable Prince ayant encore planté en vn ſi haut poinct la reputation de ſon courage & de ſa vaillance dans l'eſprit de ſes ennemis, & ſa bien-veillance & ſon reſpect dans celuy des autres Princes ſes alliez, que ceux-là n'oſoient plus regarder les frontieres qu'auec beaucoup d'effroy, & ceux-cy ne ceſſoient de le cherir & de l'honorer.

Le Chaſteau de Pau, Ville capitale de ſa Principauté ſouueraine de Bearn, eut le bon heur de le voir naiſtre l'an 1553. le 13. de Decembre. Le Roy Henry de Nauarre ſon ayeul maternel le fit eſleuer aſſez auſterement, pour l'accouſtumer de bonne heure aux penibles exercices, comme ſi il eut eu le don de preuoir que la vie de ce Prince ſeroit agitée de pluſieurs trauaux, & trauerſée de mille incommoditez pleines de peril: mais il en tira cét aduantage, qu'il en deuint plus robuſte, plus patient, & plus moderé en toutes choſes, & il trouua parmy ces eſpines vne agreable moiſſon de fleurs & de roſes dont il couronna ſa vertu heroïque auec tant de gloire, qu'il s'acquit le ſurnom Auguſte de Grand Conquerant, & de Pere de ſon Peuple.

Il n'auoit que 9. ans lors que le Roy Antoine de Nauarre ſon Pere fut tué au ſiege de Roüen, au commencement des funeſtes guerres ciuiles qui faillirent à perdre la Monarchie. A l'âge de 15. ans il commença à porter les armes & à ſe declarer chef d'vn party ſi miſerable, qu'il eut peine à le releuer : Et deux ou trois ans apres, la Couronne de Nauarre luy eſtant eſcheuë par la mort de la Reyne Ieanne ſa mere, il ſe trouua enueloppé de pluſieurs dangereuſes difficultez, par la perte ou la proſcription de ſes plus fideles amis & ſeruiteurs, ce qui l'obligea de ſe retirer en Guyenne, & de quitter [la] Cour de France où ſa liberté eſtoit gehnée & contrainte. Il fut accueilly par les Proteſtans auec des ioyes indicibles, & tout incontinent apres ſon arriuée, il fut declaré & reconnu Generaliſſime de tout le Royaume: Le premier exploit qu'il fit en cette qualité, fut la priſe de Cahors apres vn combat opiniaſtré de cinq iours, auquel il aſſiſta en perſonne, & y rendit des preuues d'vn courage inuincible. Et comme les pratiques de la Cour, & les funeſtes commencemens de la Ligue, luy eurent mis en teſte pluſieurs puiſſans ennemis, il reſolut de leur oppoſer vne ſi vigoureuſe defence, & il fut ſecondé par de ſi vaillans Chefs dans toutes les Prouinces de France, que les pratiques & les forces de ceux qui le voulurent attaquer furent rendus inutiles, & il ſe trouua preſque touſiours victorieux, ſe roidiſſant contre les difficultez, & triomphant des aſſauts de la fortune. Il vainquit en bataille rangée le Duc de Ioyeſe à Coutras, & vſa d'vne tres-grande moderation dans ſa victoire, ſignalée par la mort du Duc, General de l'armée Royale. Et quelque temps apres le Roy Henry III. eſtant perſecuté par les chefs de la Ligue, qui par la ruine de ce pauure Prince, croyoient mettre la Couronne ſur leur teſte, à l'excluſion & au preiudice du Roy de Nauarre qui en eſtoit le veritable & droit ſucceſſeur, appella à ſon ſecours noſtre grand Henry, qui franchiſſant toute ſorte d'ombrages & de meſiances, vint incontinent ioindre ſes forces à celles du Roy ſon beau-frere. Sa preſence & ſon nom aſſeurerent les courages, & ſa hardieſſe alloit rendre facile la conqueſte de Paris, lors que l'execrable parricide commis à S. Cloud, en la perſonne ſacrée du meſme Henry III. l'an 1589. le rendit poſſeſſeur de la Couronne, de laquelle vn moment auparauant il n'eſtoit que Protecteur. Il fut reconnu Roy legitime par les Princes du ſang, & par vn nombre infiny des plus grands du Royaume, & en cette qualité voulant maintenir vn ſi bel heritage, auec la liberté de ſes peuples, il ſe reſolut à faire vne forte guerre à ceux qui ne voudroient pas ployer le ioug ſous ſa legitime domination. Et encore que l'Eſpagne, l'Italie, la Sauoye, la Lorraine & les Pays-bas, luy oppoſaſſent leurs armées, & qu'ils donnaſſent de tres-puiſſans ſecours à ſes ennemis, ſon courage intrepide & veritablement Royal, ſe porta auec plus d'enuie & de reſolution à les attaquer, ſçachant que ſes trophées & ſes triomphes en ſeroient plus auguſtes & plus eſclatans. Il gagna la memorable bataille d'Arques, & contraignit ſes ennemis de leuer le ſiege de Dieppe apres pluſieurs furieux combats, où ſon bras victorieux fut ſouuent empourpré du ſang de ſes rebelles ſujets, qu'vn voile de Religion faiſoit ſuiure contre leur conſcience, des Princes qui vouloient vſurper ſon Sceptre, & eſcheller le Throſne qui luy eſtoit deub. Les Pariſiens le croyans vaincu, ou du moins forcé de paſſer en Angleterre, s'eſtonnerent de voir leurs fauxbourgs gagnez en moins d'vne heure par ſa Majeſté, & plus de huit cent des plus mutins tuez, pour expier en quelque ſorte par leur ſang l'aſſaſſinat horrible commis en la perſonne ſacrée de ſon predeceſſeur. Ces genereux & bien-heureux exploits furent ſuiuis de la priſe des Villes d'Eſtampes, de Vendoſme, du Mans, d'Alançon, de Damfront, de Falaiſe, de Liſieux, de Vernueil, de Ponteau de Mer, & meſme de pluſieurs Prouinces toutes entieres. Et comme l'armée ennemie fortifiée par quelques eſtrangers eut aſſiegé Meulan, ſa Majeſté luy fit leuer le ſiege, & luy donna vne ſanglante chaſſe. Et quelque temps apres ſes ennemis croyans de reparer leur honte, augmenterent encore les palmes de noſtre Conquerant, & luy preparerent de nouueaux triomphes à la bataille d'Yvry, où ſa Majeſté eut vne victoire entiere, & par la mort de plus de dix mille des ennemis, ſon bras & ſon eſpée raffermirent ſa Couronne, ayant en meſme iour remporté vne autre celebre victoire en Auuergne, ſous la conduite d'vn de ſes Lieutenans. Les Villes de Mantes, de Vernon & de Meulan, vinrent auſſi-toſt rendre hommage, & receuoir la loy de leur victorieux Monarque; Chartres, Noyon, Avranches, & pluſieurs autres places en diuerſes Prouinces, ſe remirent auſſi ſous la domination legitime. Le Duc de Parme qui eſtoit venu pour ſecourir Paris & Roüen, fut attaqué & chaſſé bien viſte hors des limites du Royaume, où il trouua plus de valeur, & de fidelité que l'on ne luy auoit fait conceuoir. Enfin ſa Majeſté eſtant perſuadé de changer de Religion, pour oſter toute ſorte de pretexte & de plainte aux Catholiques qui ne te-

V

noient pas son party, & qui ne luy vouloient point obeïr, s'il demeuroit dans la Religion Protestante, resolut de la quitter & d'embrasser celle des Roys ses predecesseurs, ce qu'il fit solemnellement à S. Denis; comme s'il eut voulu auoir pour tesmoins d'vne action si pieuse, les cendres & les tombeaux de ses ancestres. En suite dequoy il se fit sacrer à Chartres dans l'Eglise de Nostre-Dame par Nicolas de Thou, Euesque du lieu, & en mesme temps il prit les Ordres de S. Michel & du S. Esprit. La Ville de Rheims se priua de cét honneur pour n'auoir pas encore flechy sous les loix de son Souuerain, comme elle fit bien-tost apres par l'exemple & les persuasions du Duc de Guise qui se rangea aussi dans le deuoir. Apres quoy les Parisiens secoüerent le ioug estranger, changeans leurs ruines passées en feux de ioyes & resioüissances publiques à l'arriuée de ce grand Prince qui fit vne magnifique entrée dans cette Reyne des Citez: Roüen, Amiens, Troyes, Poitiers, & presque tout le reste du Royaume, suiuit l'exemple de Paris: mais Laon n'ayant pas voulu ployer fut attaquée & forcée par sa Majesté, malgré les vains efforts des troupes Espagnoles, qui estans venües pour son secours furent taillées en pieces. Apres quoy la Bourgogne seruit de glorieux theatre, où sa Majesté vint encore faire paroistre sa valeur & sa bonne fortune, lors qu'il abbatit l'orgueil de ses ennemis dans la plaine de Fontaine Françoise, ayant auec cent cinquante cheuaux qu'il destacha de son armée soustenu genereusement l'effort de celle du Connestable de Castille, composée de dix-huit mille combatans; sa Majesté renuersant comme vn vray foudre de guerre, tous ceux qui furent si hardis de l'attendre. Toutes ces glorieuses actions furent suiuies de la submission du Duc de Mayenne, chef du party contraire, comme aussi de celle des Villes de Dijon, de Toulouse, de Narbonne, de Marseille, & de Soissons. La Fére qui voulut tenir bon, fut emportée apres vn siege de quelques mois: Et Amiens ayant esté surpris par l'Espagnol, le Roy le reprit glorieusement à la veuë d'vne tres puissante armée qui entreprit vainement de faire leuer le siege. La Bretagne d'autre costé reconnut ce Roy victorieux, & le Duc de Mercœur s'estima heureux d'obtenir le pardon de ce grand Prince. Enfin la paix estant concluë auec Philippes II. Roy d'Espagne par le traitté de Veruins, Calais, Ardres, le Catelet, Monthulin, & Blauet, furent restituez, & cela fit voir que ce genereux Monarque n'auoit pris les armes que pour recouurer le sien, & que l'interest & la gloire de la Couronne, auec la protection de ses peuples, auoit tousiours esté le seul but de ses iustes armes. Et afin que les Protestans ne troublassent point cette douce paix, il fit l'Edit de Nantes pour les contenter. Toutes choses estans doncques pacifiées au dedans, il attaqua le Duc de Sauoye pour la restitution du Marquisat de Saluces, qui auoit esté rauy au Roy son predecesseur. La conqueste de toute la Sauoye par sa Majesté en personne, & par le Seigneur de Lesdiguieres, & notamment du fort de Monsmelian, reputé iusques-là imprenable, contraignirent le Duc de Sauoye de se mettre à la raison; & l'eschange qui fut fait dudit Marquisat auec les Comtez de Baugey, de Bresse, de Veromey & de Gex, pacifierent ce different par vn traitté de paix conclud à Lyon. Ce qui commença de faire changer à sa Majesté les Couronnes de lauriers dont sa vertu auoit esté si souuent recompensée, en des guirlandes d'oliuier, symboles de la paix qu'il donna à toute l'Europe, dont sa valeur l'auoit rendu le glorieux arbitre. Durant ces tranquilitez & resioüissances vniuerselles, il termina plusieurs grands differens entre ses Alliez, & secourut les Princes de la Maison de Cleues & de Iuliers, ayant donné de la terreur à leurs ennemis par le moyen de deux grandes armées qu'il auoit mis sur pied pour vn merueilleux dessein dont le succez l'auroit rendu le maistre absolu du globe de l'Europe. Mais helas! auparauant que de s'acheminer sur la frontiere de Champagne, pour de là passer plus outre, il desira de voir la solemnité du magnifique couronnement de la Reyne Mere de Medicis son Espouse, qui se fit à S. Denis, & resolut de la laisser en son absence Regente de ses Estats: mais pendant les preparatifs de la magnifique entrée qu'il voulut qu'on luy fit dans la Ville de Paris, ces ioyes publiques furent par vn funeste & deplorable accident, conuerties en vn moment en deüil & desolation extréme & vniuerselle le 14. de May l'an 1610. car vn monstre & demon infernal ayant pris la forme humaine, porta ses impitoyables & parricides mains sur ce grand Hercule, luy fit perdre la vie au milieu des plus solemnelles prosperitez de la paix, vie qu'il auoit conseruée dans les plus sanglantes & mortelles meslées. Il fut pleuré & regretté par ses suiets & par tous les Potentats du monde, autant que Prince qui ait iamais vescu; & ses excellentes vertus, iointes à vn courage & vne valeur sans exemple, luy acquirent les Eloges & les Titres glorieux *de Grand, d'Inuincible, d'Incomparable, de Clement, de Magnanime, de Protecteur de la paix, de Restaurateur & Conseruateur de l'Estat, d'Ornement de l'Eglise, & d'Arbitre des Princes Chrestiens.* Il estoit de stature mediocre, d'vn visage & abord venerable & auguste, ayant le nez aquilin, les yeux vifs, le teint vermeil, le front large, le poil brun, qui commença de grisonner sur l'an 35. de son âge, ayant accoustumé de dire, que c'estoit le vent & l'orage de ses aduersitez qui auoient donné sur sa barbe & sur sa cheuelure: Au reste ce grand Monarque n'ayant fait la guerre que pour procurer vne paix durable à ses suiets, & les combler de felicitez, remit la Iustice & la pieté en leur siege, rendit la force aux Loix, l'authorité aux Magistrats, defendit les duels par plusieurs seueres Edits, reforma la discipline militaire, poliça ses Villes, & les embellit de plusieurs structures magnifiques, garnit ses ports de mer de Vaisseaux & de Galeres, remplit ses coffres de finances, & ses Arsenaux d'vn si grand nombre de canons & d'autres armes & instrumens de guerre, qu'il estoit bien facile à voir, que ses desseins eussent enfanté de belles victoires. Il fit rebastir ses Chasteaux & Palais du Louure & des Tuilleries à Paris, ceux de Fontainebleau, de S. Germain en Laye, de Blois de Verneüil & de Monceaux: & au lieu qu'ils estoient auparauant tous ruinez, il les fit restaurer & embellir de iardins, de fontaines, de parcs, de statuës, de perspectiues, de grottes, de casquades, & de si excellentes peintures, qu'elles porteront aux siecles à venir les marques de l'excellence de son Regne, & de la gloire de son Nom. Il fit aussi bastir la Place Royale, & acheua le Pont-neuf, & plusieurs autres monumens perdurables. Ce grand & inuincible Monarque porta premierement pour sa deuise, la figure d'vn Hercule, symbole des penibles, & des glorieux trauaux qu'il souffrit, & des monstres de rebellion qu'il dompta, auec ces mots: INVIA VIRTVTI NVLLA EST VIA. Depuis il porta vne espée nuë posée en pal sur deux Sceptres passez en sautoir, auec cette ame, DVO PROTEGIT VNVS, pour donner à entendre, que ses iustes armes n'auoient desormais autre but, que la defense & la protection de ses deux Royaumes.

Sa Couronne exaucée à l'Imperiale couuroit les deux escus de France & de Nauarre, dont chacun sçait les blazons: & les deux Coliers de ses Ordres du S. Esprit & de S. Michel, les enuironnoient.

MARIA MEDICEA
H IIII CONIVX
Corporis et Animi Dotibus totius aeui superās
Heroidas Henrici Magni quondam Vxor, triumque
Potentissimorum Orbis Regum Mater et Socrus
Extitit quâ nec Moderatior In Secundis nec
Constantior In Aduersis.
Inualescentes Procerum Regni motus Rege ad
huc Infante mirabili prudentia Sedauit Vtrique
Narbotantum secus Confulens Parisius Insigne
Nosocomion Orphanorumque Challotij Cœnobium
Extruxit Artium Omnium Protectrix singularis
La France la Reçoit a Marseille
Fulgent Diademate Barbae
La Naissance du Dauphin Louis XIII
Vmbras Luce Recta Fugat
Le Roy la Faict Regente
Son Mariage A Lion
le 17 Decembre 1600
Nitet atque Serenat
Nunquam sub Male Fatiscit
Quanta Grauis splendet Maiestas Cernis in Ore
Hec tantum Henrico Coniuge Digna Fuit

ABREGE' DE LA VIE ET DES ACTIONS GLORIEVSES DE LA REYNE MARIE DE MEDICIS, FEMME DV ROY HENRY LE GRAND.

TOVT ce que ie pourrois dire d'excellent & d'auguste de la Reyne Marie de Medicis, sera tousiours iugé estre beaucoup au dessous de sa grandeur & de sa vertu: Il me suffira de faire voir qu'elle a ioint la dignité & la puissance de la Maison d'Austriche, de laquelle elle estoit descenduë par sa Mere, la prudence & la sagesse de celle de Medicis, qui est son Tige Paternel, au Trosne de la France, qui est le plus esleué de toute la terre; Et qu'elle a esté l'Espouse du grand Hercule François. Ie serois blasmé si i'en parlois auec mediocrité; mais i'apprehende que voulant traitter cette matiere selon la dignité de son sujet, ie ne puisse luy donner tous les ordres, & tous les brillans qui luy sont necessaires. Mais comme l'on ne laisse pas de connoistre la figure du Soleil, encore qu'on ait dessiné auec vn crayon obscur ses plus esclatans rayons, ie me persuade qu'on pourra voir dans cet abregé vne copie ou vne ombre de ce sublime original.

Cette grande Princesse fut fille de François de Medicis grand Duc de Toscane, & de Ieanne Archiduchesse d'Austriche, Reyne née de Hongrie & de Boheme, fille, sœur, tante & niepce d'Empereurs.

Les graces assisterent à sa generation & à sa naissance, les Muses & les Vertus furent ses nourrices, & la Renommée porta le portrait esclatant de sa beauté par tout le monde: Les plus grands Roys le regarderent auec respect & admiration, mais la valeur extraordinaire du grand Henry, fut seule iugée digne d'en pouuoir posseder l'original, le Ciel l'ayant destinée pour adoucir par ses charmes la vie laborieuse de ce grand Conquerant, & perpetuer le bon heur de son Regne, par la suite d'vne longue lignée & d'vne Royale posterité.

Le Traitté de son mariage auec le Roy, fut fait à Florence au Palais de Piti le 25. d'Avril 1600. Le grand Duc Ferdinand premier oncle de la Reyne, ayant constitué en dot & faueur de mariage, à cause de la Royale grandeur & de la dignité de la Maison Tres-Chrestienne, où elle estoit receuë, la somme de six cens mille escus d'or pour tous droits successifs, auec plusieurs ioyaux & meubles tres-riches & tres-somptueux. Le doüaire fut assigné & constitué par le Roy de deux cens mille escus de rente. Et encore qu'au mois d'Octobre ensuiuant le mariage eut esté parfait & ratifié par procuration enuoyée par le Roy, au mesme grand Duc Ferdinand; Et que le Cardinal Aldobrandin neveu du Pape Clement VIII. en eut receu les paroles & les promesses à Florence, & qu'il ne fut necessaire d'y adiouster autre solemnité: pourtant le Roy voulut que les François eussent part à cette publique resioüissance, & que ce Cardinal, Legat en France pendant la guerre de Sauoye, en receut derechef la confirmation, tellement que les autres ceremonies furent faites dans Lyon le 27. de Decembre.

L'arriuée de cette grande Reyne en France fut accompagnée de tres-heureux presages, le Ciel s'esclaircit, la mer se calma, & le Roy donna la paix à ses voisins, comme il l'auoit desia affermie dans son Royaume; le globe de l'Europe qui auoit esté diuisé par tant de funestes guerres, fut reüny, & la Iustice, l'Amour, le Commerce, & l'Abondance qui estoient abbatuës aux pieds de Belonne, furent restablies par toute la Chrestienté. Les resioüissances, les ieux, les triomphes & les feux de ioye furent publics & vniuersels, & les Princes estrangers en tesmoignerent leur ioye par de celebres Ambassades qu'ils enuoyerent à leurs Majestez pour les feliciter. Dix années de paix, de concorde & de delices, suiuirent ce Royal mariage, & la Reyne fut mere feconde de six enfans. Cependant le Roy ayant conceu de grands desseins, auoit fait de merueilleux preparatifs pour les faire reüssir à sa gloire, & toute l'Europe trembloit desia aux menaces de ce Mars, lors que les fatales destinées changerent l'esperance des lauriers de triomphe, en de funestes & lamentables cyprés. Car le Roy ayant voulu assister au Sacre & Couronnement de la Reyne auparauant que de s'en aller endosser le harnois, & desirant de luy laisser la Regence de son Royaume en son absence, hasta le plus qu'il pût l'accomplissement de ces ceremonies & magnificences, qui enfin furent celebrées à S. Denis le Ieudy 13. iour de May de l'année 1610. auec les plus augustes pompes qu'on eut iamais pratiqué en telles occasions. La Reyne fut conduite à l'Eglise sur les deux heures auec cette magnificence. Monseigneur le Dauphin, Monsieur le Duc d'Anjou tenant la place de Monsieur le Duc d'Orleans qui estoit malade, assistez & aydez des sieurs de Souuray & de Bethunes leurs Gouuerneurs, porterent les pans du Manteau de la Reyne. Les Cardinaux de Gondy & de Sourdis la conduisirent. Monsieur le Prince de Conty porta la Couronne, le Duc de Vendosme le Sceptre, le Cheualier de Vendosme la Main de Iustice, Madame & la Reyne Marguerite suiuirent la Reyne, & Madame la Princesse de Condé, Madame la Princesse de Conty, Madame la Duchesse de Montpensier, porterent la queuë du Manteau Royal; & le sieur de Chasteau-vieux, Cheualier d'honneur, ayda à la soustenir par le commandement particulier de sa Majesté. Ainsi la Reyne estant venuë à l'Eglise, toutes choses y furent heureusement acheuées, le Roy ayant veu & pris plaisir à toutes ces admirables ceremonies, en sorte qu'il dit, que iamais il n'auoit trouué la Reyne si belle que ce iour là. Les Roys & Herauts d'armes firent largesse au peuple d'vn grand nombre de pieces d'or & d'argent, sur lesquelles estoit representée d'vn costé l'effigie de la Reyne merueilleusement bien faite, & de l'autre vne grande Couronne, du milieu de laquelle sortoient trois branches, vne de laurier, vne de palme, & vne d'oliuier, auec cette inscription, SECVLI FELICITAS. Toute l'Eglise retentissant de cris & d'acclamations de ioye entremeslées de vœux & de benedictions. Mais helas! comme cette grande Reyne croyoit d'estre au comble de ses felicitez, & qu'elle se preparoit de faire son entrée triomphale à Paris, qui deuoit estre la plus magnifique, & la plus admirable qu'on eut iamais veu, vne triste & lamentable catastrophe changea sa gloire en affliction, ses habits brillans d'or, de diamans & de perles, en de funestes & lugubres crespes de dueil, & sa Couronne rayonnante, en vn voile d'vne perpetuelle viduité: Car ce grand Roy qui ne marchoit que sur les trophées, & à qui tous les champs de bataille auoient tousiours esté des theatres de victoire, qui de son seul Nom espouuentoit ses ennemis, fut malheureusement assassiné par vn execrable & detestable parricide. Le mesme iour cette desolée Reyne fut declarée Regente par la Cour de Parlement, ce qui fut confirmé le lendemain par le Roy Louis XIII. son fils seant en son lit de Iustice. Elle gouuerna l'Estat auec beaucoup de douceur & de prudence, & euita auec vne adresse merueilleuse tous les escueils qui le menaçoient de naufrage dans la minorité du Roy, elle maintint la paix & la tranquilité au dedans, apres auoir assouuy quelques emotions, & conserua & accrut la reputation au dehors, & entretint les anciennes alliances auec les Princes estrangers; Elle donna des preuues de sa pieté & de son affection naturelle enuers le Roy son fils & ses autres enfans, par mille tendresses qu'elle eut pour eux, & par la deuise qu'elle prit d'vn Pelican qui se perce l'estomac pour donner son sang à ses petits, auec ces mots, TEGIT VIRTVTE MINORES. Et lors que quelques Princes & autres Grands du Royaume se voulurent sousleuer, sa Majesté voulant tesmoigner qu'elle estoit resoluë de maintenir l'authorité Royale, & acquerir la paix par la force des armes, elle prit pour sa deuise vn Aigle portant dans son bec vn rameau d'oliuier, auec cette ame : NEC FVLMINA DESVNT, voulant donner à connoistre que pour conseruer la paix & la tranquilité publique, elle se seruiroit des foudres & des canons pour chastier ceux qui apporteroient le trouble. Et pource que cette grande Princesse creût que l'alliance d'Espagne estoit necessaire pour conseruer la Chrestienté en paix, elle traitta vn double mariage pour seruir de ciment à l'vnion & à la concorde des deux plus puissantes & valeureuses nations de l'Europe. Le Roy Louis XIII. fut marié auec l'Infante d'Espagne Anne d'Austriche, & Madame Elizabeth de France auec le Prince d'Espagne Philippes, qui fut puis apres Roy IV. de ce nom; ces mariages se solemniserent auec les plus admirables magnificences qu'on ait iamais veu, & les Princes & Seigneurs François firent vn Carrosel si auguste & si pompeux, accompagné de si belles courses & orné d'vn si grand nombre de miraculeuses inuentions, d'habits, d'armes, de machines, de deuises, de cartels & de poësies, qu'on peut dire auec toute sorte de verité, que les Fastes triomphales des Romains, ne nous descriuent rien de si pompeux ny de si magnifique, tous les Princes & les Ambassadeurs en ayant esté rauis en admiration. Apres la Majorité du Roy, nostre bonne Reyne se laissa persuader à quelques esprits ambitieux & broüillons qui l'obligerent de se retirer de la Cour; mais apres le combat du Pont de Cé, la reconciliation de leurs Majestez se fit auec des tesmoignages reciproques d'amour, de respect & de tendresse. Quelques années apres cette grande Princesse ayant obtenu du Roy son fils, qu'il donnast l'entiere administration des affaires à l'Eminentissime Cardinal de Richelieu, il fut declaré premier Ministre d'Estat, & Chef du Conseil de sa Majesté. Mais dans quelque temps, elle fut obsedée par des broüillons & des enuieux, qui luy conseillerent de l'en esloigner, à quoy n'ayant pû reüssir, plusieurs soupçons & defiances la porterent auec vn peu trop de precipitation de se retirer dans les Pays-bas, où l'Archiduchesse Isabelle la receut tres-magnifiquement; puis apres ayant passé en Holande elle y fut honorée par le Prince & la Princesse d'Orange, & par Messieurs les Estats des Prouinces vnies, autant que la grandeur de sa personne le meritoit; mais sur tout dans la belle & riche Ville d'Amsterdam, où les bourgeois en armes à pied & à cheual luy firent vne admirable entrée, & vne tres-splendide & auguste reception, decorée de plusieurs arcs triomphaux, ornez d'excellens tableaux, representans les belles actions de sa vie; entre lesquels celuy fut le plus beau où sa Majesté paroissoit assise au milieu d'vn superbe chariot de triomphe, vestuë & couronnée comme la Deesse Cybele, Mere des Dieux, & tirée par quatre lyons, auec cette belle deuise, LÆTA DEVM PARTV. Ils luy donnerent aussi le plaisir de voir plusieurs ieux & combats sur la mer, & regalerent sa Majesté de somptueux festins, & de riches presens. De là elle passa en Angleterre où le Roy Charles son gendre, & sa fille la Serenissime Reyne Henriette Marie, la receurent auec tous les traittemens imaginables. Depuis elle vint en Allemagne, & estant tombée malade dans la Ville de Cologne, elle fit son testament le 2. Iuillet 1642. ordonnant d'estre inhumée dans l'Eglise de S. Denis, pres du Roy son Espoux. Elle declara que nonobstant toutes les mes-intelligences, & les occasions qui l'auoient portée à sortir de France, elle auoit tousiours conserué en son cœur, les affections & les sentimens d'vne Reyne enuers son Roy, & les cordiales tendresses d'vne mere enuers son enfant, luy souhaittant toute sorte de bonheur & de prosperité. Entre autres legs que cette bonne Princesse fit, elle donna à la Reyne Tres-Chrestienne Anne d'Austriche sa Bru, le riche diamant qui luy auoit esté donné aux ceremonies de son mariage, & elle legua aux Reynes ses filles plusieurs riches pierreries; nommant pour executeurs de ce Testament le Roy Louis XIII. son fils & son Altesse Royale Monseigneur le Duc d'Orleans. Le lendemain 3. iour de Iuillet elle deceda, âgée de 68. ans. Son corps fut apporté en France, & enseuely dans l'Eglise de S. Denis, où le Roy luy fit faire des seruices & pompes funebres dignes de sa grandeur.

Plusieurs excellens esprits publierent diuers ouurages ausquels sont representées les singulieres vertus de cette Reyne & sa pieté enuers Dieu, auec la fin de sa vie meslée de cuisantes afflictions qu'elle supporta auec beaucoup de constance.

Cette grande Reyne, Mere de tant de Roys, le fut aussi des pauures, ayant fondé plusieurs Hospitaux à Paris, au faux-bourg S. Germain pour les hommes & les femmes malades. A Chaillot pour les enfans orphelins, & le Monastere des filles du Caluaire, ioignant & enfermé dans l'enclos de son magnifique Palais Royal de Luxembourg, nommé à present le Palais d'Orleans, qu'on estime estre vn des plus parfaits & des plus magnifiques de l'Europe; les meilleurs Architectes du monde l'ayant dressé, les plus rares Sculpteurs embelly, & le plus expert & sçauant Peintre des Pays-bas Rubens, ayant orné la grande gallerie de plusieurs grands tableaux où l'histoire & la suite de la vie de cette Reyne est tres-bien representée; les autres sales & chambres estans decorées de magnifiques lambris dorez de quantité des plus exquises & rares peintures d'Italie. Elle fit aussi planter ces admirables rangées d'arbres, dont les ombrageuses allées seruent d'agreables promenoirs aux Seigneurs & aux Dames de la Cour: Et tant que la Nature nous donnera de belles saisons, l'on se souuiendra & renommera tousiours le Cours de la Reyne Marie de Medicis, Mere & grand'Mere des plus grands Roys du monde.

L'Escu de ses armes party en deux, au premier de France pur, au second escartelé de Medicis & d'Austriche, orné de la Couronne Royale, & enuironné de Cordelieres.

ARMANDVS IOANNES DV PLESSIS CARDINALIS DVX
DE RICHELIEV Sub Ludouico xiij.
Tot exant labor quo Vniuersus Orbis
Audit Laboribus, hoc Vnum praestitisse
sibi Visus est, quod summa Rerum
a Domino suo sibi concredita, Tam
Regis mentem Ingenio Assequutus,
secundante Caelo forti animo
Faeliciter Executus est.
Grandia qui tot facta vides tollatur Imago. Dices haec non sunt Vnius acta Viri.
prise de
La Rochelle 1628

ABREGE' DE LA VIE ET DES ACTIONS GLORIEVSES DE L'EMINENTISSIME CARDINAL ARMAND IEAN DV PLESSIS DVC DE RICHELIEV, & DE FRONSAC, PAIR DE FRANCE, GRAND MINISTRE D'ESTAT SOVS LE REGNE DE LOVIS XIII.

C'EST à ce coup que mon Genie paroistra temeraire, de vouloir comprendre dans vn si petit espace les admirables actions d'vn Heros qui a remply toute la terre du bruit esclatant de sa gloire, & qui a effacé par les merueilles qu'il a fait en nos iours tout ce que les demy-Dieux des Payens, & les plus Illustres de l'antiquité ont fait de plus releué & de plus estonnant: Mais ce qui me donne du courage à entreprendre vne chose si hardie, c'est que la matiere qui se presente à moy est si belle & si precieuse, qu'elle n'a pas besoin de l'ouurier, ny du secours de son art pour la rehausser, & que pour peu que ie parle des incomparables & inimitables actions du grand Armand de Richelieu, i'en diray beaucoup; sçachant aussi que quand i'y employerois de grands volumes ie n'en dirois encore que fort peu de chose. Que si le crayon que ie prens la hardiesse d'en faire, ne represente que tres-imparfaitement vn si diuin Original; ceux qui liront cet Abregé, en formeront pourtant vne idée si belle & si lumineuse que l'esclat en rejallera iusques sur mon discours, & la moindre loüange que ie luy donneray estalera deuant les yeux de tout le monde toutes celles qu'il a meritées: En tout cas ie suis bien asseuré que l'enuie que i'ay de bien representer aux siecles à venir, les eminentes vertus de ce grand Homme, estant toute entiere, si ma suffisance ne peut respondre à l'excellence du sujet, l'ardeur de mon zele me soustiendra dans le dessein que i'ay d'y reüssir. Pour donc paruenir à cette haute entreprise, qui ne peut estre que tres-fauorable, puis que toute l'Europe qui a reueré & presque adoré les miraculeux effets de ce grand Genie, est de mon costé; & que la Renommée qui m'a deuancé volant par toute la terre, me promet de me seconder encore tres-puissamment; ie diray que nostre Armand tira son origine d'vne famille tres-noble & tres-ancienne dans la Prouince du Poitou, honorée durant la suitte de plusieurs siecles de quantité de bonnes alliances; & qui a donné à la France de grands & illustres Hommes, & notamment Messire François du Plessis, Seigneur de Richelieu, marié auec Susanne de la Porte, desquels est sorty celuy dont nous parlons: lequel François s'acquit par plusieurs belles actions l'amitié & l'estime de nos Roys, & fut honoré du Collier de l'Ordre du Sainct Esprit par le Roy Henry Troisiéme, & posseda deux des plus grandes Charges de la Maison Royale. Il infusa vn si bon naturel à son fils Armand, & prit vn si grand soin de bien cultiuer son excellent esprit, & de luy faire apprendre tous les exercices qui dressent le corps, qu'auec l'inclination qu'Armand eut aux belles lettres, & à frequenter les plus grands hommes, il se rendit en peu de temps le miracle de son âge, & s'acquit la gloire d'estre vn des plus sages & des plus adroits Seigneurs de son siecle, en toutes les sciences requises à vn grand Prelat, & en celles qui donnent la connoissance des plus importantes affaires du monde, & de l'interest des Princes & des Estats. Qualitez qui le rendirent si recommandable qu'il fut fait Euesque de Luçon pres de la Rochelle, quoy que fort ieune, & encore qu'il fut destiné à porter l'espée, la prouidence Diuine luy mit en main la crosse, de laquelle il se seruit auec tant d'estime & tant de gloire, que la grande & auguste Reyne Marie de Medicis le prit en singuliere affection, & luy procura la Charge de Grand Aumosnier de la Reyne Regnante Anne d'Austriche, & peu de temps apres celle de Secretaire d'Estat, de laquelle il s'acquita auec tant de capacité & d'intelligence, que le Roy & la Reyne Mere le considererent comme celuy qui leur donnoit les plus solides conseils, & dans l'esprit duquel ils voyoient briller tant de lumieres, que nonobstant mille espineuses difficultez que l'enuie luy suscita à diuers temps, leurs Majestez se seruirent de luy, & reuererent ses Oracles: Et comme il estoit particulierement attaché aux interests de la Reyne Mere, il disposa l'esprit de cette grande Princesse à la reconciliation auec le Roy son fils, apres qu'elle se fut retirée mescontente en Angoulmois: & comme les mesmes broüilleries se renouuellerent peu de temps apres entre leurs Majestez, nostre fidele & excellent Prelat moyenna encore la paix apres le combat du Pont de Cé: Et deslors le Roy qui auoit reconnu le prix inestimable d'vn si admirable Conseiller, l'attira pres de soy, & se confiant entierement en luy, sa Majesté luy communiqua vne partie de son esclat, en remettant à sa sagesse & à sa courageuse conduite, le timon des principales affaires de la paix & de la guerre. Il fut fait Chef du Conseil, & grand Ministre d'Estat, apres auoir esté reuestu de la sacrée dignité de Prince de l'Eglise; le Roy & la Reyne Mere ayans demandé au Pape Gregoire Quinziéme le Chapeau de Cardinal pour l'en honorer: ce que sa Sainteté leur accorda auec beaucoup de ioye & de satisfaction, sçachant fort bien que la pourpre estoit le moindre ornement de ce grand homme, & que ses eminentes vertus meritoient de plus sublimes recompenses: En cette qualité il benit le Mariage de Monsieur frere vnique du Roy auec Mademoiselle de Montpensier, qui fut celebré à Nantes en presence de leurs Majestez: nostre prudent Cardinal ayant en ce mesme temps descouuert & dissipé vne conjuration & attentat contre la sacrée personne du Roy. Et comme la gloire & la grandeur de sa Majesté estoient le principal but de ses heroïques desseins: Nous allons voir des miracles dans la suitte du Regne de Louis *le Iuste*, & des preuues certaines que le Ciel auoit employé ses plus fauorables influences à la creation & à l'auancement de cét incomparable Ministre, pour le faire trauailler si heureusement qu'il a fait à la grandeur de cette Monarchie, que nous voyons aujourd'huy esleuée en vn lieu où nous auions peine autrefois de porter nostre veuë & nostre esperance; car par vne merueille qui desment presque nos yeux, comme elle a surpassé nos plus ambitieux desirs; le sacré & hardy Ministere de ce prodige d'intelligence a ruiné en douze années l'ouurage de plusieurs siecles, abbatu l'espouuantable grandeur de la Maison d'Austriche, & releué l'authorité de nos Monarques au plus haut comble d'vne souueraineté absoluë & independante. Et encore que le Globe de la France fut diuisé en deux partis, & que les Protestans eussent esleué des forteresses & des rempars qui sembloient inexpugnables, pour maintenir par la force les pretendus priuileges de leur liberté: Et que le dessein de les abbatre parut estonnant & impossible: nostre heureux & sacré Alcide desploya tant de vertu, qu'il vint glorieusement à bout de tout ce qu'il auoit promis au Roy. Et pource que la superbe Rochelle estoit le principal & le plus formidable boulevard de la rebellion, il conseilla sa Majesté d'y mettre le siege; apres le memorable secours qu'il fit donner à l'Iſle de Ré, qui eſtoit attaquée par le Duc de Bukinkam fauory du Roy d'Angleterre, & general de ſes armées, qui en fut chaſſé honteuſement, apres la perte d'vn grand nombre de ſes vaiſſeaux, de ſes meilleurs ſoldats, & de ſon canon. C'eſt en ce fameux ſiege de la Rochelle, où ſe firent voir en leur plus haut luſtre la Fortune & la Vertu, la pieté & le courage, le miracle & la prudence: c'eſt là où noſtre grand Cardinal parut comme vn autre Moyſe, priant auec tant de zele, & auec tant d'intelligence & de labeur, pendant que le Roy, comme vn ſecond Ioſué combattoit vaillamment, & executoit les reſolutions, & s'il faut ainſi dire les ordres de celuy qu'il auoit creé ſon Generaliſſime. C'eſt là que le trauail de l'homme, & la main de Dieu ſe firent ſentir en meſme temps, auec vn ſi glorieux ſuccez: Le trauail de l'homme, dans les lignes, dans les forts, dans les circonuallations, dans les tranchées, & dans cette admirable digue, de laquelle ſon Eminence fut le principal Architecte: mais la main de Dieu dans les marées deminuées & interrompuës, dans la mer vaincuë, dans les vents & les flots bridez, & dans l'eſpouuente & la terreur, qui ſaiſit, qui eſcarta, & qui mit en fuite toute l'Angleterre armée & embarquée pour le ſecours de cette Ville; qui enfin eſtant abbatuë & forcée, par les trois fleaux dont le Dieu des armes ſe ſert pour chaſtier les hommes, vint implorer la miſericorde de ſon Prince victorieux & clement, & en meſme temps rendre hommage à la vertu heroïque de cet inuincible Cardinal: qui fit connoiſtre au Roy, qu'ayant dompté l'Ocean, les montagnes ne pouuoient pas ſeruir d'obſtacle à ſes victoires: Et qu'il eſtoit neceſſaire pour vne plus haute eſleuation de ſa gloire, qu'il allâ cueillir d'autres lauriers dans l'Italie, qui l'appelloit du plus haut des Alpes pour le ſecours, & pour la protection de ſes alliez: Mantouë, dont le Prince eſtoit François, eſtoit inueſtie, Caſal aſſiegé, & la liberté de toute l'Italie tellement opprimée, qu'il ne luy reſtoit plus que la voix & les plaintes pour inuoquer ſon liberateur: A cette clameur noſtre genereux Miniſtre reueille le Roy, & diſpoſe ſon courage à ſurmonter les hauteurs immenſes des montagnes, à franchir les rochers, à ſauter les precipices, à fondre les neiges, & à forcer des deſtroits ſi rudes & ſi meurtriers, qu'vne poignée d'hommes eut eſté capable d'empeſcher le paſſage aux plus gandes armées: Le Pas tant renommé de Suze fut forcé, & ſes fortes barricades garnies de canons, & gardées par les meilleures troupes du Duc de Sauoye & du Roy d'Eſpagne, furent emportées par l'impetueuſe valeur des François, & toute l'Italie ſoulagée par la diligence, & par la prudence de cet incomparable Miniſtre, qui voulant apres ce miraculeux exploit acheuer d'eſtouffer la rebellion dans le Royaume, & purger le corps de la Monarchie Françoiſe de tous les maux inteſtins qui l'auoient affoiblie & gaſtée depuis ſi long-temps, obligea le Roy à venir aſſieger la Ville de Priuas qui eſtoit le plus fort & le plus venimeux repaire des Proteſtans: Et quoy que ſes fortifications, & ſes difficiles auenuës l'euſſent iuſques à ce temps-là renduë imprenable, elle fut emportée de viue force, & chaſtiée de ſes frequentes felonnies, apres quoy noſtre Monarque appuyé du Conſeil, de la hardieſſe & de la fortune de ſon ſacré Miniſtre, qui auec ces trois chevrons affermiſſoit le Sceptre, & rendoit victorieuſe l'eſpée de ſa Majeſté, ſceut ſi bien intimider par le foudre menaſſant de ſa iuſte colere, tout le reſte des rebelles, qu'Alez, Vſez, Caſtres, Niſmes, Montauban, & plus de trente autres Villes, ouurirent leurs portes, & ſe iettans aux pieds du Roy implorerent ſa clemence & ſa miſericorde: Et le Duc de Rohan leur General fut auſſi ſi bien perſuadé par cet admirable Cardinal, qu'il fut contraint de ſe ſouſmettre & d'implorer le pardon de ſa Majeſté, qui le luy accorda, & peu de temps apres employa ſa vertu contre les Eſpagnols à la Valtoline & aux Griſons; où ce ſage Capitaine remporta trois ou quatre ſignalées victoires. Toutes ces proſperitez furent ſuiuies de la paix d'Angleterre, du reſtabliſſement du commerce, & de la confederation qui fut noüée auec les Princes voiſins. Mais comme les plus ſolides grandeurs ſont ſujettes à des troubles & meſlées d'amertumes & de deſplaiſirs: Noſtre ſage Cardinal en receut deux tres-ſenſibles preſque tout à la fois; La Reyne Mere qui l'auoit tant eſtimé ſe laiſſa perſuader à quelques enuieux & broüillons, qui pouſſez d'vne malice noire donnerent à cette Princeſſe de mauuaiſes impreſſions contre ce fidele Miniſtre, & la mirent en vne telle colere contre luy, que le Roy & la pluſpart des Princes & des Officiers de la Couronne s'eſtans employez à la vouloir deſabuſer, n'en peurent iamais venir à bout; & meſme la choſe alla ſi auant que quelques ſubmiſſions & inſtantes prieres que ſon Eminence ſceut faire, & quelques ſoins qu'il prit pour raſſeurer ſon eſprit, pour luy oſter les mefiances, & pour empeſcher ſes extremes reſolutions, elle ſe retira de la Cour, & s'en alla en Flandres, où elle n'eut iamais que malheurs, & que deſplaiſirs, d'auoir ſuiuy les conſeils pernicieux de ces venimeux ſerpens qui luy auoient empoiſonné le iugement: depuis ce temps là tous les deſſeins de cette illuſtre & malheureuſe Princeſſe ſe deſtruiſirent l'vn l'autre, & comme ſi le Cardinal eut eſté l'Ange Tutelaire de ſa gloire & de ſon bonheur, elle fut touſiours infortunée depuis le moment qu'il fut contraint malgré ſoy de s'en eſloigner: l'autre faſcherie fut celle qu'il receut par l'eſloignement de Monſieur frere vnique du Roy qui ſe retira à Orleans, & de là en Lorraine & aux Pays bas. Mais la prouidence Diuine, qui connoiſſoit la ſincerité des intentions de ce fidele Miniſtre luy donna plus de force qu'il ne croyoit d'auoir pour reſiſter à ces rudes ſecouſſes, qui faillirent à luy faire tout abandonner, pour ſe retirer dans vn port eſloigné des funeſtes eſcueils & des enuieuſes tromperies de la Cour; le Roy qui auoit receu tant de veritables preuues de ſa candeur & de ſon zele, pour tout ce qui concernoit les perſonnes ſacrées de la Reyne ſa Mere, & de Monſieur ſon frere, luy ſeruit touſiours de garand, & l'eſtant venu viſiter iuſques dans ſon logis, le conſola dans ſon affliction, & le conjura de ne vouloir pas abandonner les reſnes de l'Eſtat, ſur le poinct qu'il commençoit de ioüir de la felicité qu'il luy auoit procurée par ſes penibles trauaux. Et pource que ſes ennemis employerent les plumes venimeuſes & meſme les aſſaſſins pour taſcher de noircir & de faire perir vne ſi belle vie; Sa Majeſté voulut abſolument qu'il prit des gardes, & fit publier des Declarations & des lettres circulaires par tout le Royaume pour ſeruir de manifeſte & de iuſtification à ſon Miniſtre, qu'il tenoit ſi cher, & eſtimoit à vn tel poinct, que ſa Majeſté declara pluſieurs fois, *qu'il eut mieux aimé eſtre vn ſimple Gentil-homme de dix mille liures de rente, que Roy de France ſans Monſieur le Cardinal*: Ce ſage Prince preuoyant bien que la vertu de ce ſacré Miniſtre faiſoit le ſalut de ſes peuples & la fermeté de ſon Troſne. Quelque peu de temps auparauant ces deſordres de la Cour les Eſpagnols ayans voulu renouueller la guerre en Italie, le Cardinal y fut en perſonne pour les reprimer, & pour oſter encore vn coup le Duc de Sauoye hors de l'alliance eſtrangere; Caſal fut ſecouru, & Pignerol reüny au Royaume auec les forts de la Peirouſe, & de Sainte Brigide; & par vn nouueau traitté de paix, l'on obtint de l'Empereur l'inueſtiture du Duché de Mantouë, & la reſtitution de la Ville capitale à ſon legitime Prince. Et dans quelques mois apres le Roy fut contraint de s'en aller en Lorraine pour taſcher par ſa preſence de contenir dans le deuoir le Duc Charles, qui ayant oſé ſe defendre, ſa Ville capitale de Nancy fut aſſiegée, & contrainte de ſe rendre à ſa Majeſté, pluſtoſt par les effets de la prudence & de l'adreſſe du Miniſtre, que par les efforts des armes du Roy, apres quoy les Villes de la Mothe, de Pont à

Mouſſon,

Mouſſon, de Vic, de Moyenuic, de Marſal & de Clermont en Argonne, ſubirent la Loy du Conquerant : & ce pauure Duc de Lorraine s'eſtant imaginé de moiſſonner des lauriers & des fleurs de Lys en meſme temps, fut contraint de voir ſes allerions & ſes aigles ſeruir de trophée à noſtre Monarque, par la perte de toutes ſes Prouinces.

Cependant les Eſpagnols enuieux des proſperitez dont les François iouiſſoient ſous vn ſi heureux Miniſtre, & des palmes triomphales qu'il ioignoit aux Sceptres du Roy, continuoient d'enfraindre en beaucoup de façons la paix de Veruins, opprimoient les alliez de la Couronne, refuſoient d'executer les Traittez de Mouçon & de Queiras, perſeueroient en leurs entrepriſes contre les Griſons & contre les Eſtats de Sauoye & de Mantoue, & meſme auoient fomenté l'enuie que le Duc de Lorraine auoit priſe d'armer contre la France : auoient donné des troupes à Monſieur, pour entrer dans le Royaume : Et qui plus eſt auoient publiquement violé le droict des gens par l'outrage fait à l'Archeueſque de Treues, l'vn des Princes Electeurs de l'Empire, qui auoit imploré la protection du Roy, auoient pris ſa Ville capitale, & arreſté ſa perſonne ſacrée, ſans l'auoir voulu mettre en liberté apres les inſtances que ſa Majeſté leur en fit. Tant de ſenſibles offenſes, qui eſtans ſouffertes en pouuoient attirer d'autres, porterent enfin le Roy Tres-Chreſtien à declarer la guerre au Roy Catholique l'an 1635. par vn Heraut d'armes qu'on enuoya à Bruxelles au Cardinal Infant. Ce fut alors que noſtre prudent Miniſtre poſa les fondemens de tant de victoires, & que ſa vertu agiſſant en tous les coins du monde par de tres ſecrettes intelligences, acquit à noſtre Roy tant de trophées & tant de triomphes par mer & par terre : & qu'il commença à ſapper les plus fermes appuis de ce prodigieux Coloſſe Caſtillan, & qu'il luy fit non ſeulement diminuer l'eſperance qu'il auoit conceuë de ſe rendre Monarque vniuerſel, mais le reduiſit auſſi dans la crainte de ne pouuoir pas meſme conſeruer ſon propre patrimoine. Le grand amas de finances & de tout ce qui eſt neceſſaire à la guerre, à quoy ſa ſageſſe auoit pourueu, & la leuée de cinq puiſſantes armées, rendirent les premices de cette guerre eſtrangere, heureux & glorieux de tous les coſtez. Les Mareſchaux de Chaſtillon & de Brezé attaquerent les Pays-bas, & remporterent vne ſignalée victoire par le gain de la bataille d'Auain, & par la priſe de pluſieurs places. En Alemagne le Cardinal de la Valette, ioint auec le Duc de Saxe Vveimar, que les glorieuſes & profitables prattiques de noſtre preuoyant Miniſtre auoient attiré au ſeruice de la France, ſubjugua la Ville de Binguen & pluſieurs autres places au Palatinat. Le Duc de Rohan deffit en la Valteline l'armée du Comte Cerbellon : Et le Duc de Crequy gaigna la bataille du Theſin au Milanois : Et l'ennemy s'eſtant emparé de Corbie, de Roye & du Catelet, les ſoins du Cardinal de Richelieu furent accompagnez de tant de diligence & de bonheur, & ſi bien ſecondez de la valeur des François, qu'elles furent bien-toſt reconquiſes : les Iſles de S. Marguerite & de S. Honorat, ayans auſſi eſté ſurpriſes en la coſte de Prouence, le vaillant Comte de Harcourt, allié de ſon Eminence, & Lieutenant du Roy dans ſon armée naualle, les attaqua ſi vigoureuſement, qu'il les arracha des mains des Eſpagnols, qui y furent deffaits, encore qu'ils s'y fuſſent puiſſamment fortifiez, & que l'accez & la deſcente y fuſſent tres difficiles. Les Villes de Landrecy en Hainaut, de Damuilliers & d'Yuoy en Luxembourg, auec pluſieurs autres places importantes, furent auſſi ſubiuguées, & la Capelle repriſe à la veuë de l'armée ennemie. En Languedoc le Mareſchal de Schomberg attaqua ſi genereuſement & auec vn tel ſuccez l'armée d'Eſpagne, commandée par le Duc de Cardonne, & par le Comte Cerbellon deuant Laucate, qu'apres vn carnage des ennemis forcez dans leurs retranchemens, il ruina tout cét appareil de guerre qui auoit couſté au Roy Catholique le ſoin & le trauail de deux années. D'autre coſté le Duc de Veimar continuant de ſouſtenir l'honneur & les intereſts de la France en Alemagne, en reſolution d'y reſtablir l'ancienne liberté des Princes, y gagna la bataille de Rhinau ; & ſecondé par la valeur du Duc de Rohan, deffit l'armée Imperiale à Rhinfeld commandée par les Generaux Sauelly & Iean de Vvert qui y furent pris priſonniers : En ſuite dequoy les Villes de Fribourg en Briſgau, & de Rhinfeld, & pluſieurs autres places dans l'Alſace & la Suaube furent conquiſes ; bref tous les Generaux qui faiſoient la guerre pour les fleurs de Lys, eurent par tout de glorieux & auantageux ſuccez ; attribuans tous le gain de leurs lauriers au miraculeux Genie de l'incomparable Cardinal, qui par des reſſorts ſurnaturels & plus qu'humains, rendoit les deſtinées complices de ſa gloire, & mouuoit auec vn ſi iuſte pas toutes les machines de l'Europe, qu'il les faiſoit aboutir au plus ſouhaitable poinct de ſes volontez. Peu de temps apres deux de nos armées naualles, équippées & miſes en mer ſous les heureux auſpices de ſon Eminence, qui en qualité de Sur-Intendant de la nauigation & du commerce de France, auoit fait conſtruire & armer pluſieurs grands vaiſſeaux ; ſçachant bien que l'Empire de la mer eſt de tres grande importance, remporterent deux celebres victoires, l'vne ſur l'Ocean pres de Bayonne, & l'autre ſur la mer Mediterranée en la coſte de Gennes, où pluſieurs nauires des ennemis furent coulez à fonds, & d'autres pris par les noſtres, qui y tuerent plus de quatre mille hommes. L'an 1638. le Duc de Vveimar aſſiſté du genereux Vicomte de Turenne & du Comte de Guebriant, aſſiegea & prit la forte Ville de Briſſac, munie de deux cens canons, malgré les efforts des Imperiaux qui furent touſiours viuement repouſſez & deffaits par ce General, en pluſieurs memorables attaques & combats, qui ſe firent iuſques ſur les lignes. Quelques mois apres le Marquis de Leganés, ayant encore vn coup oſé troubler le repos de l'Italie par le ſiege qu'il mit deuant Caſal, en fut chaſſé par l'inuincible Comte de Harcourt, qui l'attaqua auec tant de courage dans ſes retranchemens par trois differentes charges, qu'il luy deffit ſon armée : & deliura cette Ville, auſſi fatale & malheureuſe aux Eſpagnols, que glorieuſe aux François, apres quoy il alla tout d'vn coup inueſtir Thurin, que toute l'Europe apprehendoit que ſon courage ne luy eut fait conceuoir cette entrepriſe au deſſus de ſes forces : pourtant apres pluſieurs penibles trauaux, attaques, combats & ſorties, où le Seigneur de la Motthe-Houdancourt, qui quelques temps apres fut fait Mareſchal de France, ſeconda auſſi bien ſa valeur comme il auoit fait à Caſal, la ville fut contrainte de ſe rendre, & de receuoir Madame Royale Mere & tutrice du ieune Duc de Sauoye. La meſme année le Seigneur de la Meilleraye grand Maiſtre de l'Artillerie, parent de ſon Eminence, aſſiegea, battit & emporta la forte Ville de Hedin en Artois : Le Roy & Monſeigneur le Duc d'Orleans eſtans venus à l'armée, ſa Majeſté entra dans la Ville par la breſche, & ſur le debris d'icelle honnora la haute vertu & le courage inuincible de cét illuſtre General du Baſton de Mareſchal de France, lequel il a porté depuis auec tant de gloire, qu'il eſt touſiours forty victorieux des plus hardies & des plus perilleuſes entrepriſes. Ayant la meſme campagne defait les Croates d'Iſolani & de Forgatz, & peu apres l'armée de l'ennemy à la bataille de S. Nicolas, où le Colonel Gaſſion, qui puis apres fut fait Mareſchal de France, continua de monſtrer beaucoup de courage & de valeur. Mais l'heureux ſuccez du ſiege d'Arras, où le Mareſchal de la Meilleraye auoit encore le principal commandement auec le Mareſchal de Chaſtillon, qui fut pris à la veuë d'vne armée de trente mille hommes, commandée par le Cardinal Infant, & la deffaite du General Lamboy & du Comte de Bucquoy, & la priſe des Villes d'Aire, de Bapaume, de la Bassée, furent des actions qui releuerent encore tres-hautement l'honneur de la France, & qui firent admirer aux ennemis mesme, la diuine conduite du Cardinal de Richelieu, sous laquelle toutes choses reüssissoient; là où les conseils & les entreprises du Comte Duc d'Oliuarés, premier Ministre du Roy de Castille, auoient tousiours vn succez malheureux, & vne fin infortunée. Pourtant quelques Grands de l'Estat, des plus considerables, s'estans depuis quelque temps esloignez de la Cour, s'estoient souleuez vers la frontiere de Champagne, & auoient eu quelque victorieux succez, qui auroit eu sans doute vne plus grande suite, si la mort de leur vaillant Chef arriuée au combat donné pres de Sedan, n'eut abbatu en vn instant & dissipé tous leurs desseins. Le Comte de Guebriant General de l'armée du Roy en Allemagne, obtint vne victoire signalée à Kempen sur les Imperiaux commandez par le General Lamboy qui y fut pris; & quoy que les ennemis se fussent vantez d'empescher ce genereux Lion de passer, il fit comme le foudre, dont la violente impetuosité se fait faire place auec plus d'effet, lors qu'il trouue vne matiere dure, & qui luy resiste; l'esclat de cet auantage ayant remply d'espouuante les Allemans & leurs Alliez. D'autre costé le Seigneur de la Mothe Houdancourt obtint plusieurs victoires importantes en Catalogne, prit plusieurs places, fit leuer des sieges, & rendit sur tout vn tres-memorable seruice, lors qu'il suiuit, attaqua & deffit l'armée Espagnole destinée pour le secours du Roussillon: Iournée remarquable en cela particulierement, que de toute l'armée ennemie il ne s'en sauua pas vn, & que tous furent tuez ou pris prisonniers, ce qui obligea le Roy, voyant la tres-grande importance de cet exploit, de recompenser ce vaillant & prudent General, de la dignité de Mareschal de France, dont le Baston luy fut donné par le Mareschal de Brezé Vice-Roy de Catalogne, auquel il succeda; & sa Majesté luy donna encore le Duché de Cardonne, apres la signalée victoire qu'il obtint à Lerida, declarant hautement qu'il n'auoit iamais esleué personne à ces dignitez de meilleur cœur. Et pource que le Roy receut en mesme temps les nouuelles de la victoire de Kempen, il enuoya aussi le Baston de Mareschal de France au Comte de Guebriant. Et d'autant que la Ville & la Citadelle de Perpignan, & toute la Comté de Roussillon, estoient feudataires de la Couronne de France, & que c'estoit vne clef pour passer en Catalogne & en Espagne, le Roy fut prié par Monsieur le Cardinal de vouloir aller en personne attaquer & prendre cette Ville fameuse, qui auoit autresfois resisté aux plus vaillans de nos Roys; sçachant bien qu'elle ployeroit, comme elle fit, sous la vertu d'vn si grand Monarque: l'on y trouua plus de cent pieces de canon, & dequoy armer plus de vingt mille hommes. Le Mareschal de la Meilleraye, ce grand & illustre preneur de Villes de nostre siecle, rendit en ce memorable siege des preuues continuelles de son courage & de sa vertu, comme il auoit fait aussi vn peu auparauant par la prise de Collioubre. Comme le Roy estoit deuant Perpignan, nostre sage & prudent Cardinal presenta à sa Majesté le Prince de Monacho Honoré Grimaldi, qui auoit depuis peu quitté auec beaucoup de generosité la protection d'Espagne, pour prendre celle de France, sa Majesté le receut auec beaucoup d'hõneur, & le fit Cheualier de ses Ordres au milieu de toute l'armée rangée en bataille.

Et deslors le Roy, par le conseil de son Eminence, proposa d'enuoyer aussi les mesmes Ordres aux Mareschaux de Guebriant & de la Mothe, iugeant bien que ceux qui commandoiẽt si glorieusement ses armées dans les Païs estrangers, deuoient estre reuestus les premiers de ces marques d'honneur; mais les ialousies & les broüilleries de la Cour empescherent les effets de la bonté de ce grand & iuste Monarque.

Durant ce siege, & peu de temps auparauant, quelques Princes & quelques Seigneurs des plus grands de la Cour, conceurent vne si grande enuie contre la faueur & contre l'authorité du Cardinal, qu'ils coniurerent contre sa vie, & en mesme temps contre l'Estat, ce qui estant descouuert, les principaux complices furent punis exemplairement, seruans d'exemple memorable de l'instabilité & incertitude des grandeurs de ce monde. Et comme Dieu auoit tousiours permis, que toutes les coniurations & attentats qu'on auoit fait contre la sacrée personne de ce glorieux Cardinal, eussent eu vn éuenement tout contraire, aux intentions de ceux qui les conceuoient; il arriua encore à cette fois que cette machination apporta du profit à la France par la prise de Perpignan, & par l'acquisition de Sedan qui fut liuré au Roy; ainsi Dieu confondoit les ennemis de son Eminence, & il conuertissoit tousiours le mal en biẽ.

Mais helas! toutes les grandeurs de ce monde sont perissables, & la gloire des plus sages & des plus forts, passe en vn moment aussi bien que l'infirmité des plus foibles. Enfin les nobles inquietudes & les continuels & penibles trauaux de corps & d'esprit que ce grand Cardinal auoit soufferts pour la gloire de son Roy, & pour tascher d'acquerir par vne forte guerre vne longue paix, & vne prosperité ferme & durable aux François, qui estoit le veritable but de toutes ces entreprises & ces fatigues, dis-ie, luy causerent vne dangereuse maladie en Languedoc, & vne si grande foiblesse, qu'il fut contraint de se faire porter dans son lit sur le dos de ses Gardes, qui ne voulurent iamais ceder à d'autres personnes l'honneur qu'ils receuoient de luy rendre ce seruice, allans mesme tousiours la teste descouuerte, nonobstant les iniures du temps, si grand estoit le respect & l'amour qu'ils luy portoient à cét excellent Maistre, qui auoit toute sa vie si bien recompensé ceux qui l'aimoient d'vn amour fidele. En cét estat il arriua à Paris, où quelques mois apres il mit fin à ses heroïques actions; cessant de viure & de vaincre le Ieudy 4. de Decembre de l'année 1642. Tres-heureux en cela particulierement d'estre mort auec vne grande force d'esprit, & dans vne tranquilité parfaite, dans le plus haut solstice de sa gloire, dans son lit, dans son Palais Cardinal, enuironné & assisté de ses plus proches, muny de tous les Sacremens de l'Eglise, fortifié des consolations de son veritable Pasteur, visité, pleuré, & souuent regretté par son Roy, & par tous les Princes & Grands de France. Et qui plus est dans l'esperance de iouir des felicitez eternelles que Dieu a preparé, à ceux qui comme luy, auoient combatu le bon combat, & paracheué la course de cette vie, en seruant son Prince & sa Religion, auec vn zele & vne fidelité sans exemple.

Funeste malheur! deplorable perte! & mort trop tost auancée pour la felicité de la France, car ce grand & incomparable Heros, n'auoit fait la guerre dans ce Royaume que pour en chasser la Rebellion & les humeurs peccantes: Et les Aigles de l'Empire, les Lyons d'Espagne, les Chasteaux de Castille, les Leopards d'Angleterre, les Alerions de Lorraine, & les croix d'Italie, n'auoient esté contraints de seruir de trophée à ses Triomphes, que pour esleuer celuy du Roy Louis *le Iuste*, au plus haut cõble de la gloire, & le rendre, cõme il fit, le plus Auguste & le plus redoutable de tous les Monarques, & l'Arbitre absolu de toute la terre.

Et pour faire voir dans vn raccourcy les veritables qualitez de la personne & de l'esprit de ce grand homme. Nous dirons à ceux qui ne l'ont point veu, qu'il estoit enrichy d'vne tres-belle phisionomie, d'vn abord agreable & charmant, d'vne riche taille, d'vne complexion delicate, d'vn temperament phlegmatique, d'vn excellent esprit, & d'vn iugement admirable, affable, doux & courtois au possible, docte, eloquent, bon Philosophe, grand Theologien, & le plus parfait Politique qui fut iamais, enrichy d'vne connoissance entiere de la langue Grecque, de la Latine, de l'Italienne, & de l'Espagnole. Mais par dessus tout doüé d'vn courage ferme & intrepide, tousiours égal dans la bonne & dans la mauuaise fortune, genereux, liberal, & mesme glorieusement prodigue à bien recompenser la vertu, le sçauoir & la vaillance, seuere à punir les traistres & les lasches, secret dans ses resolutions, dans ses conseils, & dans les intelligences qu'il auoit iusques au fonds de tous les cabinets des Princes de l'Europe: tres habile à destourner la tempeste & tenir la discorde esloignée de la France: Ambitieux d'honneur & de gloire, & tres ialoux de sa reputation, de sa memoire & de sa renommée, pour l'eternité desquelles, il a basty de superbes Palais, des Villes toutes entieres, de grandes Eglises, & notamment celle de la Sorbonne de Paris, où il est enterré, composé d'excellens liures, & cizelé son nom, & posé sa statuë dans vn si haut feste du Temple de l'Eternité, que iusques à la consommation des siecles, toute la terre sera contrainte de confesser que les temps passez, le present & ceux qui sont à venir, n'ont trouué & ne trouueront iamais personne qui luy puisse estre comparé.

Il portoit pour armes, d'argent à trois cheurons de gueules, l'escu orné de la Couronne & de son manteau Ducal, de son Chapeau de Cardinal, & d'vn Ancre d'or: son Anagramme Latine & Françoise que i'ay fait autrefois sur son nom, est de cette sorte, ARMANDVS RICHELEVS, HERCVLES ADMIRANDVS: ARMAND DE RICHELIEV, ARDVE MAIN D'HERCVLE; laquelle il a si glorieusement employée à dompter les hydres de la rebellion, & les lyons d'Ibere.

LVDOVICVS IVSTVS XIII REX GALLORVM
Iustus pius fœlix Terra marique Victor. Euro
Arbiter. consumpta sectariæ religionis excetra
perduellibus Amplificato Imperio. summotis
Vltra Rhenum et Padum Franciæ hostibus, deffensis
socijs, retecta Aulicarum factionum quæ Turbas
In Regno acuebant tela, duo ad cumulum Gloriæ. In
Cogitatione prima In Opere Vltima Cristiani Orbis
Pacem et populi leuamentum quæ speramus respirat.
Protegit auxilio socios qui fortibus Armis
Regia deffendit Læsaque Iura Dei

ABREGE' DE LA VIE ET DES ACTIONS HEROIQVES DV ROY LOVIS XIII. SVRNOMME' LE IVSTE, ET DES CHOSES PLVS MEMORABLES ARRIVEES SOVS SON REGNE.

DEPVIS les fondemens de la Monarchie Françoise il n'y a point eu de Regne remply de tant de merueilles que celuy du Roy Louis *le Iuste*, qui a triomphé de tous ses ennemis auec tant de felicité & de gloire, que le Trosne des Roys Tres-Chrestiens, n'a iamais esté eleué à vn si haut comble de puissance, d'authorité & de splendeur.

La seconde année du siecle où nous viuons, lors que chacun iouissoit des agreables douceurs de la paix, à l'ombre des lauriers & des palmes cueillies par le grand Henry, qui auoit basty dans le cœur de son Royaume le sacré Temple de la Felicité: Ce Prince nasquit à Fontaine-bleau le 27. de Septembre 1601. sous le fauorable signe des Balances, qui sont le hieroglyphe & le symbole de cette vertu qui luy acquit le surnom *de Iuste*, aussi rare & glorieux, qu'aucun dont on ait iamais honnoré la Majesté des Roys. Il fut baptisé au mesme Palais de Fontaine-bleau l'an 1606. & porté sur les sacrez fonds, par le Cardinal de Ioyeuse, au Nom du Pape Paul V. & par la Princesse Eleonor de Medicis Duchesse de Mantouë & de Montferrat sa tante maternelle; il fut nommé LOVIS, comme digne surgeon du saint & sacré tronc du Roy Saint Louis son grand Ayeul. Les ceremonies de ce Royal baptesme furent tres-magnifiques, & suiuies de ieux, de festins, de bals, de balets, de courses, de Bague & de Tournois. Le Duc de Sully fit assaillir aux flambeaux vn Chasteau artificiel, auec vne quantité innombrable de fusées, de petards, de boittes, & de canons: mais l'on ne vit iamais rien de plus admirable à la veuë, n'y de plus incroyable à l'oüye, que la beauté, l'ornement & le lustre des Princesses & des Dames de la Cour, les yeux les plus fermes ne pouuans soustenir la splendeur de l'or, la beauté des perles, ny le brillant des pierreries qui couuroient leurs superbes habillemens; la robe de la Reyne, semée de trente-deux mille perles, & de trois mille diamans, rendoit sa Majesté esclatante comme le Soleil parmy les autres clartez: Les Princes & les Seigneurs de la Cour firent aussi d'estranges profusions pour celebrer cette feste. La garde de l'espée du Duc d'Espernon couuerte de diamans, comme tout son habit, fut estimé à trente mille escus.

Quatre années apres la France fut plongée dans vne desolation extreme par la mort du Roy Henry IV. qui donna des apprehensions à toute l'Europe que le flambeau de la guerre ne se rallumat. Mais la sage preuoyance de la Reyne Mere, des Princes & des Parlemens, tinrent encore le Temple de Ianus fermé; & la ieunesse du nouueau Roy Louis fut esleuée dans la paix que Dieu conserua à son Royaume. La Reyne sa mere fut declarée Regente de sa personne & de ses Estats; & ainsi apres auoir rendu les honneurs funebres au Roy defunt, leurs Majestez suiuirent le genereux dessein qu'il auoit pris auparauant sa mort, de secourir les Princes Allemans alliez de la Couronne, iniustement troublez en la possession des Duchez de Cleues & de Iuliers: le Mareschal de la Chastre y conduisit l'armée auec vn si heureux succez, que la ville de Iuliers (dont Leopold Archiduc d'Austriche s'estoit emparé) estant assiegée, fut mise en liberté, & renduë à son Prince legitime. Enuiron le mesme temps le Roy Louis fut sacré & couronné à Rheims le 18. d'Octobre 1610. par le ministere du Cardinal de Ioyeuse, en la presence de la Reyne & de tous les Princes du sang, qui y firent les fonctions des Ducs & Pairs de France. Deux ans apres le mariage du Roy auec l'Infante Anne d'Austriche, & de Madame Elizabeth de France auec le Prince d'Espagne, furent resolus & publiez; En suite dequoy l'on fit ce tres-magnifique Carosel à la Place Royale, où les Princes & Seigneurs de France firent paroistre leur adresse & leur galanterie auec tant de bombance & d'esclat. Deux Ambassadeurs extraordinaires furent en suitte enuoyez reciproquement pour faire signer & arrester les conuentions de ces mariages, ausquelles les auantages furent reciproques & semblables; la constitution dotale des Princesses ayant esté de six cens mille escus chacune. Henry de Lorraine Duc de Mayenne, alla en Espagne de la part de France: & Ruy Gomes Duc de Pastrane, Prince d'Emerito, vint en France de la part du Roy d'Espagne. Cependant le Roy commençoit à s'attacher auec affection à apprendre tous ses exercices, & notamment les militaires, où il se porta auec vne violente propension: ses passetemps estoient de dresser des bataillons & des escadrons, & à faire faire l'exercice à ses gardes qu'il connoissoit presque toutes, & les nommoit par leurs noms; à peine sceut-il tenir vne plume ou vn crayon, qu'il commença à tirer les plans & les perspectiues des places fortes, à marquer l'assiette des camps, & à tracer des tranchées; tous les termes de la guerre luy estoient familiers, & il sçauoit manier le mousquet & la picque aussi bien que le plus habile officier de son Regiment des gardes eut pû faire; il picquoit & poussoit vn cheual auec adresse, & tiroit de l'arquebuse & du pistolet auec plus de iustesse qu'homme de tout son Royaume; s'exerçant ainsi dans l'image de l'art militaire, en attendant de le mettre en pratique tout de bon, comme depuis il a fait auec autant de courage que de bonheur. Il fut ennemy de l'oisiueté, sçachant bien qu'elle corrompt les esprits & qu'elle attire apres soy le vice & la molesse: Et pource que la chasse est l'exercice qui ressemble le plus à la guerre, il s'y adonna excessiuement & s'y rendit vigoureux & infatigable.

La ialousie que les Princes conceurent contre le Mareschal d'Ancre, qui par les pratiques de Leonora Galigai sa femme s'estoit acquis vn grand ascendant sur l'esprit de la Reyne mere, & auoit vsurpé vne tres puissante authorité dans la conduite des affaires, fut cause qu'ils se retirerent de la Cour. Mais ce trouble fut bien-tost appaisé par le traitté de S. Menehoud, dont le premier article portoit la conuocation des Estats du Royaume. Cependant le Roy ayant atteint la quatorziéme année de son âge, se fit delarer majeur par la Cour de Parlement: conuoqua les Estats generaux à Paris, & l'assemblée des Notables à Roüen, & puis à Paris, pour reformer les desordres qui s'estoient glissez dans l'Estat. Apres quoy leurs Majestez s'acheminerent en Guyenne pour acomplir le mariage resolu auec l'Infante d'Espagne, nonobstant l'empeschement qu'y voulurent apporter quelques Princes, qui passerent au delà de la riuiere de Loire auec leur armée, quelques Protestans s'estans ioints à eux, pource qu'ils auoient pour suspectes ces alliances, apprehendans que le Conseil d'Espagne obligea leurs Majestez à les persecuter. Le Duc de Guise fut enuoyé sur la frontiere d'Espagne, pour y receuoir au nom de sa Majesté Tres-Chrestienne la Reyne Anne son Espouse, & pour deliurer aux Ambassadeurs d'Espagne la Princesse Elisabeth de France, sœur du Roy, promise au Prince Philippes IV. L'eschange de ces grandes Reynes se fut sur vn Pont d'vne admirable charpente qu'on auoit esleué en forme de theatre sur la riuiere de Bidasso ou d'Endaye, qui fait la separation des deux Royaumes. Les magnificences qui se firent à la Reyne à Bordeaux furent tres-pompeuses & tres-augustes, & l'on y reitera & paracheua les solemnitez de la benediction nuptiale dans l'Eglise de S. André, par le ministere de l'Euesque de Xaintes. Et pource que le Mareschal d'Ancre abusant de son authorité, continuoit de mal traiter les Princes & les grands du Royaume, ils se retirerent encore de la Cour; mais apres les sieges de Soissons & de Neuers, la prudence du Roy fortifiée par le conseil de ses plus fideles Ministres, estei-gnit le feu dans le sang du Mareschal d'Ancre; apres la mort du-quel, sa Majesté rappella proche de sa personne tous les Princes & Seigneurs esloignez, comme aussi le Chancelier de Sillery, le Garde des Sceaux du Vair, le Seigneur de Villeroy, & les autres Ministres d'Estat, qui furent caressez & restablis dans la fonction de leurs charges, desquelles le Mareschal les auoit esloignez. Les differens que le Roy d'Espagne auoit auec les Ducs de Sauoye & de Mantoüe furent aussi pacifiez par l'entremise de nostre ieune Monarque. Quelques temps apres la Reyne mere mécontente de ce qu'à mesure que le Roy croissoit en âge, l'authorité qu'elle s'estoit conseruée dans les affaires diminuoit, se retira en Angoulmois auec quelques Princes & grands Seigneurs; mais vne entreueuë ayant esté faite en Touraine entre leurs Maiestez, le Roy donna à la Reyne sa mere le Gouuernement d'Anjou où elle se retira : & comme on se promettoit vn repos entier apres cette reconciliation, les choses ayant esté mal expliquées, le remuement se renouuella, & la Reyne & les Princes commencerent à armer. Le Roy de son costé ayant ramassé ses forces passa en Normandie, s'asseura de la Ville de Roüen, & puis ayant reduit à son obeïssance Caen & Alençon, il passa dans l'Anjou où il obtint vne victoire sur les rebelles ou mescontens au combat du Pont de Cé sur Loire. Ce fut en cette occasion où ce Monarque montra les premieres preuues de sa vertu & de sa bonté, s'estant laissé porter auec beaucoup de tendresse à la reconciliation auec la Reyne sa mere, par l'entremise du Cardinal de la Rochefoucaud, & de l'Euesque de Luçon, qui fut puis apres, comme nous auons dit cy-deuant, l'Eminentissime Cardinal de Richelieu. Et pource que sa Majesté auoit eu plusieurs plaintes, que les Protestans occupoient depuis vn fort long-temps les biens des Ecclesiastiques Catholiques en Bearn, & qu'ils auoient chassé les Euesques & les Prestres apres les auoir expoliez : il resolut de les aller restablir, à quoy il reüssit auec beaucoup de prudence & de douceur. il vnit aussi ces deux Cours de Parlement, l'vne appellée de saint Palais pour la basse Nauarre, & l'autre de Pau pour le Bearn, en vne seule Cour Souueraine & Parlement, qu'il restablit dans la Ville de Pau. Il vnit aussi & annexa les Estats de Nauarre & de Bearn, à son Royaume de France. Enuiron ce temps-là les Protestans se plaignans de l'infraction de l'Edit de Nantes & de la persecution dont ils disoient qu'on les menassoit, conuoquerent vne assemblée generale des Deputez de toutes les Prouinces, dans la ville de Loudun, laquelle ils transfererent en suite à la Rochelle pour y estre en plus de seureté. Et pource que les cahiers de leurs demandes semblerent vn peu trop hardis, & qu'outre cela ils fortifioient leurs places de seureté, qu'ils faisoient amas d'argent & de soldats, qu'ils auoient des intelligences & vne vnion secrete auec les Anglois & les Allemans; le Roy resolut de les reprimer, apres toutefois auoir vsé de patience & de douceur en leur endroit, & auoir protesté qu'il n'en vouloit qu'aux rebelles & non à la Religion: ce que connoissant plusieurs grands Seigneurs de ce party, qu'on estimoit deuoir adherer à la faction, ils s'en retirerent pour seruir le Roy, entre autres les Ducs de la Tremoüille & de Lesdiguieres, & le Mareschal de Chastillon. Sa Majesté voyant donc qu'il en falloit venir aux armes, partit de Fontaine-bleau au mois d'Avril de l'année 1621. Quelques-vnes des Villes que les Protestans nommoient, places de seureté ou d'ostage, se rendirent au Roy, comme Saumur passage sur la riuiere de Loire, où estoit Gouuerneur ce celebre & docte Protestant le sieur du Plessis Mornay; Sancerre, Iargeau, Vitré, & Pontorson, en firent de mesme. La ville de S. Iean d'Angely se fiant en ses fortifications, & à Monsieur de Soubise frere du Duc de Rohan qui y commandoit, voulut soustenir le siege; mais enfin le courage du Roy & la valeur des attaquans la forcerent à se rendre, & à implorer le pardon de son Prince, qui la fit dementeler, & luy osta auec ses priuileges son ancien nom, ordonnant qu'elle fut appellée le Bourg Louis. Les villes de Pons, de Castillon, de S. Foy, de Bergerac, & de Clerac, furent aussi remises sous l'obeïssance du Roy : mais Montauban ayant eu grand loisir de se bien fortifier, se defendit si long-temps, que l'on fut contraint de leuer le siege apres plusieurs memorables assauts, attaques, sorties & combats, où moururent plusieurs vaillans hommes des deux partis, & entre autres le Duc de Mayenne, tué d'vn coup de mousquet. Le Roy ayant passé outre, assiegea & prit Monheur, & plusieurs autres places: sa Majesté agissant auec vne merueilleuse patience, & force d'esprit & de courage en tous ces sieges, passant des iours & des nuits à la campagne, & par fois dans les tranchées; & n'ayant pas seulement à combattre les ennemis, mais encore à resister aux violentes chaleurs & aux maladies contagieuses qui auoient infecté son armée, desquelles Dieu le preserua. L'année apres le Roy voulant acheuer de mettre à la raison les rebelles, les alla attaquer dans Rié, qui est vne peninsule du bas Poitou en lieu presque inaccessible, enuironné de la mer & d'vne riuiere : là le courage du Roy estonna les plus hardis, car il passa à gué le bras de mer & montra le chemin aux siens : ce qui espouuenta tellement les ennemis, qu'ils lascherent le pied apres quelque legere resistance, & furent entierement defaits, auec la perte de leurs vaisseaux & de leurs canons. Apres cét exploit ce Monarque victorieux passa plus outre, assiegea & prit Royan, tres forte place proche de la mer, fit presser la Rochelle par le moyen du fort Louis, qu'il auoit fait construire pour seruir de cauesson aux insolences des Rochelois. De là il trauersa la Guyenne & le haut Languedoc, où il força encore plusieurs places; puis mit le siege deuant Montpellier, qui estoit la plus grande & la plus forte place que tinrent les Religionnaires dans la Prouince de Languedoc : ce siege fut tres-memorable, bien attaqué, bien defendu, mais enfin forcé de ployer le long sous la volonté de son Souuerain, & de ceder à ces armes inuincibles. Ce qui ayant abbatu l'orgueil & les esperances des Protestans, ils furent contraints de se venir ietter aux pieds de leur Monarque, & d'implorer la clemence de sa Majesté, qui les voulant traitter comme vn pere fait ses enfans rebelles, ausquels apres auoir donné quelques coups de verges, il retire les chastimens, & leur pardonne : ainsi ce genereux & magnanime Prince accorda la paix & le pardon à ses sujets apres qu'il fut entré dans la Ville de Montpellier. Henry Duc de Rohan, chef de tous les Protestans, fit aussi ses submissions. Comme ces choses se traittoient, l'armée nauale du Roy commandée par le Duc de Guise, assisté du Duc de la Rochefoucaud, & du Comte de Ioigny, General des Galeres, emporta vne victoire signalée deuant la Rochelle: Et le genereux Iean de S. Bonnet, Seigneur de Toiras, qui s'estoit aussi trouué à cette bataille, estant estably Lieutenant du Roy dans le fort Louis, resista vigoureusement aux ennemis, & les battit en plusieurs rencontres. Apres la paix de Montpellier le Roy passa en Prouence, & fit vne entrée magnifique dans sa ville d'Aix, qui luy dressa plusieurs arcs de triomphe, où estoient representez

tous

tous les anciens Comtes de Prouence, semblans receuoir sa Majesté & le congratuler de ses Triomphes plus grands que ceux de l'inuincible Hercule. De là sa Majesté vint en Auignon, où il receut aussi de tres grands honneurs, le Pape ayant ordonné qu'on n'y oubliast rien. Charles Emanuel Duc de Sauoye vint visiter & faire ses complimens à sa Majesté dans cette Ville, & se conjoüir auec elle de ses victoires, & renoueller leur ancienne alliance, comme firent aussi les Venitiens & les Grisons. Sa Majesté passa aussi à Grenoble, où le Connestable Lesdiguieres luy fit dresser plusieurs Arcs de Triomphe ornez de tableaux qui representoient par Emblémes les victoires & les trauaux de ce Prince : Les sept merueilles qui se trouuent en la Prouince de Dauphiné, y furent aussi depeintes. Et ce glorieux Connestable donna le plaisir d'vne tres-belle chasse dans le Parc de son superbe Chasteau de Vizille à deux lieuës de Grenoble, où sa Majesté courut & tua le Cerf à coups d'espée. Les guerres intestines semblans estre pacifiées, le Roy eut soin d'assister ses Alliez ; sous ses heureux auspices le Marquis de Cœuures, depuis Mareschal d'Estrée, chassa l'Espagnol de la Valteline, à laquelle il rendit sa premiere liberté : Et le Connestable de Lesdiguieres, duquel nous venons de parler, assiegea & prit quelques places dans l'Estat de Gennes, à la priere du Duc de Sauoye. L'an 1625. le Pape Vrbain VIII. enuoya son neveu le Cardinal François Barberin, Legat en France, pour traitter la paix d'Italie, mais ses propositions ne furent pas receuës. Cependant le Seigneur de Soubize, & plusieurs Protestans, violerent le traitté de paix, ayans voulu prendre le port de Blauet en Bretagne, & se saisir des Nauires du Roy ; mais la Noblesse du pays y estant accouruë, les rebelles se retirerent honteusement. Et peu de temps apres le Duc de Montmorency Admiral de France gagna vne bataille nauale contre eux, & assisté des Hollandois, se saisit de l'Isle d'Oleron, & puis ils perdirent aussi celle de Ré : tellement que se voyans ainsi mal menez, ils eurent encore recours à la genereuse clemence du Roy, qui leur pardonna l'an 1626. Le traitté de Mouçon fut conclud en ce temps là auec l'Espagnol, par lequel la Valteline (dont il s'estoit encores emparé) fut renduë, les forts demolis, & toutes choses remises en leur premier estat. Sa Majesté fut en Bretagne sur la fin de la mesme année, où il arresta le cours d'vne conspiration qui se tramoit dans la Cour, le principal complice de laquelle fut puny exemplairement à Nantes. Et quelque mois apres estant à Paris, vne forte maladie faillit à l'oster de ce monde, de laquelle estant releué par l'assistance diuine, il fut contraint de monter à cheual pour s'aller opposer à vne descente inopinée que le Duc de Bukinkam auoit faite à l'Isle de Ré, pour fauoriser les Rochelois ; l'armée duquel ayant mis pied à terre, sans auoir denoncé la guerre, fut aussi tost repoussée par la vertu du Seigneur de Toiras, & par le miraculeux secours que le Roy y enuoya, conduit par le Mareschal de Schomberg, qui forcerent cét insolent ennemy de se rembarquer, apres auoir perdu ses meilleurs soldats, plusieurs vaisseaux, & tout son canon. Cét heureux euenement obligea sa Majesté à se resoudre d'assieger cette orgueilleuse Rochellé, encore que son port, son assiette, & ses orgueilleux boulevards, la fissent estimer imprenable : tout incontinent l'on mit la main à l'œuure, l'on dressa plusieurs forts ioints par des lignes de communication de trois grandes lieuës de tour : mais pource qu'il estoit necessaire d'oster à ces obstinez rebelles toute sorte de moyens de pouuoir estre secourus, le Cardinal de Richelieu, qui estoit alors le sacré Pilote qui conduisoit le vaisseau de la Monarchie sous l'authorité du Roy, entreprit & fit construire vne digue si admirable pour boucher le port, qu'elle surpassoit la creance des hommes, en sorte que le plus impetueux de tous les elemens fut contraint de changer d'inclination & de nature pour contribuer aux victoires de ce grand Monarque ; & toute la flotte des grands vaisseaux & ramberges d'Angleterre, qui sont comme autant de fortes citadelles flotantes, fut dissipée & plongée dans vn tel desordre, qu'elle fut contrainte de se retirer honteusement voguant çà & là parmy les escueils de la mer du Nord, sans auoir pris ny osé attaquer le moindre de nos vaisseaux, ny brusle vn seul de nos villages. Enfin ce superbe boulevard, cette inuincible Rochelle, fut contrainte de crier misericorde, & de venir implorer la grace de Louis le Iuste, qui acheua heureusement cette glorieuse entreprise, où plusieurs de ses predecesseurs auoient eschoüé : comparable en cela à ces Heros de l'antiquité, Alexandre le Grand & Scipion l'Affricain, qui subjuguerent les Villes de Tyr & de Cartage par le moyen de deux digues. Apres la Rochelle prise, qui oseroit resister à cét inuincible Monarque ? l'Anglois eschoüé, l'Ocean subjugué, & la violence des Elemens vaincuë, firent connoistre à toute l'Europe que le bras du Dieu des armées auoit fortifié celuy de ce genereux Prince : qui peu apres estant reclamé par les Princes d'Italie ses alliez, partit d'vne des extremitez de son Royaume pour aller triompher à Paris, & pour aller passer les Alpes, & malgré l'aspreté d'vn froid extréme, monter auec ardeur sur les pointes des rochers presques inaccessibles, pour paruenir au sommet de la gloire. Les Espagnols qui auoient assiegé estroittement Casal pendant que le Roy estoit occupé ailleurs, furent contraints de leuer le siege, apres que le Duc de Sauoye fut forcé au Pas de Suse, par la valeur des François animez par la presence du Roy, tellement que sa Majesté ayant fait restituer à Charles de Gonzague nouueau Duc de Mantouë, ce qu'on luy auoit iniustement vsurpé, vint en Languedoc, assiegea & prit par force la Ville de Priuas, & mit en sa puissance les Seuenes ; & de là poussant encor plus auant, les Villes d'Alez, d'Vsez, de Castres, de Montauban, & plus de trente autres places, furent contraintes d'ouurir leurs portes, & d'implorer le pardon de leur Prince, qui les traitta auec toute sorte de douceur, de clemence & de generosité. Le Duc de Rohan, Chef des Protestans, esprouua aussi la bonté du Roy, & apres auoir conferé secrettement de plusieurs importantes affaires auec le Cardinal de Richelieu, il fut enuoyé en Italie, où il obtint deux victoires sur les Imperiaux, & vne sur les Espagnols au pays des Grisons ; & enfin perdit glorieusement la vie par les blessures qu'il receut à la bataille de Rhinfeld.

Sa Majesté estant de retour à Paris, tous les Princes estrangers luy enuoyerent des Ambassadeurs pour luy tesmoigner la part qu'ils prenoient à ses triomphes, & pour renoueller leurs alliances : La paix d'Angleterre fut acheuée, & l'Italie secouruë encore vne fois, apres le glorieux combat de Veillane, & la genereuse resistance que le Seigneur de Toiras fit à Casal contre les violens efforts de l'armée Espagnole commandée par le Marquis Spinola : la Ville de Pignerol fut en ce temps là reünie à la Couronne, & nos Generaux receurent beaucoup de gloire par l'aduantage qu'ils eurent aux combats de Carignan, & à la prise d'Auigliane, & de plusieurs autres places ; toutes ces conquestes furent suiuies du traitté de paix fait à Queiras, par le moyen duquel toutes choses furent restablies. Ce fut en ce temps-là que le Roy de Suede estoit entré victorieux en Allemagne, & que nostre Roy Louis *le Iuste* l'obligea à declarer que ce n'estoit point à la Religion Catholique qu'il en vouloit, mais seulement à l'vsurpation que l'Empereur auoit faite sur les terres, sur la liberté, & sur les Priuileges des Princes Allemans, qui l'auoient appellé à leur secours. L'an 1633. le Roy s'achemina en Lorraine pour reprimer le Duc Charles : Nancy, la Mothe, le Pont à Mousson, Vic, Moyenuic, Marsal & Clermont en Argonne, furent conquises par l'armée du Roy, & plusieurs autres places en Suaube & en Alsace. Enuiron ce temps là la Reyne

Mere Marie de Medicis, & Monsieur frere du Roy, s'estans retirez, firent paroistre leur mescontentement par quelques pratiques & remuëmens qu'ils firent en France, qui furent funestes aux entrepreneurs. Et les Espagnols ayant donné plusieurs sujets de plainte au Roy, & notamment par la prise de la Ville de Tréves, & par l'iniuste detention de son Prince legitime qui s'estoit depuis peu mis sous la protection de la France: Sa Majesté fut contrainte d'enuoyer vn Heraut d'armes à Bruxelles pour declarer la guerre au Cardinal Infant: En suitte de laquelle les armées Royales eurent plusieurs glorieux auantages par mer & par terre, comme nous auons dit cy-deuant dans l'abregé de la vie de l'Eminentissime Cardinal de Richelieu. Mais quand ie vous auray encore rafraischy la memoire de la bataille, & de la victoire d'Avain, & des progrez que le Cardinal de la Vallette, & le Duc de Veimar, firent au Palatinat, des victoires du Duc de Rohan à la Valteline, de la bataille du Tesin gagnée au Milanois par le genereux Duc de Crequy, & de plusieurs autres places qu'il emporta sur les Espagnols, des reprises de Corbie, de Roye, du Catelet, de la Capelle, & des Isles de S. Marguerite & de S. Honorat, des sieges & prises des Villes de Landrecy, de Damvilliers, & d'Yvoy, de la bataille de Laucate, & de celle de Rhinau & de Rhinfeld, de la conqueste de Fribourg, de Brisgau & de Rhinfeld, & peu de temps apres de Brisac, par le Duc de Veimar, qui estant mort apres ce glorieux exploit, le sage & vaillant Duc de Longueville luy succeda, qui prit plusieurs places dans la Franche-Comté de Bourgogne, & puis emporta sur les Imperiaux & Bavarrois Hermenstein, Neustad, Landau, Creuzenac, & Coblens: Et en suitte se ioignit au Mareschal Bannier, chef de l'armée Suedoise, & traitta Alliance auec la Lantgrave doüairiere de Hesse Cassel, Princesse genereuse, & portée à l'auancement de la liberté Germanique, & aux interests de la France. Quand, dis-je, ie vous auray encore parlé de la victoire que le genereux Comte de Harcourt remporta à Casal, où il fit leuer le siege aux Espagnols auec tant de valeur, Et puis du fameux siege de Turin, où ce mesme Prince fit triompher son courage, sa constance & sa magnanimité, secondé par le vaillant Seigneur de la Mothe-Houdancourt, depuis Mareschal de France, qui depuis en qualité de Vice-Roy de Catalogne, y a tant acquis de gloire & d'estime pour le seruice de la France. Quand nous aurons encore dit vn mot de la prise d'Hedin & du combat ou bataille de S. Nicolas gagnez par le Mareschal de la Meilleraye, & d'vn nombre de fameux combats & prises de places par le Colonel de Gassion, depuis Mareschal de France, du memorable siege d'Arras, & de sa prise, de la defaite de Lamboy & du Comte de Buquoy: & puis de la conqueste d'Aire, de Bapaume, de la Bassée: de la bataille de Kempen, gagnée par le Mareschal de Guebriant, de celle de Leide en Catalogne par le Mareschal de la Mothe, des prises de Colioure, d'Argiliers, de S. Elme, & peu apres celle de la forte & renommée Ville de Perpignan, & enfin de la reduction & acquisition de Sedan: Ie laisseray faire le reste à l'imagination de ceux qui liront toutes ces choses, les priant de iuger combien il a falu de peines, de soins, & de sueurs, combien d'éminentes qualitez de Roy, de Capitaine, de Soldat: combien de fortune, de suffisance, de patience, & de magnanimité, pour acheuer vn si grand nombre de genereuses entreprises. Et par ce raisonnement, comme par des eschelons Geometriques, l'on descouurira la grandeur des victoires de ce Prince, & l'on confessera qu'il a fait des merueilles, & que son Regne a esté autant glorieux qu'aucun des siecles passez.

Comme donc la France estoit montée au plus haut faiste de grandeur où elle pouuoit atteindre; & que les affaires publiques & celles de la guerre estoient preparées à vn accommodement, par la proposition d'vne paix generale, à quoy les ennemis attaquez & vaincus de toutes parts, inclinoient auec beaucoup d'affection & d'instance: ces douces esperances furent bien-tost conuerties en vne tres-amere & cuisante affliction, quand ce grand Roy estant tombé malade d'vne langueur & foiblesse extréme, fut attaché dans son lit trois mois entiers, au bout desquels il rendit l'ame à son Createur, à S. Germain en Laye le 14. iour de May 1643. auec vne resignation parfaite à la volonté Diuine, & vn destachement entier des grandeurs de ce monde, ayant fait paroistre en ses plus cuisantes douleurs vne ferme resolution au mespris de la mort & de la vanité, de laquelle il fut si ennemy, qu'il defendit mesme qu'on luy fit des pompes funebres. Il laissa la Regence de ses Estats à la Reyne son Espouse, ayant reconnu les excellentes vertus & la pieté de cette grande Princesse; Il estoit debonnaire, clement, chaste, courageux, & tres-intelligent aux affaires de la guerre & de la paix; secret dans ses resolutions, dissimulé, vigilant & infatigable aux expeditions militaires & à la chasse. Il aima les Arts, & particulierement la Peinture & la Musique, il restablit les monnoyes d'or & d'argent dans leur perfection, il redressa vne excellente Imprimerie, & augmenta ses bastimens du Louure, de S. Germain & de Fontainebleau, fit bastir Versailles, & l'Eglise de S. Louis, & acheua plusieurs autres choses admirables.

Sa deuise estoit composée d'vne massuë d'Hercule auec ces mots pour ame, ERIT, HÆC QVOQVE COGNITA MONSTRIS. Et ses armes toutes semblables à celles du Roy Henry le Grand son Pere.

Messieurs de S. Marthe, freres iumeaux, & tres-doctes Historiographes du Roy, dresserent vn Monument à ce grand Prince, sur le sujet de la Statuë Equestre qu'on luy a erigé à la Place Royale; les curieux seront bien aises de le voir sur la fin de cét Abregé.

Ludouico XIII. Christianissimo Francorum & Nauarrorum Regi, Pio, Iusto, Felici, Triumphatori semper inuicto, Catholicæ Religionis Assertori. Sanctorum Principum Arnulfi Ducis, Caroli Magni Imperatoris, Ludouici IX. Regis Sanguini Primigenio, Henrici Magni filio, Ludouici XIV. à Deo dati, vt Regni sic primis ab annis victoriam heredis, parenti non sine miraculo, post bellorum ciuilium ignes sopitos, Fusos ac Fugatos Angelos, Fractas Hæreticorum Partes, Oceanum Stupendo aggere inter compedibus vinctum; Rupellam nullis fere humanis viribus expugnabilem ad deditionem compulsam, post subactorum itidem rebellantium postratam peruicaciam; Tum fortitudine, Tum clementia, Casalum præcipuum Italiæ munimentum tribus obsidionibus exemptum: Augustam Taurinorum ac Mantuam cunctatei Sabaudo ac Mantuano Ducibus restitutas; Italiam liberatam, post Catalauniam vindictam: Regem Lusitaniæ Ioannem IV. aliosque fœderatos Reges ac Principes auxilijs adiutos. Post Atrebatum, Brisiacum, Nanceium, Perpenianum, Sedanum, Munitissimas vrbes, plurimasque alias armis subactas, Germanos, Belgas, Hispanos, Lotharingos, Allobroges, collatis signis Terra Marique sæpissime superatos, &c.

ANNA AVSTRIACA
Regum filia, soror, Neptis, Uxor, et Mater Orbis
Galliq protractis limitibus Suecia Daniæ
Conciliata, Germaniæ Principibus Pace data,
Italiæ tranquillitate restituta, Moderatione
REGINA GALLORVM REGES
suæ felicitatem Deo Max.o Referens, Montalium Vallis Gratiarum Basilicam lapide pretioso Construxit, breuique Iani Clausura fores,
si Deus Gallorum Vota Precesque Audierit
Principibus tot Auis nec Coniuge Rege Superbit
O Rarum tanta Nobilitate Decus

ABREGE' DE LA VIE ET DES ACTIONS GLORIEVSES DE LA TRES-ILLVSTRE ET TRES-AVGVSTE REYNE ANNE D'AVSTRICHE, FEMME DV ROY LOVIS XIII. MERE ET REGENTE DV ROY LOVIS XIV. SVRNOMME' DIEV-DONNE'.

IAMAIS le Ciel fauorable n'a versé de plus precieuses influences, que celles qu'il infusa à la conception & à la naissance de cette Grande & Auguste Princesse Anne d'Austriche, fille, femme, sœur, & mere des plus grands Roys du monde; elle est née dans la pourpre; le trosne a esté son berceau, & le tronc d'où elle est sortie n'a iamais eu pour branches que des Sceptres, & pour fruits que des Couronnes: & pour haut qu'on veuille remonter vers vne si belle source, l'on ne luy trouuera pour predecesseurs que des Empereurs & des Roys. Les Vertus & les Graces se donnerent à elle pour ne s'en esloigner iamais, & ses tres-belles mains furent destinées de posseder le cœur, & de lier la foy du plus grand Monarque de l'Vniuers, & adoucir par leurs chastes embrassemens les penibles trauaux de cet illustre & victorieux Conquerant. Elle fut rauie de quitter les titres pompeux de tant de Royaumes qui sont dans la Maison de ses Ancestres, pour prendre la qualité de Reyne de France, qui comprend en vn seul mot toute la Majesté des Puissances humaines. Et l'esclat de cette dignité a tousiours esté, & est encore accompagné de tant de hautes qualitez, & particulierement de celles qui sont necessaires à la perfection d'vne grande Reyne, & qui peuuent embellir son ame, que nous pouuons dire que si la fortune luy a donné des Sceptres, la brillante possession de toutes les vertus Chrestiennes & Morales, l'ont renduë tres-digne de les porter.

La publication de son mariage auec le Roy Louis XIII. fut solemnisée à Madrid le 22. d'Aoust 1612. en presence de l'illustre Duc de Mayenne qui y auoit esté enuoyé exprés accompagné d'vn grand nombre de Seigneurs François, qui parurent auec vne merueilleuse bombance dans la Cour d'Espagne: En ce temps le Roy Catholique auoit enuoyé en France le Duc de Pastrane pour demander en mariage Madame Elizabeth de France sœur du Roy, qui luy estant accordée, les Mariages furent publiez à Paris en tres-grande solemnité le 25. d'Aoust 1612. Cette double alliance ayant esté traittée & resoluë, quelques mois auparauant: Et les Seigneurs François en ayant tesmoigné leurs rejoüissances, par cét admirable Carosel qu'ils firent à Paris dans la Place Royale; à l'imitation duquel les Seigneurs Napolitains firent aussi de tres-belles courses de Bague & autres cõbats dans la Ville de Naples, pour la ioye qu'ils prenoient de ces Alliances, qui sembloient promettre vne felicité asseurée & perdurable à la Chrestienté. Mais d'autant que les vns & les autres des futurs conjoints n'estoient en âge competant, la solemnité du Mariage & de la Benediction nuptiale ne se fit que le 18. d'Octobre 1615. Le Roy estant allé à Bordeaux pour receuoir la Reyne son Espouse, & pour accompagner par mesme moyen Madame sa sœur, qui par vn Royal eschange estoit destinée au Prince Philippes frere de la Reyne Anne; la separation de ces deux Princesses se fit sur la riuiere de Bidasso ou Margary, qui fait la diuision de la France & de l'Espagne, au lieu nommé Andaye. Il y auoit dans la Machine de France plusieurs beaux ornemens de tapisseries, de peintures & d'Emblémes; mais les Espagnols se contenterent de la brauerie & parade de leurs habits, qui ne fut pas moindre du costé des Courtisans François: outre le pont qui fut construit sur la riuiere, & les eschafaux & machines de part & d'autre, il y auoit aussi vn riche batteau de chaque costé destiné pour receuoir les Princesses: on fit difficulté sur vn accident qui fit bien parler le monde; car les Espagnols ayant outre la Couronne, mis vn globe de l'Vniuers sur le batteau qui deuoit receuoir Madame Elizabeth leur Princesse, croyans que les François eussent fait le mesme sur celuy de la Reyne, il falut pour garder vne esgalité entiere, abbatre ce globe, & renuerser le monde; ce qui fut de mauuais augure à cette nation, qui pretendoit à la Monarchie vniuerselle. Cependant les Bourgeois preparerent vne magnifique entrée à leurs Majestez, car outre l'admirable inuention des feux artificiels sur l'eau & sur la terre, & plusieurs autres machines & representations de dragons, de balaines, de lyons, de Geans, de Nains & de statuës de Roys & de Reynes: douze jeunes hommes de la Ville habillez de differente maniere, saluërent leurs Majestez comme s'ils eussent esté les Ambassadeurs des douze plus renommez Monarques de l'Europe, venus de la part de leurs Princes pour feliciter le Roy & la Reyne, & se resioüir de leur mariage: ce qui fut accompagné du present que la Ville fit à leurs Majestez de deux grandes medailles de fin or, pesans chacune six mille liures. D'autre costé le Roy desirant gratifier les Bourdelois, fit faire largesse au peuple par des Herauts d'armes, qui ietterent plusieurs belles medailles d'or & d'argent, sur l'vn des costez desquelles estoient representez les visages & les noms de leurs Majestez, & de l'autre deux Couronnes iointes ensemble par deux branches d'oliuier & de laurier entrelassées, l'vne dans l'autre, auec ces mots dans le tour de la Medaille, ÆTERNÆ FOEDERA PACIS. Apres ces heureux commencemens nos ieunes Mariez vinrent à Paris, & furent receus par toutes les Villes où leurs Majestez passerent auec des honneurs qui ne se peuuent descrire ny imaginer. Cette sage Reyne attirant le cœur & les affections de tous les François, & rendant au Roy son espoux de continuels tesmoignages de respect, d'amour & de tendresse: Elle l'accompagna presque en tous les voyages & expeditions militaires qu'il fit, & partagea auec luy les soins & les inquietudes qui sont inseparables des grandeurs les mieux establies; cette grande Princesse montrant vn exemple continuel de sagesse, de modestie, de charité, de douceur & de pieté. & comme le flambeau de la guerre eut esté allumé contre l'Empereur & contre le Roy d'Espagne, & que cette impitoyable discorde esgorgeoit la Chrestienté au grand scandale & affoiblissement de la Religion; Nostre sage Reyne faisoit sans cesse des prieres & des vœux, & se mortifioit par plusieurs penitences & austeritez, pour tascher d'adoucir la colere du Ciel, & attirer la paix à l'Europe desolée; & pource que cette bonne Princesse sçauoit tres-bien que Dieu n'agit iamais que par les causes secondes, elle employa toutes les forces de son esprit, & toutes ses persuasions enuers le Roy son mary, & enuers les Ambassadeurs qui la venoient saluer, & mesme enuers le Cardinal Infant son frere, pour les conjurer de contribuer tous leurs soins & tout leur pouuoir, pour paruenir à cette paix tant desirée & si necessaire à la Chrestienté: Mais helas! la grandeur de nos iniquitez auoit tellement allumé la colere du Tout-puissant, qu'il ne pouuoit encore estre appaisé, en sorte que ses vengeances se sont mesme

Cc

multipliée en nos iours : mais comme Dieu ne rend point inutiles les prieres de ceux qui l'inuoquent auec vne ferme foy & humilité de cœur, il exauça cette Princesse affligée par vne benediction qui luy fut toute particuliere, & rendant sa couche feconde, & la faisant Mere bien heureuse de deux enfans admirables, qui estans à present les delices & les esperances du genre humain, en seront vn iour les ornemens & la restauration.

L'an 1638. le 5. de Septembre, cette bonne & heureuse Princesse accoucha à S. Germain en Laye d'vn Royal Dauphin, qui resiouit toute la France, comme estant le sacré presage de sa bonace & de sa prosperité.

Et le 21. de Septembre de l'année 1640. le Serenissime Prince Duc d'Anjou nasquit au mesme lieu de S. Germain en Laye; ce qui fut vn surcroit de benediction & de ioye à cette grande Reyne.

Miraculeux enfans, & Astres nouueaux de benigne influence, ou bien deux Alcions esclos au milieu des orages & des tempestes, & agreables auant coureurs de la paix generale, venus au monde en vn temps que toute la terre se trouue agitée de fascheux troubles & de sanglantes diuisions.

Le Roy & la Reyne rauis de voir sortir deux si beaux reiettons de leur sacrée couche, remercierent Dieu de cette insigne benediction, & luy voüerent ces ieunes plantes, afin qu'il luy plût de les mettre sous sa diuine protection, & les rendre des instrumens de sa gloire & du salut de leurs peuples.

Le Pape Vrbain VIII. & les plus grands Princes de l'Europe prirent part au contentement de leurs Majestez : & la voix publique benissant les merueilles de Dieu en cette occasion, surnomma incontinent ce ieune Prince, DIEV-DONNE', comme estant vn enfant de merueille, dans sa conception non attenduë, dans son heureuse naissance, dans la beauté & la vigueur de son corps, dans la maturité & l'excellence de son esprit, & dans son education fauorable. Mais comme ces faueurs celestes auoient donné vn grand sujet de ioye & de consolation à nostre bonne Reyne, le Ciel mesla de l'amertume parmy les douceurs qu'elle sauouroit dans sa famille, par la longue maladie du Roy Louis XIII. son mary : qui auparauant que mourir vouloit auoir le contentement de faire baptiser M. le Dauphin, & par ce Sacrement l'inuestir du titre de Fils aisné de l'Eglise. La solemnité en fut faite le 20. iour d'Avril par Dominique Seguier Euesque de Meaux, premier Aumosnier du Roy. Et pour le presenter sur les fonds, Sa Majesté nomma la tres-illustre Princesse de Condé Charlote Marguerite de Montmorency, auec l'Eminentissime Cardinal Iules Mazarin, deslors premier Ministre d'Estat; ayant esté choisi par le Roy pour le rendre d'autant plus interessé par ce glorieux engagement, à seruir auec affection ce ieune Prince, dont il deuoit estre le sacré Parrain & le fidele ministre. Et quant au nom, l'on n'en trouua point de meilleure augure que celuy de Louis.

Trois semaines apres l'affliction de la Reyne fut beaucoup augmentée par le trespas du Roy son mary; & au mesme temps s'abandonnoit aux regrets & aux larmes, toute la France luy demanda son assistance, & tourna les yeux de son costé, comme vers son azile, pour la coniurer de vouloir estre aussi bien la Mere & la Tutrice des François, que de leur ieune Monarque.

Le lendemain de la mort du feu Roy, Monseigneur le Duc d'Orleans, Monseigneur le Prince de Condé, & tous les autres Princes & Seigneurs de la Cour, accompagnerent le ieune Roy Louis XIV. & la Reyne sa Mere à Paris; où leurs Majestez furent receuës auec autant de ioye qu'on se sçauroit imaginer, tout le peuple de cette grande & admirable Ville estant venu si loin au deuant, que tous les chemins en estoient remplis, & l'air retentissoit de cris d'alegresse entremeslez de larmes, de ioye, de benedictions, de vœux & de prieres tres-ardantes, qu'ils poussoient vers le Ciel, pour la prosperité de leur ieune Roy, & de la Reyne sa Mere qu'ils regardoient desormais comme la source feconde de tout leur bonheur, esperant de reuoir bien-tost refleurir la paix dans le Royaume, puis que Dieu en auoit rendu arbitre cette bonne Reyne, qui auoit tousiours tesmoigné auec tant d'ardeur de la souhaiter. Le lendemain elle fut declarée Regente par la Cour de Parlement, qui receut vn nouueau lustre, de la presence de son Prince, & de la premiere apparition d'vn si bel Astre : le pouuoir de son administration luy estant donné sans restriction ny reserue aucune, n'y ayant aucun interest particulier de ceux qui luy auoient esté donnez pour adjoints par le feu Roy, qui ne cedast volontiers à cette necessité publique, & qui ne vit clairement que de restraindre son pouuoir, c'estoit donner des bornes à nostre felicité. Dans ce grand Senat de Paris, dans cét Auguste Parlement, qui est le Temple sacré & le plus ancien de la Iustice Souueraine de nos Roys, les Officiers du Roy qui haranguerent, souhaiterent au nouueau Prince la durée du Regne de ses ancestres, l'heritage de leurs vertus, & sur tout la clemence du Roy Henry le Grand son ayeul, la pieté du Roy Louis XIII. son Pere, & la Sainteté de S. Louis : à quoy ils adjousterent vn autre desir, qui fut heureusement accomply quatre iours apres, à sçauoir qu'il pleust au Ciel de rendre ses armes victorieuses, afin qu'il eut aussi les qualitez *d'Auguste & de Conquerant*, & qu'il pût deuenir en suite plus facilement, *le Prince de la paix*.

Vœux & prieres qui furent en partie exaucées, par la celebre bataille que le vaillant & inuincible Duc d'Anguien gagna à Rocroy, contre les Espagnols : laquelle on peut appeller à bon droit le iour natal de la fortune de Louis XIV. Et en suite par la prise de Thionuille, qui furent des victoires si importantes à l'Estat, dans la conjoncture de la mort du Roy, qu'elles empescherent l'insolence des Espagnols de pousser leurs armes iusques au cœur de la France, & de porter le feu iusques aux faux-bourgs de Paris, comme ils s'estoient orgueilleusement vantez. Et ainsi la vertu heroïque de ce glorieux & vaillant Prince fut tres-auantageuse à son Roy & à sa Patrie : Aussi nostre Reyne Regente & toute la France luy rendirent des honneurs indicibles à son arriuée, & le considererent comme l'Ange tutelaire de leur bonheur & de l'affermissement glorieux de l'Empire des François.

Ces profitables succez furent augmentez vne année apres par la prise de Graueline, que Monseigneur le Duc d'Orleans subjugua auec beaucoup de gloire & de hardiesse : & en suite par les conquestes des Villes de Bourbourg, de Bethune, de Linck, d'Armantiers, de S. Venant, de Lilers, du fort de Mardik & de Menen.

Enuiron le mesme temps nostre incomparable Duc d'Anguien estant passé en Allemagne, remporta encore vne signalée victoire sur les Bavarrois, à Fribourg, & fit des merueilles à commander auec prudence, & à combattre auec vn courage & vne valeur sans exemple : en sorte que les ennemis mesme furent rauis en admiration, & rehausserent auec de tres-grands Eloges, la haute vertu d'vn si illustre ennemy; Apres quoy nostre ieune Alcide remit encore vne fois sous l'obeissance du Roy les importantes villes de Philisbourg, de Mayence, de Vvormes & de Spire. Et comme il semble que la prouidence Diuine a fait naistre ce ieune Heros pour la grandeur de cette Monarchie, pour la protection de ses Alliez, & pour abbatre de plus en plus le courage & les esperances des ennemis, il gagna encore dans le fonds de l'Allemagne la tres-memorable bataille de Nordlinguen, & mit au plus haut poinct de reputation le courage des François, & la gloire de nos armes. Le sage & vaillant Mareschal de Thurenne seconda tres-puissamment la valeur de ce Prince, & vengea auec beaucoup de gloire la prise du Mareschal

Mareschal de Gramont, qui combattant auec beaucoup de hardiesse à l'aisle droite, paya de sa personne, & fut pris prisonnier par les ennemis à la premiere charge. Enuiron ce temps-là, la Reyne Regente eut nouuelle de la prise de Rose en Catalogne par le Comte du Plessis Praslin, depuis Mareschal de France, & de la victoire obtenuë au mesme pays par le vaillant Comte de Harcourt à Liorens. D'autre costé le Marquis de Villeroy, aussi à present Mareschal de France & Gouuerneur du Roy, remit en l'obeïssance de sa Majesté, la ville & forteresse de la Mothe en Lorraine. Et ainsi l'on vit les commencements du Regne de Louis XIV. pleins de victorieux succez de tous les costez; & nostre grande Reyne, ainsi que cette illustre Amazone la vefue Debora, dont parle l'Escriture, pouuoit rendre la iustice à ses sujets à l'ombre des palmes & des lauriers qui enuironnent son trosne: & il semble que la victoire ne trauailloit que pour faire triompher l'Empire François, & que les plus puissans genies *de Henry le Grand & de Louis le Iuste* auoient passé à leur heritier, comme estant en effet vn vray Phœnix, qui renaist de leurs cendres: Cependant la Ville de Treves estant prise par le Mareschal de Turenne, le chemin fut ouuert à l'entiere liberté & au restablissement du Prince Electeur Philippes Christophle Archeuesque de cette ville, qui reconnut tenir ce bien fait signalé, des puissantes armes de nostre Roy son allié, & des soins de nostre sage Regente qui en cette qualité acqueroit à son fils le titre glorieux *de Deffenseur & de Protecteur des Princes affligez.* L'iniuste detention que les Espagnols & les Imperiaux auoient fait de ce Prelat durant l'espace de dix années, ne l'ayant pû obliger à abandonner le party de France; quoy qu'il eut beaucoup souffert en sa disgrace, laquelle auoit donné vn des principaux motifs, à la rupture de la paix, entre les Couronnes de France & d'Espagne, comme nous auons dit cy-deuant en la vie de Louis XIII.

Enuiron ce temps-là nostre Regente prenant la part qu'elle deuoit aux interests du Roy & de la Reyne de la Grand' Bretagne, enuoya en Angleterre vne Ambassade extraordinaire, pour ouurir quelques moyens de paix, & tacher de faire venir à la raison les principaux Seigneurs du pays assemblez en Parlement, & armez contre leur Souuerain; mais les bonnes intentions de la Reyne, ayans paru suspectes à ces esprits meffians, l'on s'en retourna sans beaucoup auancer, & la Reyne de la grand' Bretagne voyant de plus en plus augmenter les entreprises des Parlementaires, passa la mer en tres-grand danger, vint surgir en Bretagne, & finalement arriua à Paris dans la Cour de France qui est l'azile ordinaire des Princes affligez. Le Prince de Galles y arriua aussi peu de temps apres, & ils y furent receus, auec les honneurs & le fauorable accueil qui leur estoient deu, cette illustre & malheureuse Princesse estant tante de nostre ieune Monarque, & par consequent fille de la maison.

Dans toutes ces rencontres & dans la conduite du nouueau Regne, nostre auguste Regente fut tousiours puissamment appuyée du courage, de la valeur & des sages conseils des Princes du sang, qui viuoient dans vne parfaite vnion & concorde pour le bien de l'Estat, semblans n'auoir de la ialousie & de l'emulation que pour montrer à leurs Majestez, l'enuie qu'ils auoient de les seruir: Le zele & la prudence de l'Emminentissime Cardinal Mazarin premier Ministre d'Estat que le feu Roy auoit choisi, contribuoit aussi beaucoup à l'affermissement & à la gloire de cét Empire, & à faire reüssir les plus grandes entreprises. La Reyne donc connoissant les bonnes qualitez de ce grand homme, luy remit le soin de l'education du Roy, puis que par vn choix glorieux il auoit eu l'honneur de le tenir entre ses bras dans les ceremonies de son Baptesme, & de plus elle luy remit le maniement de toutes les plus importantes affaires de la paix & de la guerre, ayant vne connoissance parfaite de sa vertu, de son affection & de sa fidelité, esprouuée en plusieurs occasions importantes à la gloire de cét Estat, mesme sous le Regne precedent. Cependant nostre bonne Reyne portée d'vne ardante passion au bien vniuersel de la Chrestienté, dressa dessors toutes ses pensées à luy procurer vne bonne paix, estant excitée à ce saint œuure, par les prieres du feu Pape Vrbain VIII. & par celles de plusieurs Princes estrangers, mais par dessus tout par les pitoyables plaintes de tous les peuples de l'Europe qui sont aux derniers abbois, & qui esperant de receuoir de sa Royale bonté & de sa genereuse entremise, vn si grand bien, promettoient de la combler de loüanges, de graces, de vœux & de benedictions, & d'esleuer sa statuë au plus haut comble du Temple de la Gloire, pour en benir le sacré original iusques à la fin des siecles. Cette bonne & sage Reyne donc esmeuë de toutes ces considerations, & de l'apprehension qu'elle auoit qu'on ne l'estimast trop lente, si pouuant auancer la paix, elle demeuroit la derniere à y trauailler, qui est vne chose horrible, & tout à fait contraire aux sentimens qu'elle auoit fait paroistre durant la vie du feu Roy, elle resolut de trauailler le plus qu'il luy seroit possible à cette sainte action: & donna la principale conduite de ce grand & si necessaire ouurage au Duc de Longueville, Chef des Plenipotentiaires de France, & aux Comtes de la Roche-Seruient, & Dauaux de Mesme, enuoyez à l'assemblée de Munster en Vvestfalie. Ce genereux & sage Duc y tint le premier rang entre les autres Ambassadeurs des Roys, des Princes & des Estats interessez en la paix; agissant auec grand soin, prudence, fidelité & affection, à conseruer les droits legitimes & les notables pretentions du Roy Tres-Chrestien son Souuerain, & de tous les Princes & Estats estrangers, qui sont ses alliez.

Pendant ces choses, le mariage du Serenissime Roy de Pologne Vladislas IV. fut negotié & arresté auec la tres-vertueuse Princesse Louïse Marie de Gonzagne de Cleues, Princesse de Mantouë & Duchesse de Neuers, proche parente de leurs Majestez, pour estre sortie de la Royale Maison de France par les branches de Bourbon, d'Alançon, & de Bourgogne. Ce royal Mariage fut publié à Fontainebleau le 25. de Septembre 1645. en presence du Roy, de la Reyne Regente, de Monseigneur le Duc d'Anjou, des Princes & Princesses de France, & des Eminentissimes Cardinaux Mazarin & Bichi; le Seigneur Gerrard Comte Donhoff, Palatin de Pomeranie, Ambassadeur & Procureur du Roy de Pologne, agissant au nom de son Maistre en cette occasion, où il fut accompagné de plusieurs Seigneurs & Gentilhommes Polonois vestus ce iour là à la Françoise; Quelque temps apres le mesme Roy de Pologne enuoya en France ses Ambassadeurs extraordinaires, pour solemniser son Mariage, & pour luy emmener cette belle Reyne son Espouse. l'vn de ces Ambassadeurs estoit le Comte de Lesno Prince & Euesque de Varmie; & l'autre le Comte de Brin Opalinsky, Palatin de Posnanie, qui firent vne tres-magnifique entrée à Paris, habillez à la mode de leur pays, leurs cheuaux & leurs cimeterres & bonnets ornez de pierreries & de petites plumes qu'ils tiennent fort cheres & honnorables parmy eux, comme estans les marques de leur vaillance. Apres toutes les ceremonies, les festins, les bals, & autres honneurs que leurs Majestez firent à la Reyne de Pologne, elle partit de Paris pour estre conduite dans ses Estats, où elle fut receuë auec vn accueil digne de sa grandeur & de celle de son mary: Estant accompagnée en ce voyage suiuant les ordres de leurs Majestez, par la tres-illustre & tres-habile Dame Renée du Bec, veufue du vaillant & renommé Mareschal de Guebriant, Lieutenant general des armées du Roy en Allemagne, qui quelque temps auparauant auoit esté blessé d'vn coup de fauconneau au siege de Rotvvil, comme cette ville

Dd

estoit sur le poinct de se rendre à ses victorieux efforts, & en effet il y entra, & y mourut auec vne constance & fermeté digne de sa vertu, & de la gloire qu'il s'estoit acquis.

Cependant nos genereux Princes agissoient de tous les costez auec vne merueilleuse affection & valeur, pour faire voir à la Reyne Regente qu'ils sont les plus fermes & les plus asseurées colomnes de l'Estat, & que si l'obstination des Espagnols ou de quelques autres personnes plus interessées à leur grandeur, qu'à la paix de la Chrestienté, destournent ou esloignent le repos & tranquilité de toute la terre pour pescher en eau trouble, & assouuir leur ambition excessiue & leur auarice demesurée : Que si, dis-je, cela nous oblige à souffrir vne si longue suite de malheurs & de desolations : nos Princes & nos Generaux secondans si glorieusement les bonnes intentions de nostre Auguste Regente tiennent la guerre esloignée de nous, dressent le Theatre de cette Tragedie sanglante hors de la France, & nous font viure dans vn repos parfait au milieu de l'agitation vniuerselle de toutes les autres nations.

Le Duc d'Orleans resolu de continuer ses heureux progrez, conduisit l'armée dans les Pays-bas, penetra iusques au cœur de la Flandre, & y assiegea & prit la Ville de Courtray, nonobstant tous les efforts d'Espagne & de ses Generaux, qui n'oserent donner la bataille, à laquelle il voulut les engager, aimans mieux laisser perdre les Villes de Berg, de S. Vinoc, & le fort de Mardik, que d'esprouuer la valeur des François commandez par vn si valeureux Prince.

La mesme année comme son Altesse Royale fut retenuë à la Cour, l'inuincible Duc d'Anguien voulut couronner cette campagne par la prise de la fameuse Ville de Dunkerke, laquelle il assiegea & batit par mer & par terre auec tant d'ardeur, qu'il l'emporta, à la barbe & à la honte des ennemis en moins de vingt-deux iours.

Et comme vn si glorieux succez arriua sur les bords de la mer Oceane, aussi peu apres il en arriua de tres-considerables sur la Mediteranée, où les Mareschaux de la M[illegible] & du Plessis Praslin conquirent la Vill[illegible] & Principauté de Piombino en la coste de Toscane, & celle de Portolongone en l'Isle d'Elbe. Et en Allemagne les Confederez auec la France sous la conduite du Mareschal de Turenne, firent de notables progrez en la Bauiere & en la Sueue, par les reductions de Landsberg, de Donauert, de Rain sur le Lek, & de plusieurs autres places.

Enuiron ce temps là le Roy de Pologne ayant fait demander à leurs Majestez les deux Ordres de S. Michel & du S. Esprit, la Reyne luy enuoya le Vi-Comte d'Arpajou, Cheualier desdits Ordres, pour l'en reuestir, cela ne luy ayant pû estre refusé, nonobstant la minorité du Roy, pource qu'il auoit escrit à la Reyne qu'il ne vouloit receuoir cét honneur que de la plus belle main du monde, comme est sans contredit celle de nostre auguste Regente. Mais ce pauure Roy mourut auparauant l'arriuée du Comte d'Arpajou.

Le fameux & important siege de la ville de Tortose emportée de viue force par la valeur & admirable conduite du Mareschal de Schomberg, en despit de toutes les forces d'Espagne assemblées pour son secours, estonna le Roy Catholique de sentir les François victorieux si auant dans ses Estats & si pres de son trosne: & fit triompher nostre ieune Roy Tres-Chrestien, qui s'en alla à cheual & en habit de guerre, accompagné de plusieurs Princes & Seigneurs, rendre graces à Dieu de cette victoire à l'Eglise de nostre Dame.

Enuiron ce temps là le tres-vaillant & incomparable Prince de Condé (que nous auons cy-deuant nommé Duc d'Anguien) assiegea & prit la ville d'Ipre en Flandres, & quelques autres places. Et en suite combatit en bataille rangée l'armée Espagnole, beaucoup plus nombreuse que la sienne, commandée par l'Archiduc Leopold, & la deffit entierement, renuersant par ce moyen toutes les esperances & les entreprises que cet illustre ennemy auoit conceuës de venir iusques dans le cœur de la France, pour y profiter de quelques diuisions arriuées à la Cour, par les maluersations aux finances de quelques Ministres: Nostre inuincible Alcide fit des merueilles à bien commander & à bien combatre, & fit agir les siens auec tant de vigueur, qu'il renuersa les plus espais bataillons des Espagnols, & deffit les escadrons des Lorrains & des Allemans, & se dressa vn glorieux trophée des lauriers que son ennemy auoit gagnez par la prise de deux ou trois places. Son courage intrepide & sa valeur sans exemple, forçant le Genie de la guerre, & la fortune, de luy conceder toutes les campagnes vne victoire nouuelle, & le rendans semblable à cette excellente plante Indienne dont le tige admirable produit toutes les années des fleurs differentes & tousiours belles.

Tellement que nous pouuons dire que le Roy, la Reyne Regente, & tout l'Estat, sont infiniment obligez à la vertu de ces grands Princes, qui ayans raffermy nos conquestes auec leur espée, ont continué de se rendre les dignes Protecteurs du Royaume par leur sagesse, & par l'admirable prudence & addresse d'esprit, qu'ils ont fait paroistre en destournant les maux & les troubles intestins & reparant les fautes d'autruy. Et quoy que les Princes ne regardent le plus souuent vne minorité, que comme vn interregne qui leur dõne le droit de regner à leur tour, qui rend toutes leurs demandes & toutes leurs actions legitimes, & qui leur permet d'establir leur authorité sur les ruines de celle d'vn ieune Prince: Nous auons veu & voyons encore tous les iours, qu'ils se tiennent tres-vnis & tres-fermes à suiure les volontez de la Reyne, & qu'ils font tous leurs efforts pour luy ayder à maintenir l'authorité Royale dans son entier & à rendre sa Regence glorieuse.

Que si Dieu benit les saintes intentions de cette Auguste Reyne, & qu'il regarde auec quel zele & quelle pieté elle se prosterne deuant ses Autels pour tâcher de flechir sa misericorde, & donner à la Chrestienté cette paix tant desirée & si long-temps attenduë : Nous verrons vn iour qu'elle sera reuerée & presque adorée de tous les peuples de la terre, & que tous les bons François la combleront de loüanges & de benedictions, d'auoir esteint vne guerre scandaleuse, qu'elle n'a point allumée; & d'auoir rendu au Roy son fils, lors qu'il sera majeur, vn Royaume plus grand, plus paisible, plus riche, & vne authorité aussi souueraine qu'elle estoit auparauant ; & ainsi quittant glorieusement la qualité de Regente, elle s'acquerra le titre immortel de Princesse de la paix, & de Reyne absoluë des cœurs & des affections de tous les humains.

GASTO FRANCIÆ
DVX AVRELIACVS
A Magno Patre oriundum
Virtus persecuta est, ab Eodem enim
foris Exterminatorem

ABREGE' DE LA VIE ET DES ACTIONS GLORIEVSES DE GASTON FILS DE FRANCE,

DVC D'ORLEANS, DE CHARTRES ET DE VALOIS, COMTE DE BLOIS, DE MONTLEHERY ET DE LIMOVRS, GOVVERNEVR DE LANGVEDOC, ONCLE DV ROY, ET LIEVTENANT GENERAL DE SA MAIESTE' EN TOVT LE ROYAVME, CHEF DE SES CONSEILS, SOVS LA REYNE REGENTE, ET GENERALISSIME DES ARMEES DE FRANCE, A PRESENT VIVANT.

LE ſang Royal de France eſt ſi precieux, que les plus grands Princes du monde en ont toûjours reueré la teinture, & conſideré auec de profonds reſpects, ceux qui en tirent leur origine : En ſorte qu'il ſuffiroit à ce grand & illuſtre Prince dont ie vay parler, d'eſtre comme il eſt, vn des plus beaux rejettons de cet admirable tronc, & d'auoir eſté engendré par le victorieux Henry, qui fut la gloire & la merueille des Princes, pour faire connoiſtre qu'il a acquis par ſa ſeule naiſſance toutes les facultez & qualitez neceſſaires pour l'acheuement d'vn grand Heros. Mais comme les plus beaux diamans ont beſoin d'eſtre mis en œuure pour paroiſtre auec plus d'eſclat & plus d'ornement, ainſi les vertus naturelles & acquiſes de l'auguſte Duc d'Orleans, ont brillé auec beaucoup de ſplendeur, lors que les occaſions ſe ſont rencontrées dignes de leur donner de l'action & de les occuper.

Ce Prince eſt vn des fils du Roy Henry le Grand, & de Marie de Medicis, frere du Roy Louis le Iuſte, & Oncle de noſtre ieune & admirable Roy Louis XIV. Il naſquit au Palais Royal de Fontainebleau l'an 1608. le 25. d'Avril, auquel iour l'Egliſe celebre la feſte de ſaint Marc, eſtant remarquable que le Roy S. Louis, de la tige duquel la famille Royale tire ſon origine, naſquit à pareil iour; les ceremonies de ſon bapteſme furent differées aſſez long-temps, & ne furent celebrées que l'an 1614. L'Illuſtre Reyne Marguerite fille de France, Ducheſſe de Valois, & l'Eminentiſſime Cardinal François Duc de Ioyeuſe, Pair de France, preſenterent ce ieune Prince ſur les ſacrez fonds de Bapteſme, & luy donnerent le nom de Gaſton, ſuiuant la volonté du Roy ſon Pere, qui ayant ſouuent teſmoigné d'auoir en veneration la memoire du vaillant Prince Gaſton de Foix Duc de Nemours, voulut la renoueller en quelque ſorte en la perſonne de ſon fils par le ſacré caractere du Bapteſme, & l'obliger par ce moyen à ſe rendre auſſi digne heritier & imitateur de la vertu de ce Prince, que de ſon ſang, & de ſon nom : A ce nom de *Gaſton*, l'on adjouſta celuy de *Iean Baptiſte*, lors qu'il fut confirmé, mais ſon Alteſſe Royale ne porte à preſent que celuy de *Gaſton*, comme eſtant le plus beau & le plus particulier.

Lorsque la Declaration de la Majorité du feu Roy Louis XIII. fut publiée en la Cour de Parlement, où ce grand Monarque tint ſon premier lit de Iuſtice : noſtre Duc d'Orleans y aſſiſta auec les autres Princes, les Grands de l'Eſtat & tous les Officiers de la Couronne.

Et pource que la perſonne des grands Princes comme celuy cy, attire l'amour & le reſpect des peuples; & qu'il ſemble que leur preſence authoriſe & donne plus d'eſclat aux actions qui tendent au bien public; le Roy fit choix de ce grand Prince ſon frere, pour preſider à l'aſſemblée des Notables de ce Royaume, conuoquée & tenuë à Roüen le 4. iour de Decembre de l'année 1617. encore qu'il n'euſt pas atteint la 10. année de ſon âge; là où il fit voir la preuue certaine de cette verité, que les Princes, & notamment ceux du Royal ſang de France, ont l'eſprit & le iugement beaucoup plus vif & plus aduancé, que l'ordinaire des autres hommes, s'eſtant fait admirer par tous ceux qui le virent. Quelque temps apres ſon Alteſſe Royale aſſiſta encore à l'aſſemblée & conuocation des Notables à Paris, pour donner ordre aux deſordres du Royaume ſuruenus durant le gouuernement d'vn eſtranger.

L'an 1627. le Roy ayant reſolu à quel prix que ce fut de chaſtier les frequentes rebellions des Rochelois, & d'y employer toutes les forces de ſon Royaume, pour les ranger dans l'obeiſſance, donna premierement à Monſeigneur le Duc d'Orleans ſon frere, la charge de Lieutenant general de ſes armées dans les Prouince de Poitou, de Xaintonge, d'Angoulmois & du pays d'Aunis, auec vn tres-ample pouuoir de commencer & de former vn ſi memorable ſiege. En ſuite de quoy les premiers ſoins de ce genereux Prince furent de viſiter le fort Louis, & les trauaux qu'il auoit fait commencer, de repouſſer les ſorties des aſſiegez, & d'animer par ſa preſence le courage & la valeur des ſiens : En quoy il donna des teſmoignages certains de la paſſion ardente qu'il auoit au ſeruice du Roy, & à maintenir la grandeur de ſon Eſtat, & ſon authorité ſouueraine. L'on conſtruiſit auparauant l'arriuée du Roy, le fort d'Orleans, & ſon le nomma ainſi pour l'amour de ſon Alteſſe qui en auoit tracé le plan, & faict eſleuer les baſtions.

Et comme ſa Majeſté eut ſouſmis ſous ſa volonté les Rochelois, & que la peſte, la guerre, & la famine les eurent obligé d'implorer la grace de leur Souuerain, & qu'il s'en fut reuenu triomphant & glorieux à Paris, le Duc de Mantouë & quelques autres Princes d'Italie ayans inuoqué le ſecours du Roy pour les deliurer de l'oppreſſion, & les defendre contre les forces de l'Empereur & du Roy d'Eſpagne qui tenoient Mantouë inueſtie, & Caſal aſſiegé, ſa Majeſté partit en tres-grande diligence pour aller cueillir les palmes qui l'attendoient, & pour redonner à ces Princes leur premiere liberté. Et d'autre coſté ſa Majeſté ayant iugé à propos de laiſſer vne armée en Champagne, il en donna l'abſolu commandement à ſon Alteſſe Royale le Duc d'Orleans, lequel fut auſſi eſtably Gouuerneur de Paris & des Prouinces voiſines pendant l'abſence de ſa Majeſté, auec vn tres-ample & tres-abſolu pouuoir : mais le Roy eſtant de retour de ſon glorieux voyage d'Italie & de l'entiere conqueſte des places occupées dans ſon Royaume par les rebelles Proteſtans; ſon Alteſſe Royale prenant auec beaucoup de chaleur les interreſts de la Reyne ſa mere, que quelques enuieux & meſchans conſeillers auoient fait reſoudre à ſe retirer en Flandres, il quitta auſſi la Cour, & s'en alla en Lorraine, & de là à Bruxelles, là où il fut receu par l'Archiducheſſe Claire Iſabelle Eugenie d'Auſtriche, auec tous les honneurs deus à vn ſi grand Prince. Et comme il eut fait tous ſes efforts pour reſtablir les affaires au poinct de ſes volontez, & qu'il eut auſſi taſché de perſuader la Reyne ſa Mere à la reconciliation auec le Roy; ſa Majeſté le fit perſuader de venir tenir le rang qui luy eſtoit deu pres de ſa perſonne. En ſuitte dequoy il partit auec peu de monde de Bruxelles, & vint trouuer le Roy qui le receut auec tous les teſmoignages de ioye, de bienueillance & d'amour fraternelle qu'il auroit pû ſouhaitter. Quelque temps apres il fut nommé Lieutenant general de l'armée de Picardie, pour s'opposer aux incursions du Cardinal Infant. Il remit dans l'obeissance du Roy la ville de Roye, dont les ennemis s'estoient emparez. Et en suitte il accompagna sa Majesté au siege de Corbie, où il conduisit vne tres-belle trouppe de Seigneurs & Gentils-hommes volontaires & autres qu'il auoit fait leuer dans les terres de son appanage, & dans celles de la Maison de Montpensier. Et depuis que le Mareschal de la Meilleraye eut pris la ville de Hedin en Artois, il y entra auec sa Majesté par la bresche, qui est la seule fois que cela s'est pratiqué auec tant d'honneur & d'esclat, depuis la guerre declarée entre les deux Couronnes; Estant à remarquer, que les habitans de cette ville dirent alors, que durant tout le long temps qu'ils auoient esté au Roy d'Espagne, ils ne l'auoient iamais veu, ny aucun de ses enfans ou de ses freres, & que dés le premier iour qu'ils auoient esté reduits sous l'obeissance du Roy de France, ils auoient eu l'honneur de voir sa Majesté & son Altesse le Duc d'Orleans son frere vnique: ce qui leur fit sentir auec plus de douceur le changement de leur Souuerain.

L'an 1643. comme le Roy fut de retour du siege de Perpignan, & qu'il fut tombé malade de la longue maladie dont il mourut, sa Majesté desira de voir le Duc d'Orleans son frere, & luy manda de le venir trouuer à S. Germain en Laye, où ce grand Monarque se voyant prest de changer les grandeurs de ce monde, en des felicitez plus parfaites & plus durables, que celles que les plus puissans Roys sauourent parmy les inquietudes de la terre, declara ce Prince son frere Lieutenant general du Dauphin son fils, qui deuoit bien-tost succeder à sa Couronne, pour exercer cét ample pouuoir par tout le Royaume, & pour estre chef de ses Conseils, sous l'authorité de la Reyne Regente, afin de soulager cette grande Princesse dans la conduite de l'Estat. Comme donc le Roy fut mort, son Altesse Royale consola la Reyne & accompagna le nouueau Roy son neveu, dans la solemnelle entrée qu'il fit à Paris, & lors qu'il tint sa premiere seance & son lit de Iustice en son Parlement le 18. de May 1643. Et là par vne admirable generosité, il se departit en faueur de la Reyne de la part que le feu Roy son frere luy auoit donné à la Regence, & dit, que les clauses inserées dans la derniere Declaration luy auoient tousiours semblé extraordinaires, & ausquelles il n'auoit souscrit que par obeissance, & qu'il estimoit qu'elles ne deuoient point estre tirées à consequence: Et comme en son particulier il s'en estoit departy pour le bien de l'Estat, il consentoit que l'authorité demeurast toute entiere à la Reyne: Ce qui fut suiuy par le Prince de Condé, & par tous ceux qui auoient esté nommez adjoints.

Et comme la guerre deuoit donner le principal employ à la vertu de son Altesse Royale dans cette Regence, il resolut d'aller en personne commander l'armée aux Pays-bas, & de mettre le siege deuant la tres-forte & tres-importante Ville de Graueline, située pres de la mer, entre Calais & Dunkerke. Ce fut là où sa valeur & sa bonne conduite firent voir que la vertu consiste & paroist dans l'action, car il donna les ordres par tout auec tant d'intelligence, & de preuoyance, que les plus habilles confesserent qu'il ne s'y pouuoit rien adjouster. Et comme le general Picolomini fit mine de vouloir hazarder le combat, son Altesse tesmoigna vne si hardie resolution, & pourueut si bien à tout ce qui estoit necessaire pour le bien battre s'il y venoit, que cét habile general n'osa s'y venir frotter, & ainsi la ville fut contrainte de succomber sous les armes Françoises, apres la reduction du fort Philippes. L'on eut d'autant plus de satisfaction de ce que cette ville & autres des enuirons furent conquises, qu'elle estoit de l'ancien patrimoine des Princes de la Maison de Bourbon Vendosme, tres-illustres ayeuls de son Altesse Royale. L'année suiuante 1645. il commanda encore l'armée & deffit quelques trouppes ennemies, au passage de la riuiere de Colme: & cét heureux succez arriué par ses ordres, ouurit le chemin aux prises de Mardick, de Bourbourg, de Linck, d'Armentiers, de S. Venant, de Lilers & de Bethune, qui sont presque toutes proche de la riuiere du Lis, dont le nom donnoit vn heureux presage, puis qu'elles estoient iointes à l'Empire des fleurs de Lys, par le soin, par l'adresse & par le courage de nostre grand Duc qui est l'vn des plus illustres fleurons de la Couronne des Lys. La campagne suiuante ne fut pas moins heureuse ny glorieuse à son Altesse Royale, car il passa auec vne puissante armée iusques au milieu de la Flandre, prit Lanoy: & en suite se vint camper deuant la Ville de Courtray, laquelle il emporta à la barbe de toutes les forces des Pays-bas, commandées par cinq de leurs plus fameux Generaux, qui ayans tenté d'attaquer les retranchemens de l'armée Françoise & de secourir la place, nostre genereux Generalissime disposa toutes choses à leur donner bataille, laquelle ils n'oserent accepter, laschans tousiours le pied à mesure qu'ils voyoient paroistre les François. Apres quoy son Altesse enuoya six mille hommes de son armée aux Hollandois, ce qui n'empescha pas qu'on ne fit encore vne tres longue marche dans le pays ennemy, & qu'on prit Berg, & S. Vinoc, en suite le fort de Mardick qui auoit esté surpris. Apres cela son Altesse Royale a continué d'agir auec beaucoup de soin & d'affection en tout ce qui concerne la grandeur de l'Estat, & l'authorité Royale: & a fait connoistre à la France qu'il est né pour sa gloire & pour sa conseruation, ayant mesme depuis peu si bien sceu manier l'esprit de la Reyne Regente, & de ceux qui sembloient contrarier aux intentions de sa Majesté, qu'il a temperé par sa douceur ordinaire toutes les aigreurs des vns & des autres, & obligé les plus violens à ployer sous le ioug de l'obeissance legitime; seruice si signalé & si important, & que les ennemis de la France qui croyoient de profiter de ses diuisiōs, se sont trouué trompez en leurs esperances, & leurs orgueilleux desseins ont esté reduits en fumée: bref nostre genereux Duc a fait voir à toute l'Europe, qu'il est tres-digne fils du grand Alcide François, tres-digne frere du Roy Louis le Iuste, tres-digne Oncle de nostre ieune Monarque Dieu-donné, & encore tres-digne & tres-genereux Protecteur & deffenseur de la France, qui est obligée de luy dresser des statues aussi durables comme les obligations qu'elle luy a sont infinies.

Il a esté autresfois nommé Duc d'Anjou, mais le Roy son frere luy ayant donné d'autres terres pour appanage, il prit le nom & la qualité de Duc d'Orleans, & de Chartres, & de Comte de Blois, & quelque temps apres de Duc de Valois, de Comte de Montlehery, de Limours & de Montargis.

L'an 1626. il fut marié en premieres nopces auec la Princesse Marie de Bourbon, Duchesse de Montpensier, Souueraine de Dombes & Dauphine d'Auuergne, &c. duquel mariage est sortie la tres-belle, tres-excellente & tres-accomplie Princesse Anne, Marie, Louise d'Orleans, qui possede en perfection les plus rares qualitez qui parent vn esprit, & qui font aimer vn corps: c'est elle que nous nommons ordinairement Mademoiselle, souhaittée des plus grands Monarques, & aimée vniuersellement de toute la terre. Le second mariage de son Altesse Royale se fit en Lorraine auec la tres-Illustre & tres bonne Princesse Marguerite de Lorraine, fille de François Duc de Lorraine Vaudemont, de laquelle il a eu trois belles Princesses, qui estant vn iour mariées aux plus grands Monarques de l'Europe, rendront son Altesse Royale le pere & l'ayeul d'vn nombre infiny de Roys.

LES DEVISES HEROYQVES PEINTES DANS LA GALERIE DV PALAIS CARDINAL.

MONSIEVR LE CHANCELIER SEGVIER.

VN Soleil sous les Signes du Mouton & de la Balance. *Æqualis vbique.* Il est égal par tout.

Le Soleil estant sous ces Signes, fait l'equinoxe ou l'égalité du iour & de la nuit par toute la Terre.

Monsieur le Chancelier, comme vn autre Soleil, estant tousiours sous le Mouton, qui represente sa douceur, & les Armes de sa Famille; & sous la Balance, Symbole de sa Charge & de la Iustice, la rend par tout également, & en toutes occasions se monstre iuste & equitable.

Vn Nauire dans la tourmente, & le feu S. Elme qui vient se poser dessus, *Fugiunt hoc sidere Nimbi.* Cet Astre paroissant, dissipe les nuages.

On tient que quand ces feux étoillez, que l'on nomme Castor & Polux, ou feu saint Elme, paroissent, la tempeste finit, & la bonace succede.

Monsieur le Chancelier, qui porte deux Estoiles dans ses Armes, dissipe par sa presence toutes emotions.

Vn Soleil dans la ligne Ecliptique, & sous le Signe de la Balance, *Nec Deuius vnquam.* Il marche tousiours droit.

Il n'y a que ce bel Astre seul parmy toutes les Planettes, qui soit tousiours sous cette ligne, les autres s'en écartant plus ou moins.

Monsieur le Chancelier ne s'éloigne iamais de l'equité & de la droiture.

Vn Nauire dans le port ayant passé au trauers des écueils. *Non forte sed Arte.* C'est par son adresse, & non par son bonheur.

C'est à la bonne conduite d'vn Pilote, & non point au hazard, qu'on doit le salut d'vn Vaisseau qui a sceu éuiter le naufrage dont il estoit menassé.

Monsieur le Chancelier dans tous les mouuemens de l'Estat, a tousiours vsé d'vne grande prudence, & par ses Aduis & Conseils sauué de beaucoup de perils.

Vn Oyseau de Paradis qui vole au dessus des nuës. *Sub pedibus nimbos, & rauca tonitrua.* Il foule dessous ses pieds le Tonnerre & l'orage.

On tient que cét Oyseau (qu'on dit faussement n'auoir point de pieds) s'éleue iusques dans la troisiéme region au dessus des pluyes, foudres, & autres meteores qui se forment dans la seconde.

Monsieur le Chancelier s'est éleué par sa constance, par sa generosité, & par ses autres vertus, au dessus de toutes ses passions, &c.

SEVGER ABBE' DE S. DENIS.

VN Esclair qui sort d'vne nuë. *De carcere clarior exit.* Il brille dauantage en sortant de prison.

L'Abbé Seuger acquit plus de renommée apres auoir esté assiegé dans Toury en Beauce,

Vn Chien de Berger, & vne Houlette tout proche. *Absente Pastore mihi credit ouile.* Mon Maistre estant absent, le Troupeau m'obeït.

Le Berger s'écarte quelquefois du Troupeau, sur l'asseurance qu'il a de son Chien.

Le Roy allant en Syrie, laissa Seuger Regent en France.

Vne Plante de Ioubarde sur vn toict. *Scandit fastigia virtus.* Il n'est point d'eminence où la Vertu n'arriue.

Cette plante, quoy qu'elle soit petite, monte sur le faiste des Maisons.

Seuger estant simple Moyne, deuint Abbé, & premier Ministre d'Estat.

Vn Hibou. *Habitat mens cauta recessus.* Vn Esprit bien adroit, se tient dans la retraitte.

Cét Oyseau se plaist dans les Deserts, & neantmoins c'est vn Symbole de sagesse.

L'on trouue dans les Cloistres des Esprits subtils & propres à traitter les plus grandes affaires.

SIMON, COMTE DE MONFORT.

VN Miroir ardent. *Cælitus ardet.* Il brûle d'vn feu Celeste.

Le Comte de Monfort estoit porté d'vn zele Diuin dans les Combats.

Vne Lampe ardante. *Decus addit Aris.* Elle honore les Autels.

Les Lampes auec leur feu continuel, font honneur à Dieu & aux Autels.

Le Comte a maintenu la gloire de Dieu & de l'Eglise, par le feu de sa courageuse pieté, ainsi qu'il a fait voir contre les Albigeois.

Vne fumée d'Encens sortant d'vn Encensoir. *Pereundo Numen honorat.* En consommant, elle rend honneur à Dieu.

L'Encens se consomme glorieusement, puis que sa fumée fait honneur à Dieu.

Le Comte de Monfort consommoit ses iours, & mettoit sa vie au hazard, pour le seruice de Dieu.

Deux mains qui sortent d'vne nuë, auec vn fusil frappé d'vn caillou. *Clarus ab ictu.* Son coup luy donne la clarté.

Le Comte de Monfort trouua vne mort glorieuse, par vn coup de pierre qu'il receut à Toulouse.

GAVCHER DE CHASTILLON, CONNESTABLE.

VN Torrent. *Iter ruina quærit.* Il ruine les obstacles, pour se faire passage.

Le Connestable de Chastillon ne trouuoit aucune difficulté, que son grand courage ne vainquit.

Vne Cloche qui écarte vn foudre. *Terroris terror.* L'épouuentail de l'épouuente mesme.

Les Cloches par leur son dissipent les foudres.

Le Connestable a repoussé les efforts du Comte de Bar le Duc.

Le Centaure Chiron. *Regis tutela futuri.* Ie suis le Tuteur & le Defenseur d'vn Roy qui doit venir.

Le Centaure Chiron gouuernoit les Princes & les Enfans des Roys.

Le Connestable fut le Protecteur du Roy Iean, & luy conserua le Royaume, lors mesme qu'il n'estoit pas encore nay.

Vn Lyon qui frappe la Terre de sa queuë. *Prœludit in hostem.* Il prend bien ses mesures contre son ennemy.

Le Lyon se prepare au cõbat, frappant de sa queuë contre Terre.

Le Connestable ne donnoit point de combat, qu'il n'eut preueu à tout ce qui pouuoit arriuer.

BERTRAND DV GVESCLIN, CONNESTABLE.

VN Faucon qui fond sur vn Heron renuersé en l'air. *Nil virtus generosa timet.* La Vertu genereuse n'apprehende rien.

Le Faucon courageux ne craint point le bec du Heron.

Le Connestable du Guesclin ne craignoit point les dangers de la vie, allant courageusement aux plus perilleuses occasions.

Vn Soleil qui se plonge dans l'eau. *Per me splendet Iber.* C'est moy qui ay donné la splendeur à l'Espagne.

Le Soleil couchant éclaire les Espagnols & les parties Occidentales.

Le Connestable est cause de l'éclat du Roy d'Espagne, parce qu'il donna le Royaume à celuy duquel il est descendu.

Vn bout de Flambeau allumé. *Etiam moriendo crescit.* Il brille en mourant.

Les Flambeaux rendent plus de lumiere quand ils tirent à la fin.

On apporta les clefs d'vne Ville assiegée à ce Connestable mourant.

Vn Rinocerot. *Dat virtus quod forma negat.* La Vertu donne souvent, ce que la Beauté ne peut pas faire.

Le Rinocerot est recommandable pour sa force, encor qu'il soit laid.

Le Connestable n'estoit pas beau, mais vaillant & vertueux.

OLIVIER DE CLISSON.

VN Feu qui sort d'vne Tour, & la fait creuer. *Nescit vis ista teneri.* Rien ne peut empescher son impetuosité.

Le Feu, quand il est renfermé, brise tous les obstacles de sa liberté.

Ce Connestable estant sorty des prisons, où l'auoit detenu le Duc de Bretagne, donna à ce Prince de grandes affaires à démesler.

Vn grand Mast dans vn petit Nauire. *Dignus maiore carina.* Il est digne d'vn plus grand Vaisseau.

Vn grand Mast doit seruir dans vn grand Vaisseau.

Le courage de ce Connestable luy fit quitter le party du Duc de Bretagne, pour prendre celuy du Roy, qui estoit plus grand & plus considerable.

Vne teste de Saule. *Per vulnera crescit.* Il croist par ses playes.

Plus cét Arbre est couppé, plus il produit de branches.

L'assassinat commis en la personne de ce Connestable comme il retournoit de l'Hostel de S. Paul, seruit beaucoup pour augmenter sa renommée.

Vn Ioug. *Indomitos domat.* Il dompte les indomptez.

Le Ioug assujettit les plus fiers Taureaux.

Ce Connestable reduit les Bretons sous l'obeïssance du Roy.

LE MARESCHAL BOVCICAVLT.

VNE Main tenant vne Fronde. *Sternit gigantes.* Je terrasse les Geans.

Dauid tua Goliath d'vn coup de Fronde.

Ce Mareschal tua vn Cheualier Anglois, qui estoit d'vne hauteur prodigieuse.

Vn Barbet tenant vn Heron à sa gueule. *Prædam de prædone facit.* Il fait sa proye du Rauisseur.

Le Chien prend les Oyseaux qui viuent de rapines, & les apporte à son Maistre.

Le Mareschal Boucicault prit le Comte de Perigord prisonnier, & l'amena au Roy.

Vne Fleche dans le but. *Mittentis vota secundat.* Elle seconde l'intention de celuy qui l'a décochée.

L'Arbalestrier est réjouy, quand il a frappé le but.

Ce Mareschal s'estant acquitté dignement de son Ambassade en Espagne, par sa prudence accomplit les volontez du Roy.

Vn Lyon enchaisné. *Virtutem fortuna premit.*

Souuent la Fortune oppresse la Vertu.

Le courage de Lyon ne l'exempte pas des coups de la Fortune.

Ce Mareschal fut fait prisonnier par les Anglois.

LA PVCELLE D'ORLEANS.

VNE Main tenant vn Peloton de Filet. *Regem eduxit labyrintho.* Elle a tiré le Roy hors du labyrinthe.

Ariadne sauua Thesée Roy d'Athenes, par le secours qu'elle luy donna de son Conseil, & de la Pelotte de Filet, pour sortir du labyrinthe.

Nostre beaue Pucelle sauua le Roy & son Royaume, le faisant sacrer à Rheims, en chassant les Anglois hors de France.

Vn Faucon. *Mares hac fœmina vincit.* Cette Femelle surmonte les Masles.

La Femelle du Faucon est plus forte & plus courageuse que le Masle.

La Pucelle remit le cœur aux François, & ruina les mauuais desseins des Anglois.

Vne Abeille dessus sa Ruche. *Regnum mucrone tuetur.* Elle defend le Royaume auec son aiguillon.

Les Abeilles mettent tousiours en faction au dessus de la Ruche, vne des plus courageuses d'entr'elles, afin de defendre leur Monarchie de l'inuasion des Taons, & des volleries des autres bestes.

Cette vaillante Fille chassa les Anglois de France auec la pointe de son Espée.

Vn Phœnix sur son brasier. *Inuitis fatis viuet.* Il viura malgré la mort.

Le Phœnix pour estre consommé par le feu, n'est pas moins immortel, car il renaist plus beau & plus vigoureux de ses cendres.

La Vertu de la Pucelle durera eternellement, bien que les Anglois l'ayent brûlée viue, pour tascher d'étouffer sa memoire sous les cendres de l'oubly.

LOVIS DE LA TRIMOVILLE.

VN Serpent dépouillé de sa vieille peau. *Cur senis prælata iuuentus.* Pourquoy preferer la ieunesse à la vieillesse.

La vieillesse est nommée la Mere de la sagesse, à cause de ses experiences, c'est pourquoy le Serpent pourroit se plaindre de la Nature, qui luy donne tous les ans vne ieune peau, qui est le symbole de la temerité.

Ce vieil Capitaine se plaignit auec raison, de ce qu'ayant méprisé son conseil, on auoit suiuy l'ardeur des ieunes volontaires, pour donner la bataille de Pauie, qui fut si dommageable à la France.

Le Caducée de Mercure. *Hostes ad fœdera cogit.* Le Caducée est la marque de l'Eloquence & du respect que l'on doit à celuy qui le porte, comme enuoyé des Dieux.

Louis de la Trimoüille mania si adroittement les esprits des Suisses qui estoient descendus en Bourgogne, & qui tenoient Dijon assiegé, que par son bien dire il leur fit leuer le siege, renouuella l'alliance, & les renuoya satisfaits.

Vn Bouclier. *Venientia tela repellit.* Il renuoye les traits d'où ils sont lancez.

Le Bouclier resiste aux coups, & repousse les fleches qui luy sont décochées.

Ce sage Capitaine a si bien vsé de sa force & de son adresse, que fort ou foible, il a tousiours remporté de la gloire à la confusion de ses ennemis.

Vne Couronne de Chiendent ou Gramen, liée auec vne autre de Laurier. *Dignus vtroque.* Il est digne de toutes les deux.

La verdeur continuelle du Laurier denote sa chaleur & sa force, & le Chiendent pousse des racines si profondes, que quand il y en a dedans vne Terre, il est presque impossible de l'en dépeupler.

Le nombre des années n'a pû diminuer la chaleur du courage, ny mesme affoiblir la force de l'esprit de nostre Louis; au contraire cét inuincible Capitaine a produit ses plus hautes & genereuses actions vers le déclin de sa vie.

IEAN, COMTE DE DVNOIS.

VNE Comete. *Nunquam visa impune.* Iamais on n'en a veu sans dommage.

Ce Meteore est l'auant-coureur des vengeances Diuines.

Iamais les ennemis du Roy n'ont veu ce Comte, qu'ils n'ayent dit eux-mesmes qu'il estoit le pronostic de leur perte.

Vn Aigle regardant le Soleil fixement. *Non degener ortu.* Il ne dégenere point.

Les Aigles exposent leurs Aiglons au Soleil, & conseruent seulement ceux qui peuuent en soustenir l'éclat, parce que c'est vne marque qu'ils succedent à la vertu de leurs parens.

Ce Comte en toute occasion a monstré que son courage estoit digne de ses Ancestres. *

Vne Ente chargée de beaux fruits. *Nothum probat insita virtus.*

Autrefois le nom de Bastard n'estoit pas odieux.

La Vertu entée sur le Bastard, le rend legitime.

La tige des plus beaux Arbres fruitiers, est ordinairement bastarde,

bastarde, mais elle deuient franche quand elle est entée de quelque bonne espece.

Le Comte de Dunois estoit né Bastard, mais sa vertu le mit au nombre des legitimes.

Vne main tenant la despoüille d'vn Lyon. *Nothi est spoliare raptorem.* C'est au Bastard de despoüiller le Rauisseur.

Hercule, Bastard de Iupiter, tua vn Lyon qui rauageoit le pays, & luy arracha sa despoüille.

Ce Comte chassa l'Anglois hors de France, & luy fit quitter toutes les villes qu'il auoit pris dans ce Royaume.

GEORGES CARDINAL D'AMBOISE.

LA Thiare du Pape posée sur vne table. *Par oneri caput.* Vne Teste proportionnée à son fardeau.

Le grand Genie du Cardinal d'Amboise qui le rendoit capable de gouuerner si sagement l'Estat, l'eut bien rendu digne de la Papauté qui est vne administration paisible.

Vne Grue qui dort tenant vne pierre en l'air auec le pied. *Non dormit qui custodit.* Celuy qui garde ne dort point.

On a remarqué que la Grue ne dort iamais qu'auec vne pierre en l'vn de ses pieds, crainte d'estre surprise en dormant.

Ce Cardinal ne prenoit aucun repos, qu'en meditant quelque dessein pour l'honneur de son Maistre, & pour la gloire de sa Patrie.

Vne plante de Saffran. *Per aspera purpurescit.* C'est dedans les pays raboteux qu'elle se teint de pourpre; la fleur de Saffran qui est de couleur de pourpre, croist dans les mazures & dans les vallées.

Georges d'Amboise fut fait Cardinal en reconnoissance des difficultez qu'il auoit surmontées dans le maniement qu'il auoit eu des grandes affaires.

Deux Clefs liées & passées en sautoir. *Nec me labor iste grauabit.* Ce laborieux trauail ne me surchargera point.

Les Clefs sont le symbole des plus grands soins de la vie. Le grand cœur du Cardinal d'Amboise n'estoit propre qu'à de hautes charges & qui sont tousiours accompagnées de nobles inquietudes pour s'en acquitter dignement, comme il auroit fait du Souuerain Pontificat.

LE CHEVALIER BAYARD.

VNE Couronne Royale chargée d'vne autre de Laurier. *Honor honoranti.* L'honneur est deub à celuy qui honore.

C'est de la Couronne Royale que toutes les autres tirent leur esclat, neantmoins François I. prit à grande honneur de soûmettre la sienne à celle de Laurier, voulant estre fait Cheualier de l'Accollade par nostre braue Bayard.

Vn Porc-Epic. *Vires agminis vnus habet.* Il a luy seul les forces d'vne armée.

Cét animal a quantité de pointes qu'il iette contre ses ennemis.

Le Cheualier Bayard empescha luy seul deux cens Espagnols de passer vn pont.

Vne Lune qui esclaire la terre. *Accipit vt det.* Elle reçoit pour donner.

La Lune emprunte la lumiere du Soleil pour la communiquer sur la terre.

Ce genereux Cheualier ayant receu deux mille pistolles d'vn Gentilhomme pour sauuer l'honneur de sa famille, & exempter sa maison du pillage, il en fit vn genereux present à ses deux filles.

Vn Lyon qui brise auec les dents la fleche dont il est blessé. *Non moritur inultus.* Il ne mourra pas sans s'estre vangé.

Le courage du Lyon est si grand, que pour vanger sa mort, il rompt la fleche qui l'a percé.

Cét excellent Cheualier mourut en reprochant à Charles de Bourbon d'auoir quitté le party de son legitime Prince.

GASTON DE FOIX.

VN Champignon. *Nascendo Maturus.* Il est meur en naissant.

Le Champignon croist & meurt en vne nuit.

Ce braue Gaston fut fait Vice-Roy de Naples à l'âge de vingt ans, qui est vne marque de sa prudence & de sa maturité.

Vn ieune Citronnier chargé de gros fruits. *Breuis quam grandia profert.* Qu'il porte de beaux fruits quoy qu'il soit petit.

Le Citronnier quoy que ieune, porte de gros Citrons.

Gaston de Foix, qui mourut ieune homme, ne laissa pas de produire des actions aussi belles & en grand nombre que beaucoup de vieux Capitaines.

Vn foudre qui sort d'vne nuë. *Qua seuit parte cadendum est.* Il brise tout ce qu'il frappe.

Le foudre destruit tout ce qu'il rencontre en son chemin.

Nostre Gaston a deffait les Suisses, & est entré par force dans toutes les Villes qu'il a assiegées.

Vn Rameau d'Oliue & vn de Cyprés passez en sautoir. *Lenit victoria mortem.* La victoire rend la mort douce.

La Palme & le Cyprés estant les symboles de la victoire & de la mort, on peut iustement donner ces deux rameaux à nostre inuincible Gaston qui mourut victorieux à la bataille de Rauenne.

CHARLES DE COSSE', Mareschal de France.

VN Lyon. *Vaillant & veillant.*

Le Lyon est le symbole de la vaillance & de la vigilance, parce qu'il dort les yeux ouuerts, & qu'il est animal Solaire.

En toutes occasions le Mareschal de Cossé, a donné des preuues de ces deux belles qualitez.

Vne Massue d'Hercule. *Hostes domat atque Leones.* Elle dompte les Ennemis & les Lyons.

Hercule auec sa Massue a purgé la terre de Monstres, & a vaincu ses ennemis.

Le Mareschal de Cossé a tousiours remporté la victoire sur les ennemis du Roy, malgré l'enuie des Courtisans qui estoient ialoux de sa faueur.

Vn Levrier qui tient vn Lievre. *Nec iussus capta relaxat.* Il ne veut point quitter sa proye quand son maistre la luy demande. Bien que le Chien soit le symbole de la fidelité, il ne laisse pas de desobeir souuent à son Maistre, quand il luy commande de quitter sa prise.

L'obeïssance que ce Mareschal auoit voüée au Roy, fut presque sans effet quand il fut question de rendre le Piedmont pour satisfaire au traitté de paix, qu'il estimoit desauantageux.

Vn Bras sortant d'vne nuë, & arrachant la Langue d'vn Lyon. *Pars præcedit exerciti.* Ce sont les auant coureurs de nostre destinée.

Le Mareschal de Cossé qui estoit destiné pour faire des actions extraordinaires dans la suitte de sa vie, se battit contre vn Lyon dans la Cour de l'Ouale à Fontainebleau, estant encore ieune homme, pour complaire à vne Maistresse inconsiderée, ce qui fut vn heureux presage des rudes secousses qu'il donna au Lyon d'Espagne.

ANNE DE MONTMORENCY, Connestable de France.

VN Oranger chargé de fleurs & de fruits. *Nil mihi tollit hyems.* L'Hyuer ne m'oste rien.

L'Oranger conserue ses fleurs & ses fruits malgré les rigueurs de l'Hyuer.

Anne de Montmorency s'est tousiours monstré ferme & vigoureux, nonobstant le nombre de ses années.

Vn Canon. *Obsessas protegit vrbes.* Il deffend les Villes assiegées.

Les meilleures bouches que les Villes assiegées puissent employer à leur defence, sont celles des Canons.

Le Connestable de Montmorency par son eloquence animoit le courage des Habitans & des Garnisons des Villes où il se trouuoit assiegé; & par sa valeur il leur seruoit d'esguillon & d'exemple pour les exciter à repousser viuement les attaques qu'on leur faisoit.

Vn Bras armé tenant vne espée. APLANOS. *Sans erreur ny varier.*

Seconde deuise de la Maison de Montmorency.

Les coups d'espées d'vn Connestable doiuent estre infaillible pour le seruice de leur Maistre.

Ce Connestable l'a bien tesmoigné quand les occasions s'en sont presentées.

Vn Belier esgorgé au pied d'vn Autel. *Moriendo sacra tuetur.* En mourant il protege les sacrifices.

Anciennement l'honneur des sacrifices estoit maintenu par la mort des victimes.

Ce grand Connestable fut tué en la bataille de S. Denis, pour la deffence de la foy Catholique.

FRANCOIS DVC DE GVISE.

LE Mont Vesuue iettant des flammes. *Vndique vror.* Il donne de la terreur de tous costez.

Le Mont Vesuue en Sicile qui vomit la flamme, iette la frayeur dedans l'ame de ceux qui l'approchent & qui le regardent.

Ce genereux Duc a rendu le nom François redoutable en Italie, & a ietté l'espouuante & la crainte dans le cœur de tous les ennemis de son Roy.

Vn Aigle attaché sur les colomnes d'Hercule. *Non vltra metas.* Il ne passera pas les bornes.

Il y a de l'equiuoque dans le mot (*Metas*) parce qu'il signifie la Ville de Mets aussi bien que des limites : l'Empereur Charles le Quint voulant tesmoigner le dessein qu'il auoit de se faire Monarque de tout le monde, eut pour deuise les Colomnes d'Hercule auec ce mot (*Plus vltra*, Plus outre) mais ce Duc l'ayant contraint de se retirer de deuant Mets, attacha l'Aigle de l'Empire sur les deux Colomnes, auec ce mot, *Tu ne passeras pas plus auant que Mets.*

Vn Heron qui volle au dessus des nuées. *Altior procellis.* Plus haut que les tempestes.

Le Heron qui préuoit les tempestes, s'esleue par son vol au dessus de la moyenne region de l'air où elles se forment.

Ce Duc s'est tousiours mis par son adresse au dessus de toutes les embusches de ses ennemis.

Vn Cube. *Stabo quocumque ferar.* Ie seray tousiours droit de quel costé que l'on me tourne.

Le Cube a cela de propre qu'il ne peut iamais estre renuersé. Iamais on n'a pû esbranler le grand courage de ce Duc.

CHARLES CARDINAL DE LORRAINE.

L'Huitre. *Purpura*, dont on tire la pourpre. *Nobiscum purpura nata est.* La pourpre est née auec nous.

La pourpre se tire du sang de ce poisson.

Elle l'est aussi au sang de la Maison de Lorraine, & ce Charles fut fait Cardinal à vingt-sept ans.

Vn Laurier. *Doctos fortesque coronat.* Il couronne les sçauans & les guerriers.

Des Rameaux de cét arbre on fait des chapeaux pour couronner les vaillans & les doctes.

Ce Cardinal sçauoit fort bien recompenser les vns & les autres.

Le Parnasse. *Praebet iugis bina camenis.* Son double Sommet sert de demeure aux Muses.

Ce Cardinal a fondé deux Vniuersitez pour la residence des Muses, l'vne à Rheims, & l'autre à Pont-à-Mousson.

Vn Lierre au tour d'vne Pyramide. *Te stante Virebo.* Ie seray tousiours vert pendant que tu seras debout.

Le Lierre qui s'attache aux pyramides & aux murailles, conserue sa verdeur tandis qu'elles subsistent.

Ce Cardinal fondoit sa grandeur sur la prosperité du Roy.

BLAISE DE MONTLVC, Mareschal de France.

VNE Austruche qui aualle vn morceau de fer. *Durum sed digerit.* Il est dur, mais elle le digere.

L'Austruche digere le fer par la grande chaleur de son estomach.

Le Mareschal de Montluc ne perdit point courage au siege de Rabastens pour auoir receu vn coup de mousquet contre les deux machoires qui les luy rompit, mais d'vn cœur enflammé pour le seruice de son maistre, & pour sa propre reputation, sans songer à sa blessure, il poursuiuit son attaque, emporta la place, & mit dedans tout à feu & à sang.

Vne Espée. *Deo duce, ferro comite.* Dieu m'aidant, mon Espée me seconde.

C'est la deuise propre de Montluc pour les grands succez qu'il a eus contre les ennemis du Roy.

Vn Tambour fait d'vne peau de Loup, & de celle d'vne Brebis. *Etiam post funera bellat.* Il fait encore la guerre apres sa mort.

Tandis que le Loup est en vie, il fait tousiours la guerre aux Brebis, & si de sa peau on fait vn Tambour apres sa mort, il fera creuer celle de la Brebis lors qu'on battra dessus.

Le Mareschal de Montluc a fait la guerre tandis qu'il a vescu, & a monstré par ses Commentaires à bien faire la guerre encor apres sa mort.

Vn Paon qui se mire dans sa queuë. *Proprios ostentat honores.* Il fait parade de ses propres honneurs.

Le Paon se mire dans sa queuë à cause de la beauté de son plumage, parce qu'il en a sujet.

Le Mareschal de Montluc a vanté ses belles actions, mais il a eu raison de le faire à cause qu'elles estoient toutes heroïques.

ARMAND DE BIRON, Mareschal de France.

DE petits Feux au tour d'vne Montagne. *Ingentis semina flammae.* Les semences d'vn grand embrasement.

Les grands Feux sont allumez par les petits.

La iournée de S. Barthelemy & le siege de la Rochelle, où ce Braue Mareschal fit merueilles de sa personne contre les Protestans, ont esté les foibles commencemens du desastre qui est arriué depuis à tout leur party.

Vne boëte de Meche allumée. *Perit sed in armis.* Elle perit, mais c'est parmy les armes.

La Mesche se consomme au milieu des combats.

Ce braue Mareschal trouua la mort au siege d'Espernay.

Vn Taureau assis. *Non differt bella timendo.* La crainte ne luy fait pas differer le combat.

Bien que cét animal n'aille pas au deuant de son ennemy pour le combattre, il ne laisse pas d'estre tres-courageux : ce n'est pas la crainte qui le terrasse, mais sa pesanteur & sa prudence l'obligent à se conseruer par le repos, & à ramasser ses forces pour s'en seruir dans la necessité.

Ce braue Mareschal ne fut pas reputé auoir moins de courage pour ne rien hazarder sans raison.

Vn Arc débandé. *Cessando maiora parat.* En cessant il prepare de plus grands coups.

L'arc debandé reprend de nouuelles forces pour descocher ses flesches auec plus de roideur quand il en sera besoin.

Ce Mareschal n'a pas laissé que de faire de tres-hautes actions, bien que plusieurs fois il soit demeuré comme immobile dans les combats de tres-grande importance.

LE CONNESTABLE DE LESDIGVIERES.

VNE Aigle qui a les aisles plus estenduës que son aire n'est grande. *Pennae nido maiores.* Ses aisles sont plus grandes que son nid.

L'Aigle qui remporte le prix du courage & de la generosité par dessus tout le reste des oyseaux, ne peut renfermer ses aisles dans la petite espace de son aire.

Cét excellent Connestable à son imitation n'a pû se resserrer dans la fortune de ses ancestres, puisque de Gentilhomme il est paruenu à la plus haute gloire, & à la premiere charge où l'Espée puisse atteindre.

Vn Soleil couchant. *Stadium cum luce cucurrit.* Sa vertu a esté esclatante iusques au bout de sa course.

Le Soleil depuis le Leuant iusqu'au Couchant est tousiours lumineux.

Ce Connestable durant sa vie a tousiours esté accompagné de la gloire, & a voulu mourir dans la lumiere de l'Eglise.

Vn Crocodile. *Sic crevit ab ovo.* Quoy qu'il soit grand, il est sorty d'vn œuf.

Le Crocodile croist iusqu'à la mort, c'est pourquoy pour estre esclos d'vn œuf, il paruient à vne grandeur si prodigieuse.

Le grand Duc de Lesdiguieres, de simple Gentil homme, a esté

fait

fait Connestable, & a augmenté sa reputation iusques à la mort.

Vn foudre qui fend vn Rocher. *Frangit inaccessa.* Il brise les Rochers inaccessibles.

Le foudre se fait voye à trauers tout ce qui luy fait resistance.

Ce braue Connestable força les ennemis retranchez dans vn Roc sur les Alpes.

LE ROY HENRY LE GRAND.

VNE Main qui sort d'vne Nuë tenant vne Balance, dans laquelle est vne Couronne & vne Espée. *Vis iuris vindex.* La force maintient le droict.

La Couronne de France estoit deuë par droict à nostre inuincible Henry ; il a pourtant fallu qu'il ait eu recours à son Espée pour s'en rendre possesseur.

Vn Lyon ayant vn Tigre renuersé dessous luy. *Sternit & parcit.* Il abbat, puis il pardonne.

Le Lyon Roy des Animaux est ennemy de la cruauté ; aussi se contente-il de terrasser son ennemy, sans le deuorer, comme il pourroit faire, s'il vouloit se seruir de son aduantage.

Henry le Grand s'est contenté d'abbatre le party des ligueurs, sans perdre entierement les Chefs.

Vne Main tenant vn Rameau d'Oliuier & vn de Palmier. *Clementi victor.* Victorieux Debonnaire.

La Palme est le symbole de la victoire, & l'Oliue c'est la paix.

Ce grand Monarque se pouuoit bien faire vne Couronne de ces deux Rameaux, puis qu'apres auoir remporté la victoire sur ses ennemis, il les laissoit ioüir d'vne profonde paix, sans garder dans son cœur aucun fiel de vengeance & d'animosité à l'encontre d'eux.

Vne Boule Imperiale. *Manent nostros ea tempora.* Le soin en est reserué à nos successeurs.

Les Roys de France ont autrefois esté Empereurs, c'est pourquoy Henry IV. pouuoit iustement souhaitter que cette authorité retournast à ses enfans.

LA REYNE MARIE DE MEDICIS.

VN Grenadier. *Fulgent diademate partus.* Mes enfans naissent couronnez.

Les fruits du Grenadier sont couronnez dés leur naissance.

Les enfans de cette Auguste Reyne ont eu le mesme aduantage.

Vn Soleil au haut d'vne Pyramide. *Vmbras lux recta fugat.* La lumiere perpendiculaire ne fait point d'ombre.

Les Pyramides & les peuples qui ont le Soleil vertical, ne iettent point d'ombre.

La Reyne Marie de Medicis qui a eu l'assemblage des vertus pour ascendant, n'a iamais fait remarquer le moindre ombrage en toutes ses actions.

Vn Iris ou Arc en Ciel. *Nitet atque serenat.* Il brille & il calme.

L'Arc celeste brille par ses viues couleurs, & dénotte l'alliance de Dieu auec les hommes.

La presence de cette merueille des Reynes rendoit toute la Cour pompeuse & brillante, & son retour apres la reconciliation du Pont de Cé fut le tesmoignage de la tranquillité dont l'Estat deuoit ioüir.

Vn Palmier. *Nunquam sub mole fatiscit.* Il ne rompt iamais sous la charge.

Le Palmier peut bien se courber sous le faix, mais non pas se rompre.

Marie de Medicis a bien pû estre touchée par les disgraces & les aduersitez, mais sa haute vertu l'en a tousiours releuée.

ARMAND, CARDINAL DVC DE RICHELIEV.

TROIS Fleurs de Lys au naturel. *Sola mihi redolent.* Leur seule senteur m'est agreable.

Ce grand Cardinal auoit tant d'amour pour le seruice de son Maistre, & pour la gloire de l'Estat, qu'il ne pouuoit sentir d'autre parfum que celuy des Lys.

Vn Oeillet incarnat meslé de filets blancs. *Candorem purpura seruat.* La blancheur se conserue auec la pourpre.

Le meslange de la blancheur auec l'incarnat rend cét Oeillet plus beau & plus rare.

La sincerité des intentions du Cardinal de Richelieu pour la gloire du Roy & la grandeur de l'Estat, a autant estably sa reputation que l'esclat qu'il tiroit de la pourpre Romaine.

Vn Aigle tenant vn Foudre. *Expertus fidelem Iupiter.* Iupiter experimenté fidele.

Iupiter a confié son Foudre à l'Aigle, & luy a donné l'empire sur le reste des Oyseaux en recompense de sa fidelité.

Le Roy Louis XIII. a tant reconnu de fidelité dans la personne du Cardinal de Richelieu, qu'il s'est deschargé dessus luy de ses plus importantes affaires, & luy a mis en main la recompense & les chastimens.

Vn Cadran exposé au Soleil. *Nec momentum sine linea.* Il n'est pas vn moment sans marquer sa ligne.

Le Soleil est dans vne perpetuelle action.

Le Cardinal de Richelieu trauailloit incessamment pour le seruice de son Maistre, & produisoit tousiours quelque chose d'vtile & de glorieux à l'Estat.

LOVIS LE IVSTE.

LE Soleil sous le signe de la Balance. *Sub iusto temperat orbem.* Sous le Iuste il tempere le monde.

L'equinoxe d'Automne auquel le iour est égal à la nuit par toute la terre, se fait quand le Soleil est sous le signe des Balances.

Le Roy Louis XIII. qui est né sous ce signe en a retenu les vertus, car il a esté le plus pieux & le plus iuste de tous nos Roys.

Le Soleil sous la ligne entre le Scorpion & le Lion. *Nec me monstra morantur.* Les Monstres ne m'arrestent point.

Le Soleil continuë son chemin sans qu'il soit arresté par les Monstres du Zodiaque.

Le Roy Louis le Iuste a tousiours poursuiuy la pointe de ses victoires, sans que les Monstres & l'heresie de la rebellion l'en ayent pû diuertir.

Vn Esperuier. *Aquila generosior ales.* Cét Oyseau est plus genereux que l'Aigle.

L'Esperuier est le plus courageux de tous les oyseaux, puis qu'il ose attaquer l'Aigle.

Cét inuincible Monarque peut à bon droit estre appellé le Roy de tous les autres Roys, puis qu'il a reprimé le vol audacieux de l'Aigle de l'Empire qui viuoit de rapines, & qu'aucun autre Potentat n'a iamais pû surmonter.

Vne Massue d'Hercule. *Et Gallis suus Alcides.* Les François ont aussi leur Alcide.

Les Grecs ont voulu emporter la gloire dessus toutes les Nations à cause qu'Hercule estoit originaire de leur pays.

Les François peuuent s'en preualoir à meilleurs titres, puis qu'effectiuement nostre glorieux Monarque a vaincu tous les Monstres que les fables ont faussement fait surmonter à Hercule.

LA REYNE ANNE D'AVSTRICHE.

VNE Hermine. *Intaminatis fulges honoribus.* Elle brille d'vne honneur sans tache.

L'Hermine aime mieux mourir que de soüiller sa blancheur.

La Reyne conseruera tousiours l'esclat de ses vertus sans les ternir de la moindre tache.

Vn Dauphin à l'entour d'vne Ancre. *Ad spem spes addita Gallis.*

Vne esperance nouuelle est adioustée à l'espoir des François.

L'Ancre qui est le symbole de l'esperance, estant iettée en mer nous fournit dequoy esperer de nouueau quand vn Dauphin s'y attache.

La Reyne Regente qui a tousiours esté l'esperance des François, nous en a produit vne nouuelle, en nous donnant vn Dauphin qui est le Roy Louis XIV. à present regnant, que Dieu veuille combler de bonheur & de felicitez.

Vne Estoille. *Cælo hæret, terris lucet.* Elle est attachée au Ciel, mais elle esclaire la terre.

Les Estoilles qui sont attachées au Firmament, *influent* icy bas la benignité de leurs vertus, en nous esclairant de leur lumiere.

La Reyne Anne d'Austriche est attachée au Ciel par sa pieté, mais elle esclaire icy bas par sa vertu, & par son exemple.

Vn Oliuier esmondé. *Quondam recisa virescit.* Il est couppé pour mieux recroistre.

L'Oliuier pousse de plus longues branches, & en plus grande quantité, apres qu'il a esté taillé.

Il ne faut pas s'estonner de la rupture de la paix, puis que ce n'a esté que pour l'auoir plus glorieuse pour le Roy, & plus ferme pour l'Estat.

GASTON DE FRANCE, DVC D'ORLEANS.

VNE Colombe ayant vn rameau d'Oliue à son bec. *Veniens fert omina pacis.* Par son retour elle fait esperer la paix.

La Colombe qui retourna dans l'Arche de Noé, apporta à son bec vne branche d'Oliuier, comme symbole de la reconciliation de Dieu & des hommes.

Le retour de son Altesse Royale en France, nous donnoit vn agreable esperance de la paix.

Le Belier des anciens. *Hostiles diruit arces.* Il renuerse les forteresses ennemies.

Anciennement il estoit presque impossible de pouuoir sapper les murailles d'vne ville, sans l'assistance des Beliers.

Nous eussions esté reduits à la mesme extremité dans la prise de Grauelines, sans les efforts incroyables de nostre incomparable Duc.

Le Sceptre. *Sustentat brachia Regis.* Il soustient les bras du Roy.

Le Sceptre est la marque de l'authorité Royale.

Le Duc d'Orleans a maintenu l'authorité du Roy contre ceux qui vouloient y faire atteinte.

Vn Croissant. *Fraterna luce coruscat.* Il brille par la lumiere de son frere.

Le Croissant emprunte la lumiere du Soleil.

Nostre braue Gaston peut se tenir glorieux d'auoir esté frere du plus puissant Monarque de l'Europe.

FIN.

www.ingramcontent.com/pod-product-compliance
Ingram Content Group UK Ltd.
Pitfield, Milton Keynes, MK11 3LW, UK
UKHW021543260726
13993UKWH00002B/610